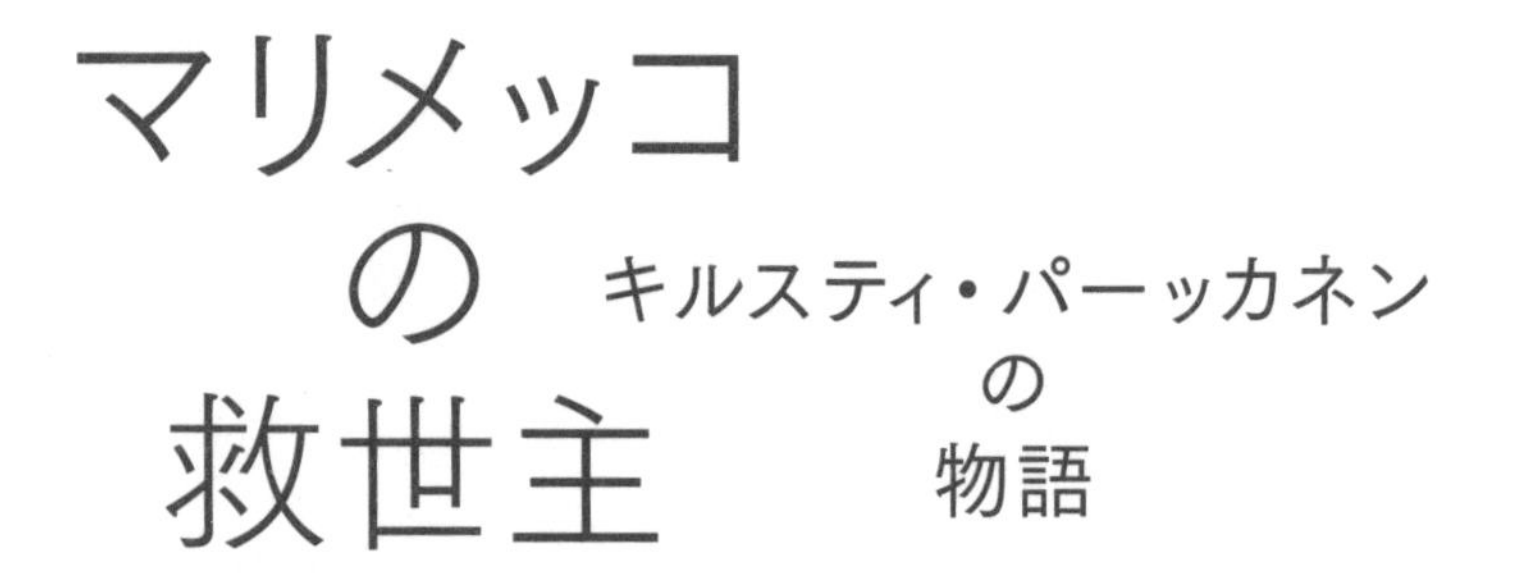

マリメッコの救世主

キルスティ・パーッカネンの物語

ウッラーマイヤ・パーヴィライネン＝著
セルボ貴子＝訳

祥伝社

マリメッコの救世主　キルスティ・パーッカネンの物語

SUURIN NIISTÄ ON RAKKAUS: Kirsti Paakkasen tarina
by ULLA-MAIJA PAAVILAINEN

Original edition published by Otava, 2020

Japanese edition published by agreement with Ulla-Maija Paavilainen,
Kirsti Paakkanen and Elina Ahlback Literary Agency, Helsinki, Finland,
Through Japan UNI Agency, Inc., Tokyo

訳者まえがき

本書を手に取られた方は、フィンランドのテキスタイルブランド、マリメッコをお好きな方だろうか。それとも、フィンランドという北の果てで、戦前から今まで激動の時代を実にたくましく切り抜けてきた女性の一代記に興味を持った方だろうか。

どちらの方にも、きっと読後は満足をしていただけるに違いないと信じている。なにせ彼女の評伝はこれまでに一冊も出ていないからだ。

通常、翻訳者は「訳者あとがき」で最後に登場することが多いのだが、読者の皆さんに遠い国フィンランドを少しでも身近に感じていただきたく、今回は順序を逆にしていただいた。

フィンランドはロシアとスウェーデンの間にあり、一九一七年にロシアから独立して、百四年になる。面積は日本に近い大きさだが、人口は兵庫県ほど（五百万人強）の国だ。

森と湖の国、サンタクロースやムーミン、オーロラ、そして最近ではサウナといえばフィンランドを思い浮かべてくださる方も増えたかもしれない。建築ならアルヴァ・アアルトも有名だし、実はコーヒーの一人当たり消費量も世界一だったりする。そして、いわゆる高級ブランドはない代わりに、カラフルなプリントのテキスタイルを誇るマリメッコが、最も知名度が高いフィンランドのブランドだろう。

そのマリメッコを一九五〇年代に設立したのはアルミ・ラティア夫妻であるが、創業期の勢いのあとは、徐々に経営が低迷していった。その会社を生き返らせたのが、本書の主人公、キルスティ・パーッカネンである。

物語は、時系列に沿って進む。貧しいながら家族に愛された子供時代。活発でおしゃれの大好きな少女は、十六歳で夢に燃え、首都ヘルシンキへ出る。夜学に通い、雑貨店で牛乳を売り、その後も転々と職を変え、週末は大好きなダンスパーティへ通い、そこで最愛の夫と出会った。

キャリアに生きると決心したキルスティは、一から叩き上げで学んだ広告の知識を活かそうと、一九六〇年代半ば、前代未聞の「女だけの広告代理店」を立ち上げる。考えてもみて欲しい、今から六十年前の話である。そして生来の機転を利かせて次々と顧客を獲得し、お気に入りのデザイナーと組んでヒット商品を生み出していく。

還暦を迎え、我が子のような会社を売却したあと、フランスのニースで優雅な別荘生活を楽しむかに見えて、バイタリティあふれる彼女がおとなしくしていられる訳がなかった。周囲に担ぎ出されて、倒産の憂き目にあったマリメッコを、私財を投じて買い取ったのだ。

本書の後半は、キルスティがマリメッコを立て直していった様子が社員や友人、知人の目を通して生き生きと描かれている。ちなみに、企業経営者たるもの、ただ優しいだけではやっていけない。ご機嫌斜めの日は、大きな雷を落とされた社員も多かったし、去っていった人たちも少なからずいる。

強くて、(それもかなり)癖があり、一方で人を惹きつけてやまない。部下は大変だけれど、上に立つ人間はそうした共通点がどこかしらあるのかもしれない。彼女が上司だったら、私はおそらく泣きながら一週間でやめてしまう口ではないかと想像している。

そして、断っておくが、本書は決して、人生の階段をすいすい昇って行ったシンデレラ・ストーリーではない。

ちなみに彼女が生まれた一九二九年は、日本でいうとなんと昭和四年である。令和の時代を迎えた今、遠い昔に感じられる。

第二次世界大戦（冬戦争と継続戦争）、そして物資不足時代、続く高度経済成長時代（日本ではバブル経済も経験した）、不況、ミレニアム、と生き抜いてきた彼女の長い人生の物語は、その時々の時代背景も垣間見える。当時、女性一人でレストランにすら入れなかった時代で（夫や家族といった男性のエスコートが必須だった）、キルスティが広告代理店を立ち上げたころは男女平等で知られるフィンランドも今とはまったく別の雰囲気だったのだ。

キルスティは貧しい家の出身だ。悔しい思いをした経験は数えきれないほどあったことだろう。日本語には「成り上がり」という言葉があり、そのニュアンスは決して褒め言葉ではない。しかしここで言わせてほしい。成り上がり上等！

何も持っていない者が、自らの才覚だけで昇りつめていくことは、やはりすごいことではないだろうか。こっそり苦しんだ日々も多いはずだ。実は、マリメッコの社長を退陣した後、辛くて一年ほど泣き暮らしたとインタビューに答えている。

現在の彼女は九十二歳にしてお達者である。頭も切れ、介護施設とはまったく縁がない。豪邸の中をピカピカの黒塗り歩行器で歩き回っているという。

二〇二〇年はコロナ禍で世界中が混乱したのは記憶に新しい。その春、本書が出版され、三カ月以上書店売り上げトップを飾った。フィンランド人にとっても、キルスティはマリメッコ時代のイメージが一番強かったため、その前段の話を興味深く読んだ人も多かったようだ。

二〇二〇年秋のヘルシンキ書籍見本市（出版社が一堂に会し、新作品等を発表し、作家のインタビュー等も数多く聞くことができる業界イベント）では、本来ならキルスティも著者と共に対談に出演するはずだった。しかしコロナ禍でイベント自体がオンライン開催となり、ご高齢であることから外出を避け、著者に手紙を託し読み上げる形式となった。

現在、フィンランドでは本書をもとにした映画製作が進んでいる。キルスティのカリスマを漂わせるほっそりして意志の強い目をした魅力的な人物を誰が演じるのか、マリメッコの伝説の社長室でも撮影が行われるのか、詳細発表が今から楽しみだ。

日本にも出張で何度も来ていたキルスティは、銀座での買い物を懐かしく思い出したようで、日本語版が出ることについてもとても喜んでくれたと聞いている。

潔いまでに自らの足で地を踏みしめ、時にしなやかに、時に頑固に自分を貫いてきた。

ここ数年、「Me Too」キャンペーン、そして男性陣の古いものの見方に声を上げる女性が日本でも出てきた。「男でも女でもいいじゃない、できる人がやれば」とキルスティは言っている。彼女はまた、「世界が男のものなら、人生は女のものよ」とも言っている。

最後に、担当してくださった祥伝社の沼口裕美さんには本当にじっくりお付き合いいただき、校正者の平岡眞弓さんとともに頭が上がらない。また、テキスタイル業界用語を教えてくれた在フィンランドのデザイナーの島塚絵里さん、聖書の言葉を調べてくだった先輩、ヒルトゥネン久美子さん、相談にのってくれたフィンランド語翻訳者仲間の上山美保子さんにお礼を申し上げる。そして、分からない言い回しがあるたび、一緒に調べてくれ、何があっても支えてくれる夫に感謝してご挨拶に代えさせていただく。

全力疾走してきた一人のフィンランド人女性の物語がここから始まる。

二〇二一年九月
セルボ貴子

読者の皆さんへ

私の人生でもっとも大きくて、もっとも重いものは愛でした。だからこそ若い頃に今でも忘れられない、悲しい決断をしました。

ただそれは、正しく、ただ一つの道だったと信じています。あの決断がなければ、私の物語はもっと短いものになったかもしれません。もっと幸せだっただろうか？　それは今の私には知ることはかないません。

ただ確かなのは、だれしも若い時に自分の道を選ばなければならないということ。

私の物語が、若い人を勇気づけられますように。

キルスティ・パーッカネン

目次

表紙写真
キルスティ・パーッカネン所蔵

装丁
アリヤマデザインストア

DTP
キャップス

part 1

愛、仕事

欲しいものは、手に入れて見せる

こんな大きな声の子は見たことがない

厳しい冬の朝、太陽は湖の向こう側からようやく顔を出した。

オンニ・ヴィクトル・ポイコネン――親しい間柄ではヴィフトリ――は窓の外の何もない庭を眺め、さらに湖へ目をやったが、氷と雪の区別はつかなかった。少なくとも、厚い氷の結晶の模様でガラスが半分覆われている窓越しには。これを美しい模様だと、クリーム色の豪奢なレースのようだと思う人もいるかもしれない。

ポイコネン家のヴィフトリにはそんなもったいぶったことを考える余裕はなかった。二月は例外的にかなり厳しい冬で、家の隅々から、家具の裏から隙間風(すきまかぜ)が吹き込み、戸を用心深く開けたてするたびに容赦ない寒気が玄関から押し寄せる。

桶の水が凍っている。小屋の中は冬が灰色に息づき、すべてを縮こまらせるべく網を広げている。獲物は小屋の住人だ。

隣の部屋から赤ん坊の泣き声が聞こえてきた。ヘルミが三人目の子を産み落としたのだ。

ヴィフトリは使い込まれたテーブルに頰杖をついた。

やっと上の娘二人が独り立ちしようという時に、また食いぶちが増え、彼は父親になろうとしていた。もう四十を過ぎ、歩調も昔に比べ重く、ブーツを履いた足も二十代の頃ほど高くは上がらない。ヘルミだって三十五になる。子どもを授かる適切な年齢とはなんだ？　恥ずかしいことだろうか？　村の同年代の者たちにはこの年で赤ん坊がいる者などいない。自分の歯がそろっていればいい方だ。

ヘルミと自分は赤ん坊を一から育てながら、やっていけるだろうか？

まったく神のご加護もへったくれもない寒さだ！　もうマッティの日（フィンランドには「名前の日」と言われるカレンダーがあり、一般的な男女の名前が割り当てられている。マッティの日は二月二十四日）だというのに。そろそろ冬眠中の熊も寝返りを打ち、冬も終わりかと腹を鳴らす時分だ。

ヴィフトリはまた温度計を見た。マイナス三十六度。できることならば祈りたい。

この世はどうなるのか？　この国にパンと平和があると信じていいのだろうか。

とはいえ、子どもが生まれるのはめでたいことだ。自分たちがまだ十分男と女だと示している。生まれてきた子だって何かの兆しかもしれないじゃないか。まだくたばるには早い、自分たちのためじゃなく、赤ん坊のためにも踏ん張らなくては。くたばっている暇はないぞ。

隣の部屋の泣き声がさらに強まる。ヴィフトリはその声が意味するところを知っていたから耳を覆ったりはしなかった。もうすぐおとなしくなるだろう。

赤ん坊を取り上げに来てくれている隣家のエーヴァが何か喋っている。

そして赤ん坊の叫び声が聞こえた。かなりの音量だ。赤ん坊をあやそうとしているヘルミとエーヴァの二人の会話がまったく聞こえないほどだった。

ヴィフトリは座って辛抱強く待った。男の一番大切な仕事は、この場合待つことだ。ヘルミは月満ちるまで十分待ったのだから。

しばらくしてエーヴァが、自分が出産したかのように頬を真っ赤にして寝室から出てきた。

腕には白い布にきっちり巻かれた小麦パンのような子を抱いている。

「こんなに大きな声で泣く赤ん坊なんて、今まで見た事がないよ！」

エーヴァは笑った。

「どっちだ？」ヴィフトリは聞いた。

「女の子。女の子だよ。こんな大声が出るならどんな子になることやら！」

ヴィフトリは赤ん坊を眺めた。顔中が口みたいだ。

「男じゃなかったのか」思わず口から出てきてしまう。

これまでもうちには娘しか生まれていないのだ。

せめて母のように信心深い子であってくれれば！　自分のような、時に誘惑に逆らえぬままに家を忘れ、その渇きがおさまるまで戻ってこないような人間にならないでくれたら。天の御国（聖書の言葉）を信じられる子でありますように。つまらない誘惑に惑わされない子でありますように。自分の足でしっかり大地を踏みしめる子でありますように。

この泣き声からすると、そういう子に育ちそうだ。きちんとした靴を履かせてやらなくては。ヴィフトリはそうした靴をすぐにでも手に入れようと思い、外套を着た。近所のおやじさんたちの娯楽への誘いが断れなくなる前に。

明日じゃなければ、次回だ。それか覚えていたらその次の時に。

娘にはちゃんとした靴を履かせてやらなけりゃ。

寒気はゆるまない。凍えるような冷気が部屋の四隅にいすわり、まるで小屋を収縮させ、寒気のこぶしで握りつぶす勢いだ。

さらに寒さが厳しくなり、今にもつぶれそうな様子でありながらこの我が家は凍てつく寒気に耐えていた。赤ん坊の泣き声が小屋の土台を揺るがしそうだ。冷気が隙間から入り込んできても、あまりの寒さに赤ん坊を包む毛布ではなく、自らの手に息を吹きかけ外へ逃げ出すことだろう。

　新たな生命は、寒さをも退けるほどのものだ。しかし黒と白の踊りは永久に続く。

　少し後にヘルミは寝床に起き上がり、赤ん坊にきつく巻きつけられていた布をほどいた。

「エーヴァおばさんはきつくくるみすぎだわね」と言いながら赤ん坊を抱き上げる。赤ん坊はまだライオンの子のように――吠えているようだ――叫び続けている。どうぞ叫びなさい、この世を音で満たしたらいいんだわ。

　夜にはヘルミは寝床から起き上がった。ゆっくり休んでいる暇などない。

　牛小屋に行き乳しぼりをしながら、疲れた頭を牝牛の温かいわき腹に押し付けた。牛は貧乏人の砦だという。赤ん坊はエーヴァおばさんが見てくれている。

　しぼられるミルクはバケツの側面に当たって小気味いい音を立て、希望の香りがした。ヘルミは、まぐさが冬の間足りるだろうかと思案した。一頭の牛にひと冬で二トンのまぐさが必要だ。特に狭い庭からかき集めなくてはならないとなると、途方もない量だ。飼料が足りない牛のミルクは栄養分も少ない。自分の母乳も赤ん坊に足りるだろうか？

　この世に意味もなく生まれる子どもなどいない。もういい年である自分は、最後の子を産み落としたのだ。

奇跡だと言ってもいい。神様からの授かりもの。だから生きなくてはならない。地に足を着けてしっかりと。

ヘルミはしぼったばかりの温かいミルクをそのまま器に注ぎ、力が湧くようにと飲み干した。

盲目の父親と、物乞いをしながらとぼとぼ歩いた、小さな頃の長い道のりを思い出す。どれほどからかわれ、ばかにされたことだろう。父に対し、「若い嫁さんを連れてるじゃないか」などとひどい言葉を投げ、笑いものにした人たち。小さな子どもに父を、そして自分を守るどんな術(すべ)があっただろうか。自分の生まれてきた子にそんな思いは絶対にさせたくない。

強くなるのだ。先ほどの出産の疲れも、これまで生きてきた人生のつらさも、なんでもない。足元がふらついても強く立つのだ。

小屋に戻ると、赤ん坊に子守唄を歌うエーヴァしかいなかった。

ヴィフトリは村へ出かけたのだ。いつものように。妻が口を出すことではない。夫が出ていく前も、戻ってからも。そうやって生活してきたのだ。

ヘルミは一人でやり遂げなくてはならない。子どものためなら耐えられないということがあるだろうか。

「昔に比べたら随分ましな世の中になったものね」とエーヴァから赤ん坊を受け取りながら、ヘルミは言った。

赤ん坊は軽く、二千グラムを少し超える程しかなかった。頭には申し訳程度に金髪が生えている。

あの子にちゃんとしつけをしてちょうだい

ポイコネン家の一番下の娘、キルスティは一九二九年二月十二日、サーリヤルヴィのランネヴェシ村、トゥーマラの農家に生まれた。赤ん坊は虚弱だったが、当時生まれた子どものほとんどは同じようなものだった。姉のエッツリも未熟児で生まれたのだ。

一九二〇年代初め頃の村の出生率は三パーミル（千分の一を表す単位）、つまり住民千名あたり、三名ほどの子どもが生まれていた計算となる。小作人が耕作地と住居を借りるにあたっても家族計画が必要となり、出生率は一九三〇年代になると上がっていった。一九三一年から一九四〇年の各地の村では、結婚した男女の間に三・二人の子が生まれた計算で、実際は多くの家庭に三人の子どもがいたことになる。

第一次世界大戦（一九一四〜一九一八年）後の不況から経済は大きく上向いていた。アメリカでは株価が上がり続け、企業の配当金もそれにつれて上がった。ビジネスマンに続き、役人、農民、使い走りの小僧まで株取引に取り憑かれ、積立金で株が買える仕組みができた。株価が元値の何倍にも上がった頃、ウォール街で株の大暴落（一九二九年）が起こった。

企業の倒産が相次ぎ、その波はアメリカ大陸を越え、欧州へと上陸した。フィンランドは国債の償還金を辛抱強く払い続けている時代であったが、不況は一九三〇年代の物不足の時代へと影響を及ぼしていた。輸出は縮小し、あちこちで響くはずの建設工事の賑わいもなく、経済危機は深刻だった。一九三一年から一九三二年の冬、失業率は労働人口の五%を超えた時もあった。

生まれた子にどんな名を付けよう、とヴィフトリとヘルミは顔を突き合わせていた。姉のエッリは、妹はエルマの名前の日に生まれたのだから、エルマじゃなきゃいやだ、とだだをこねた。ヘルミは、スウェーデン語系の先祖がいたことも思い出し、「クリスティーナがいいんじゃないかしら」と案を出す。

ヴィフトリはかなりの間考え込んでいたが、最後に結論を出した。男が最後には物事を決めるのだから仕方がない。

「キルスティ・カーリナ。ほとんどクリスティーナみたいだが、フィンランド語だからいいだろう」

ヘルミは信心深い女性だったので、村の子どもたちに日曜学校を開いてやっていたし、教会にも足しげく通い、キルスティのために祈った。

ヴィフトリは労働者であるのに、時に分不相応な行動もとっていた。そういう気分になると、仕事を適当に切り上げ一週間ほどどこかに逐電（ちくでん）してしまうのだ。もちろんそこに酒も入る。

「誰だって自分らしく生きていいってことだ」と父は言ったものだった。

キルスティはこうして小さな頃から、家族の生活が振り回されるのを見てきた。ヴィフトリが帰宅すると、ヘルミは大きな雷を落としたものだった。

そうした生活だったから家にはおもちゃなどほとんどなかった。

そんな時、アメリカに移住した父方の叔父ヨハンネスから小包が届き、そんな日は家族皆で興奮したものだ。箱の中からはいつも様々な生活必需品から、見たことがないような素敵なものも出てきた。男の子の人形が出てきた時はびっくりした。キルスティはそれを抱きしめ、離そうとしなかった。人形にはすぐにエルットという名前が付けられた。キルスティは切りそろえた金髪を翻し、エルットをそれは大事に扱った。この時代にそのような人形を持っている子どもはそうはいない。

ランネヴェシ村ではどこの家も子だくさんで、親が子どもたちの名前を覚えていればいい方だったが、キルスティは姉たちがもう大きかったから、村の子どもたちには兄弟が多いのを羨ましく思いながらも、遅くできた一人っ子として両親に可愛がられて育った。中には八人の子どもがいる家さえあったのだ。私も同じ年頃の姉妹がいたらよかったのに！

六歳の時、湖のほとりで石を集めて遊んでいたら、自分の隣に立ち止まった大人の女の人の両足が目に入った。

「キルスティはいるかい。おまえがキルスティなの？」女の人は尋ねた。

キルスティは目線をだんだん上げていき、知らないきれいな女の人を見上げた。

「あんたのお姉さんよ！」と女の人は言い、キルスティを高く抱き上げた。

ヒルヤ・ヨハンナ。フィンランド南部の港町、ハミナの裕福なマナーハウス（裕福なスキー製造業の家）の一族に嫁いだ一番上の姉が夫を紹介しに実家に里帰りしてきたのだった。

キルスティはヒルヤ・ヨハンナの胸にしっかり抱きつき、砂にまみれて遊んでいる近所の子どもたちを勝ち誇って眺めた。

あんたたち見た？　私にだってこんなに大きくてきれいな姉さんがいるんだから！　そして私のことを気にかけてくれる。あんたたちの家で誰か抱っこしてくれる暇がある人なんかいる？

キルスティは小さな頃の写真が撮られた時のことは覚えていない。一歳くらいのキルスティが葦（あし）の間に浮かぶ手漕ぎボートに乗り、当時十五歳のヒルヤ・ヨハンナに抱かれている。ボートには真ん中の姉エッリ・マリアと、あと異母兄のパーヴォも乗っていた。岸には煙でいぶされたスモークサウナ（薪ストーブではなく、薪を何時間も焚き染めていぶし、低温で入るサウナ）小屋があり、白い洗濯物が風にたなびいている。

それはキルスティが育った子どもの頃の原風景だった。

キルスティのもう一人の姉、エッリ・マリアは近くのサーリヤルヴィにあるコッキラの比較的余裕がある農場の息子、カイノのところに嫁いでいた。

キルスティは優しく繊細なカイノが好きだった。カイノはキルスティが道端で遊んでいるのを見ると、いつもキルスティを馬車に乗せてくれ、初めての甘いお菓子も当時の雑貨屋から買ってくれた。三角形の紙に包まれたキャラメルの袋だ。

時々エッリ姉さんも小道を歩いて五〇〇メートルの実家にやってきて、キルスティをしつけようと努めた。姉から見ると、両親はキルスティを甘やかしすぎらしい。末っ子はわがままに育つし、世間はそう甘くないとエッリは考えていた。

母はキルスティのためになんでも叶えてやろうとし、娘はそれこそやりたい放題だった。

エッリは完璧主義だったから、エッリの子どもたちのしつけは完璧だった。行儀がよかったし、静かにしていなければならない時に騒ぐこともない。落ち着きなく動き回り、大口をあけて笑うキルスティとは大違いだった。

「お母さん、あの子をなんとかしてちょうだい」姉は母によく言ったものだ。

親の心子知らず、キルスティはさらに文句まで言っていたのだ！　例えば、自分の金髪が母や姉のように黒っぽくなってきたことなどを。

「黒髪なんていやよ！」少女は髪をかきむしった。

文句を言えば髪の色が変わるとでもいうのか。いいかげんお仕置きをするべきではないだろうか。

母はそんなキルスティを、子を守る母虎のようにかばった。だいじょうぶ、ちゃんとしつけはするわよ、と。少なくとも善悪の区別がつくようにね。

「子どもは愛しすぎて困るということはないのだから、私たちに十分この子を愛させてちょうだい」とヘルミは言った。

母はキルスティの肩に手を置いて、正面から目を覗き込んだ。

「人生であなたを助けてくれる人には、いつもきちんとお礼を言いなさい」

「感謝の心よ、絶対忘れてはだめ」

「お母さん、分かったわ」キルスティは請け合った。親に口答えなどするものではない。

そしてキルスティは階段を駆け下り、ハミングをしながら足取り軽く柳の枝を振り回し何本かのイラクサをなぎ倒していった。母が植えた庭の花たちが犠牲にならなかったのは幸いだった。


母はキルスティにきちんとした黒い服を着せた。母と一緒に教会の日曜礼拝に出る年頃となったのだ。

教区牧師のフーゴー・ヴィンテルは非常に教養深く視野の広い人で、教区の住民たちとも広く親しんでいた。サーリヤルヴィの人たちも迷える自分たちを導いてくれる羊飼い（聖職者）のことを尊敬していた。言葉通りに「主に対しすべての行ないに責任を持ち「全能の父に対しどこまでも慎み深く」を地で行く人だった。

キルスティが生まれて二年ほど経った頃、ヴィンテル牧師は活動報告の中で、「人々は時間に正確になりつつある」と記している。

この発言で、彼が強調しているのは慈悲深さ、主の情けの御心（みこころ）の意味だろう。ヘルミにとってもこのような尊敬できる牧師の言葉は心に響くものだった。

サーリヤルヴィの教会は十字架を戴（いただ）いた木造で、中心が八角形をしており上部が大きな半球型のキューポラ（丸屋根）に覆われている。教会の前部は最も装飾的で、ランタン型の小型の塔がてっぺんに付属している。壁を支えているのは三本のドーリア式の円柱だ。ランタン型の塔の内部は金めっきがほどこされた十字架と手すり部分で完結している。丸太で作られた壁は切り出し石の土台で支えられており、内部にある十字架へと出入り口から通路がまっすぐ続く。出入り口は東に二カ所、別にもう一カ所ある。設計は一七〇〇年代の新古典主義様式ではあるが、エンパイア様式の特徴もすでに見られる。小さなキルスティはそんなことはまったく知らず、キューポラをあんぐりと口をあけて見上げ、パイプオルガンの描くカーブに目を奪われていたのだった。

パイプオルガンは驚くべき美しさで鳴り響き、母が他の村人と讃美歌を歌う声はさらに素晴らしかった。

母は家でも讃美歌をよく歌ったが、教会の聖歌隊の声と相まって高いキューポラの開けた空間と光あふれる中で聞くそれは、さながら天使の歌声のようだった。

キルスティはこんな素晴らしい建物は見たことがないと思った。天国はきっとこんな感じなのに違いない。これより美しいものがこの世にあるだろうか？

家ではむきだしの丸太の壁、庭の反対側には牛小屋とその後ろに厠があり、湖畔にはヴィフトリの建てたスモークサウナ小屋があった。

教会に住むことができたらどれだけいいか！　ただ、そんな願いは母に言えるはずもなかった。眠りに落ちる前にこっそり心に思い浮かべるだけでも恐れ多い。

教会から出てくる時、キルスティはエルットをぎゅっと抱きしめた。突然、変てこな機械を持った男が彼女たちの前に現れたのだ。

「すみませんが、この子の写真を撮ってもいいですか？　すごく可愛らしいお嬢さんなので」と男は母に頼んだ。

ヘルミは一瞬考えた。当時写真は非常に珍しいものだった。貧しい家庭にはなかなかない機会だ。男はアメリカからやってきたという。すごく遠い国なのだろう。ヘルミは、ポイコネン家に写真を送ることを条件に撮影を許可した。


牛小屋では一頭の牝牛がまぐさを食んでいる。そばには二頭の羊と鶏が数羽。

毎晩、キルスティは母と一緒に家畜に餌をやり、敷き藁を替えてやり、少しの人参の切れ端をご馳走として与えてやった。

その後、母はキルスティを木製の寝床に寝かしつけてくれた。この寝床は父が作ってくれたものだ。

母と一緒に夕べのお祈りをする。


「愛する神様　夜になりました。寝なくてはなりません。

お父さんお母さんから　悲しみや心配の種を取り除いてくださいますように。

可愛い動物たちは家畜小屋で寝ています。

ああ星空の向こうにいらっしゃる神様、どうか動物たちの寝床もお守りください。

アーメン」


キルスティは藁の寝床ですやすやと寝息を立てている。自分で嫌いだと言っている黒い巻き毛が枕の上に広がっている。ヘルミは終わりのない家事を続けながらも、手を休めては窓から暗い外へ目をやり、もの思いにふける。

なんとか子どもを学校へ行かせてやりたい。自分の人生をちゃんと歩ませてやりたい。

あぁ、星空の向こうにいらっしゃる神よ、どうかこの祈りを聞き届けてください、私が口に出せない分も！　なんとか身体（からだ）が持ちますように！

キルスティの最初の「ビジネス」

貧しい家の生まれだからと、姉のエッリは、最初コッキラ農場に嫁ぐことを断られていた。しかし、夫となるカイノ・ヒューティアイネンがエッリにとことん惚れていて、押し切ったのであった。「エッリが首を縦に振らないのなら俺は湖で入水する」と親を説得したという。

ヴィフトリはヒューティアイネン家へしばしば仕事をもらっていた。一度、母のヘルミもコッキラ農場へ駆り出され、エッリがまぐさを刈り取る仕事を手伝うため、小さなキルスティに留守番をさせたことがある。

母はどうしたものかと考えた。キルスティはまだ五歳だ。他の大人が忙しく立ち働く畑でうろちょろされては邪魔になる。娘は好奇心のかたまりであちこち動き回り、農機具の隙間にはさまってしまいかねない。なんとか数時間でも家でおとなしくしていてもらわなくては。

母は鉄のフライパンを出し、朝しぼったばかりのミルクと一袋の小麦粉でパンケーキの生地をこしらえた。キルスティは薄く焼いたパンケーキが大好きだ。たった一人で残るのだから、少しくらい甘やかしてやらなくてはという母の優しさだった。

バターでこんがり焼いたパンケーキの美味しそうな香りが台所いっぱいに広がる。母は焼けたパンケーキを皿の上にどんどん重ねていき、その横にジャムの瓶のふたを開けておいた。イチゴとラズベリーだ。

キルスティは窓から母が丘を登っていくのを眺めていた。スカートのすそが疲れた母の歩みに合わせて揺れていたが、その歩みが止まることはなかった。

母の姿が見えなくなると、すぐに意識はパンケーキの方へ向いた。ただ自分で食べようと思ったのではない。まず、巻きつけてあるパラフィン紙を取りはずした。

舌を突き出しながらパラフィン紙をどうにかきれいに切った後、さらにはさみで切り紙の要領でレースのような模様を入れていく。クリスマスの時に窓に貼ったり、ケーキの下に敷くようなきれいな模様だ。

キルスティはすべてのパンケーキにイチゴとラズベリーのジャムを塗り、くるくるとクレープのように巻き、さらにその上にパラフィン紙を巻いた。

パンケーキを小脇に抱え、キルスティはドアを開け、大きな通りへとちょこちょこ歩いて行った。この道はまっすぐ続き、砂が敷き詰められている。母が道の両側にポピーを植えていた。赤いポピーの花は陽光に輝き、薄い花びらが熱い夏の風にそよぐ。

一枚の花びらが飛んできたのを、キルスティは飛び上がってつかまえた。手の中で花びらの絹のような手触りを楽しむ。薄くて高級な、素敵な布を触ったらこんな感じなのだろうか。「ポピーは世界で一番きれいな花よね」とキルスティは独りごちる。「お母さんが好きな花だもの」

まず一軒目はゴッドマザーとゴッドファーザー（キリスト教における、子どもが生まれると洗礼式に立ち会う、後見人のような存在）の家のドアを叩いた。

「まぁ、キルスティなの、どうしたの？」キルスティは母が教えた通り、膝を曲げてお辞儀をした。

「パンケーキを売りに来たのよ。一つ五ペニーでいかが？」とキルスティは言った。

ゴッドマザーはキルスティを眺めた。いつもは母が気をつけてきれいな前掛けを身につけているのだが、今日はところどころジャムが飛んでいる。

「まぁまぁ、今日は売り子さんなのね。もちろんよ、うちには二つくださいな」

こうしてキルスティは近所の家から家へとパンケーキを売り歩いた。

家に帰り着いて、両手で五ペニーの小銭をじゃらじゃら鳴らしてみる。自分でこのお金を稼いだのだ。自分で考えて、やり遂げたのだ。

戻った母は、空っぽのお皿を見て喜んだが、娘がパンケーキを一口も口にせず、近所ですべて売りさばいたと知って青くなった。

キルスティはその日、自分には一つ五ペニーのパンケーキよりも大きなものを扱う商売の才覚があると確信した。ただ、家にはこれ以上売れるものがなかっただけだ。

ぶら下がり運動は満点

たとえトゥーマラの家が貧しかったとしても、ヘルミは常に家を清潔に保ち、季節の花を植え、食べるものも食卓にひねり出し、やり繰りがこの上なく上手だった。

ヘルミは夏には森にビルベリー（ブルーベリーの原種）やラズベリーを摘んでジャムにし、秋に採れるリンゴンベリー（コケモモ、酸味のあるベリー）は大きな木桶に保存した。母はベリーがたくさん採れる秘密の場所を知っていた。

畑で野菜やじゃがいもを育て、人参を収穫し、ビーツは冬のために貯蔵した。

「じゃがいもは栄養があるんだよ。ビタミンがいっぱいでね」というのが母の口癖だった。

よく食卓にのぼったのは、茹(ゆ)でたじゃがいも、こま切れ肉の残り汁と脂でとろみをつけたソース、そして酸味があるリンゴンベリーとライ麦粉をふやかして鍋で炊(た)いたお粥(かゆ)だった。

ヴィフトリは家のそばに丸葉たばこを栽培し、乾燥させて葉巻きにしていた。咳(せき)がひどいことも多かったのに、たばこをやめようとはしない。医者は喘息(ぜんそく)の治療をしてくれていた。

ヘルミは、じっとしていられない性質だった。ヴィフトリがまた数日ふらふらとしている間にペンキを買い込み、家の外壁を赤く、柱を白く塗ってしまった。帰ってきたヴィフトリはこの間までグレーだった家がどこにもなく慌(あわ)てたほどだ。

隣家の子どものスキー板が壊れれば、ヘルミが修繕してやった。目にゴミが入れば、瞼(まぶた)を裏返してやった。傍(はた)で見ている方はぞっとしない眺めだが、見てもらっている方はゴミもどこかに行ってしまった気がするのだった。

ヴィフトリも時に家の手入れをした。曲がってしまったとはいえ、スモークサウナの新しいベンチを取り付けたこともある。

「まぁ、かみさんが上に座って、俺が下に座ればいいことさ」と大工(だいく)の腕前については言い訳をしたものだ。

さて、キルスティも学校へ上がる年となった。最初の国語の教科書に描かれたヴェンニ・ソルダーン＝ブルーフェルト（フィンランドの画家であり国民的作家ユハニ・アホの妻）の挿絵をうっとりと眺め、書かれていた詩を暗記した。

「母さんの小さなあの子が通学路をちょこちょこと
その目はきらきら、気持ちはそわそわ、一生懸命学んでね
天使様に見守られ、ぶじに帰っていらっしゃい」

キルスティの学業の道が最短距離か、長距離競争となるかはまだ神のみぞ知ることだった。一番好きな科目は器械体操とスポーツだ。キルスティは男子と同じくらい力強く円盤を投げ、草野球では校庭で誰もキャッチできないほど球を遠くに飛ばした。

母にとって末っ子のキルスティは目に入れても痛くない存在で、娘がやることはどんなことでもすべて奇跡に感じられた。

キルスティが成績表をもらってきた日、母は、

「器械体操と……」

そしてそのまま次の行を大きな声で読み上げた。

「……ぶら下がり運動は満点ね！」私たちのキルスティはぶら下がり運動から満点をもらったのよ！

確かに元気いっぱいのキルスティはあちこちからぶら下がることをやめなかった。

「行儀よくしたらどうだ」とヴィフトリが一度注意したことがある。

キルスティは首をかしげた。そしてなんというか、相手に刺さる言葉が勝手に湧き出てくるのだ。キルスティは勘を頼りに残りの人生も生きていくことになった。

「私が男の子じゃなかったから、がっかりしたんでしょ」とキルスティは父にたてついた。

この言葉にヴィフトリは頭に血が上ってしまった。キルスティのもとに大股（おおまた）で駆け寄ると、髪の毛をひっつかんで揺さぶった。このような折檻（せっかん）は後にも先にも一度きりだったが、大人になっても忘れられない思い出となった。

キルスティは正しかった。なんということを言ってしまったのだろう、その言葉は父にとってより鋭い痛みを伴った。


エルッキ・ハンニネンは国民学校でキルスティの後ろに座り、前に座っている女の子たちのおさげの先っちょをインク壺につけるといういたずらをした。それに気づいた先生は罰として、男子を女子の隣に座らせた。二日間というもの、エルッキがキルスティの隣にいて泣き続けるものだから、先生はついに根負けし、また女の子同士を隣に座らせることとなった。

その頃、キルスティには一つお気に入りの場所があった。学校の友達の家に泊まりに行った時だ。友達のエイラは裕福な家に生まれ、キルスティは生まれて初めて本物のマットレスで身体をまっすぐに伸ばして寝ることができた。そのやわらかさといったら！ シーツの下で詰めた藁が乾いた音を立てたり、肌をちくちくと刺すこともない。一生そこに寝転がっていたいくらいだった。きっと天国ではこんな感じなんだわ、とキルスティは考えた。天蓋（てんがい）付きのベッドでこんなにやわらかいお布団だったら、心配事なんてきっと何も浮かばないだろう。

「偉そうにしてるもんだね」とサーリヤルヴィの方言では言う。

ヘルミは娘が酒やたばこの誘惑に負けないように何度となく厳しく注意して聞かせた。キルスティは、一度苔（こけ）を紙に巻いて吸ってみたことがあるなどとは一生母に言えそうもなかった。反抗心からやってみたことだが、結果的に一生に一度の「喫煙」体験となった。

ヘルミは、家の中の鉢植えもキルスティ同様に大切にしていた。窓辺には、ゼラニウム、アスパラガスの葉、ギンバイカ、キョウチクトウ等がどこから手に入れたのか飾られていた。

ヘルミは一度、南部のハミナにいる長女のもとを訪れ、キルスティは父と留守番をすることになった。ヘルミの旅は何日もかかった。

「お花に水をやった？　どちらが水をやる番だったかしら？」とキルスティとヴィフトリは毎日互いに面倒を押し付け合った。どちらも植物の世話は苦手で、母の大事な植物たちの世話は面倒以外の何物でもなかった。従って、枯らしてしまうよりは、と植物に念のために水を多めにやりすぎることとなった。食事もなんとか口に入れるものを用意するのがやっとだ。キルスティは父が畑に何かを投げ捨てたのを見た。何だったのだろう？「粥がおたまにこびりついてしまって腹が立ったから捨ててやったんだ」と父はうそぶいた。

父と娘は、どうにか母がいない日々をやり過ごした。いくつかの植木鉢は水のやりすぎで根腐れさせてしまい、反対に水をやり忘れ、からからに乾燥し枯らしてしまったものもあった。

帰ってきた母はすべてを許してくれた。母とはそういうものなのだ。

パーヴォは子どもたちの中で一番お利巧だね

内フィンランド新聞の地方版において、一九三〇年代のサーリヤルヴィ地方はこう表現されている。

「フィンランドの自然の美しさを話す時、私たちは多くが湖、そして深い針葉樹の森か、緑美しい雑木林に覆われた高低差のある地形を思い浮かべるだろう。この尺度を使うのなら、サーリヤルヴィは誰が見ても非常に美しいフィンランドらしい自然を備えている。東西南北どこから眺めても、どんな交通手段でやってきたとしても――キリスト教伝道者の馬であろうが、最新の飛行機であろうが、この地に降り立った人はこの美しい景色を目にするのである。さらにサーリヤルヴィの人たちは自然の手入れを怠らずもともとの美をさらに昇華させることに貢献している」

残念ながら、風景だけでは空腹を満たすことはできない。それにはもっと違った広い視点が必要なのだ。

キルスティの教師、ターヴィ・シッランタウスは多才な人だった。詩人で、画家でもあった。近くのランネヴェシ村出身で、教育が受けられることを誇りにし、前述の新聞にも「今のランネヴェシ村の住人はほとんどが国民学校に通い、中等学校にも、さらに農業学校を出た者もいる」と寄稿したことがある。

彼はキルスティの個性について、ヘルミとまったく同意見だったし、ぶら下がり運動以外にもキルスティには才能があると見込んでいた。冬戦争(一九三九年十一月、ソ連がフィンランドに侵攻した)中に疎開してきたカルヤラ地方の家族が多かったので、生徒の数もかなり増え、国民学校は二カ所に分けられていた。キルスティは信用組合を間借りした教室に通う四年生であった。シッランタウス先生は生徒たちに行進曲を歌わせ、澄んだ子供たちの歌声は「近所の道に向かって敬礼だ、さぁ我々の歌声よ、どこまでも響け！」と戦意を鼓舞する響きで満ちていた。

ロシア国境に近いカルヤラ地方の子どもたちが自分たちのことを方言で喋る時、シッランタウスはそれを標準語に直した。同級生には疎開してきた子どもたちをからかったりする者もあったけれど、キルスティはそうではなかったようだ。勇気があり、男勝り（まさ）で、活発で、誰かを仲間外れにするようなことはしない。男子の冷やかしが度を過ぎると、負けずにやり返した。

シッランタウス先生は、キルスティはぜひとも中等学校に進むべきだと強く勧めた。しかし、キルスティの家は「金なんかありゃしない」。塩以外のすべてを切り詰めて生活していたのだから。学費は当時で年間四百マルカに上がっていた。自分の子どものために空席がないかと問い合わせる裕福な家庭でも簡単に出せる額ではなかった。どうしたらいいだろう？　シッランタウス先生は、南部のハミナで裕福なスキー製造業の家に嫁いだ姉ヒルヤのもとにやってそこから通学しては、と両親に勧め、その案に従うことになった。

時は一九四一年、継続戦争が勃発しようかという頃だ。キルスティは二等車に席を取ってもらい、出発した。車輌には外国人旅行者向けとしてロシア語表記もあった。中部の方には戦争の傷跡が見られなかったが、ハミナは港町のため爆撃が激しかった。キルスティは地下へすごい勢いで走り込む人々を見て仰天した。

「あれが爆弾なの？」と空の黒い点を指さして中部フィンランドの訛りでのんびり喋っていたキルスティにも周囲の恐怖が伝染し、つられて走り出すまでそう長くはかからなかった。

姉のヒルヤの夫は、前線で地雷の破片を背中に受け負傷した。治療は首都ヘルシンキのティルッカ病院で行なわれ、妻としてヒルヤは夫に付き添っていくことになった。一週間留守にする間、キルスティがヒルヤの子どもたちを世話するのだ。母親にしてもらったのと同じように、キルスティは子どもたちに食事をさせ、身体を洗ってやり、服を着替えさせ、夜は寝かしつけてやった。

ヒルヤは看病から帰宅し、姑を家に呼んで孫の顔を見せるのと同時に、入院中の息子の様子を報告した。ヒルヤが帰宅したので、キルスティは映画にでも行っておいでとご褒美のお駄賃とやっと自由時間をもらえた。同じ敷地内に間借りしている家族の娘、リーサも一緒に行くことになった。娘たちが映画を楽しんで帰宅すると、家族が泣きながら走り出してきた。二歳のハンヌが、ヒルヤと祖母がちょっと目を離している隙に海で溺れてしまったのだ。

小さな男の子は真っ白な顔をして板の上に寝かされていた。ヒルヤは狂ったように自分を責め、息子のそばから離れようとせずに泣き叫んでいた。

キルスティは大きなショックを受けた。その光景を頭から追い出すことができない。この小さな子とキルスティは一週間一緒に過ごし、世話をしたのだ。悲嘆に暮れる姉を見るのもつらかった。

こんな場所に住むことはできない。どんなに素晴らしい学校があって知性を身につけることができると言われてもいやだ。大きな哀しみと喪失を抱えた姉のいる家を、キルスティは後にした。

キルスティは、サーリヤルヴィへ戻るために母が迎えに来てくれないかと頼んだ。どれほど教育が大事だと言われても、ハミナの町には残れない。母は、可哀そうなハンヌが亡くなったのが、キルスティが面倒を見ていた時でなくてまだよかったと神に夕べの祈りをささげた。

「もしお前が世話をしていた時にそんなことがあってごらん、お前は気がおかしくなったに違いないよ」と母はキルスティの髪をなでた。

同じ年の夏、サーリヤルヴィ湖のキルスティの家のそばにある岸辺で近所の幼い男の子が溺れ死んだ。その小さく素敵な砂浜は、夏の暑い日に足を浸す(ひた)のに絶好の場所だった。

キルスティが泳ぎとボート漕ぎを覚えたのも同じ浜だ。甥っ子と近所の子の死から、キルスティはもう安全な場所はなく、いつかはすべてが失われるのだと強く感じる事件となった。庭と、そこにある小さなおままごと用の小屋が唯一の絶対安全な場所に思えた。世間の恐ろしいものから逃れられる場所。母のスカートの陰にずっと隠れ続けることはできるのだろうか？　自分が溺れたら、父の腕が湖から引き揚げてくれるだろうか？

物不足の時代ではあったけれども、ヴィフトリの弟で、アメリカに移住したヨハンネスに小包を送ってやることはなんとかできた。昔ヨハンネスから人形やその他の品をもらったことがあるのだ。今度は海の向こうで苦労している親戚を手助けしてやるのはヴィフトリとヘルミの役目だった。

ヨハンネスの妻から手紙が来た。

「小包をありがとうございます。こちらもいろいろな物資が不足しています。すべて紛失せずに届いたのが奇跡のようだわ。キルスティも手紙で靴があるか聞いていたけれど、そういうものもないのよ」

心配事がある時、それ一つでは終わらないものだ。行進のように悲しみが続いてやってくる。

キルスティは、異母兄のパーヴォが出征したいと言い出した時、十二歳だった。

パーヴォはヴィフトリが若い頃の過ちで生まれたのだが、ヘルミは自分の子どもと同じように愛し面倒を見ていた。

「パーヴォは本当に子どもたちの中で一番良い子ね！」と口癖のように母は言っていたものだ。

パーヴォは十六歳で少年兵として前線へ出た。サーリヤルヴィの若者たちはカンナスの同じ塹壕に寝泊まりしており、エッリの夫、カイノは経験の浅いパーヴォに何かと助言をしてやった。

「絶対に頭を上げるなよ、今は手りゅう弾攻撃が一番激しいんだ」

だが、パーヴォは言うことを聞かなかった。今まで真綿に包まれたようなトゥーマラの小屋で育ってきたのだ。好奇心が強く、塹壕からつい頭を出してしまい、そして頭が半分吹き飛んだ。

戦争が終わって「戦争が怖くなかったと言う奴がいたら、そいつは嘘つきだ」とカイノはよく言ったものだ。

ポイコネン家は悲しみに包まれ、その時期も長く続いた。朝一番にやってきて、夜最後に去っていく。服にも染みわたり、肺が悲しみで満たされ、歩くたびにその一歩が重く、吐く息さえ悲哀以外の何物でもなかった。それまで貧しさが一番つらいと思っていた彼らに、もっとひどいものがあると知らしめたのである。

頭の中が灰色になり、何も考えることができないようだ。家族の姿もぼんやりかすんで見える。何も考えられないなら、もう何もしない方がいいのではないか？　若者や子どもがどんどん草のようになぎ倒されていく。身近で大切な人が奪われ、将来のことを考える余裕などなかった。

残ったのは美しい思い出と追憶

ヘルミは十三歳になったキルスティが上の学校に行けないのなら、仕事を探さなくてはと考えた。

母と娘は三キロメートル離れた日用品雑貨店へ出かけた。この店はキルスティが生まれた頃にランネヴェシ村にできた店だ。

「ランネヴェシ村の皆さん！　増え続けるお客さんは、私たちがお客様に満足してもらえる値段で商品を売っている証拠です」といった調子で結構繁盛（はんじょう）していた。

キルスティは恥ずかしくて、自分で仕事が欲しいと言うことができず、店の外の自転車置き場でうろうろしていた。

「うちの娘を見習いとして雇ってもらえません？　本人は内気で自分じゃ言えないらしいんですよ」とヘルミが娘の代弁をすることになった。

ヘルミの頼みが功を奏し、キルスティはその店で働くことになった。商品は値頃で、客も多かったが、一週間でキルスティは気取っているとクビになるところだった。とある男性客が肉を買いに来たのだが、肉のかたまりは大きな丸太の輪切りの台の上に置いてあり、肉包丁はとてつもない大きさだ。キルスティには包丁を持ち上げるのもやっとだった。

「これくらいで切りましょうか？」

「もうちょっと少な目だな」男性客は言った。

キルスティは包丁を少し動かした。

「じゃあこれくらいで？」

「もうちょっと減らしてくれんか」と客はねばる。

キルスティの堪忍袋の緒が切れた。

「そんなに薄くしたら空を切るようなもんだわ！」と思わず口に出してしまった。

血は争えないというのか、頑固で簡単に折れないのはヘルミの弟、コウヴォラに住むオット・ヒプシであった。叔父のオットは口がうまく自由人でもあった。身なりも洒落ていて生まれついてのセールスマンと言えばいいのか、その気になれば自分が着ているシャツさえ人に売ることができただろう。戦時中は、レンガを粉砕した粉をネズミ殺しとして売ったという伝説すらあるが、本当かどうかは別として、せっかく稼いだとしても宵越しの銭は持たない人だった。

キルスティも年頃になり、若者が周りをうろつくようになった。ヘイッキという少年はのぼせ上がるあまり、黒髪がカールしている少女の姿を一目見ようとキルスティが働くパーヴォ地区の店をトラクターで何周もしていたようだ。

若者の傷は年寄りよりも早く癒えるという。

異母兄が戦死したが、青春真っただ中となり、ダンスの楽しみを覚え、ダンス場からバンドの生演奏の音が聞こえてくるとキルスティの脚はステップを踏みそわそわと落ち着かない。踊りに行きたいし、ダンスに着るための服が欲しいのだが、そんな余裕はとてもない。

学校の行事があった時は、母は小柄なキルスティのために古い外套を裏返した生地から服を縫ってくれた。今回は、キルスティと友達のために、地元の縫子がドレスを縫製してくれることになった。キルスティには青いドレス、友達には赤いドレスを。それぞれ手刺(てし)

繍で花模様を入れることになった。ドレスは一つでは足りない。キルスティは雑誌をめくったり、自分で絵を描いて気に入った型を探した。少ない給与から布と縫子への代金をまかなった。

姉のエッツリの娘、レジーナは姿見を持たされ、キルスティがダンスに行く前の支度を手伝わされた。

「動いちゃだめよ！」キルスティが姿見に映る自分がぐらぐら揺れるのをいやがったことと、ニベアクリームの香りが部屋に立ち込めていたのをレジーナは覚えている。

家の中にあった文化の薫りと言えば、棚にしまってあるコーヒーを販売するパウリグ社のバラ模様が入ったコーヒー粉の缶だった。ヘルミがこの缶をきれいだからと集めていたのだ。もう一つ文化と言えるものは、子どもたちが母の日に書いたカードが貼られている壁の一角もそうだ。

「これがフィンランドの家庭で言う文化よね」と一九九〇年代になってキルスティは語っている。「フィンランド人の文化は貧しいことから出発した。貧しい背景から創造性を発揮するということね。簡単なことじゃないわ」

青年クラブ「サンポ」は、ランネヴェシ村で知性の片鱗を感じられる場所でもあった。食料難が去った後は、クラブにおいて、様々な催しが開かれた。娯楽、演劇、夜会といった具合だ。若者のお遊びと言われていたクラブから、本物も育っていった。タルモ・マンニは国立劇場の俳優にまで上り詰めたし、キルスティの教師シッランタウスはクラブのもう一人の青年、イュルヨ・ハカラをヘルシンキのアテネウム国立美術学校へ行く道筋をつけた。収入源として青年クラブはダンスパーティを催した。

キルスティはダンスが好きなあまり、朝まで踊っていたいと願ったものだった。黒髪のカールももういやだとは思わなかった。ヘイッキ青年もトラクターでキルスティをダンスパーティへと迎えに来たこともある。ただ厳しい父親であるヴィフトリがキルスティに好きなようにはさせなかった。

夜が更け始めると、キルスティのダンス相手の誰かが、クラブハウスの入り口に「またあの口ひげの生えた男が君を迎えに来たよ」と耳打ちするのだった。

キルスティはお父さんは口ひげなんて生やしてないわ、と言い返した。少なくとも彼女は気づいていなかったが、それくらいのしゃれっ気は父にも実はあったのだ。早いうちからキルスティを迎えに来た父は、誰かがキルスティを家に送ることも許さなかった。

裕福なマヤラ農場の主人が、キルスティの人気や、翻るスカートのすそ、キルスティの靴が描くピルエット、そして壇上で皆と歌う歌を面白く思っていなかったようだ。

「お前が行くところは労働者の集会所だろう」と主人は少女に言った。

キルスティは帰宅して父にこのことを話した。

「ちゃんとあちらには会釈をして助言のお礼を言ったんだな?」と父は口にした。「貧しい者と富める者の違いとは何なのか、考える機会を下さってお礼を申し上げます、と言えばよかったんだ。貧乏人にも金持ちと同じ権利がある、これからもよく覚えておきなさい。お前には裏口でなく、どんな正面入り口だって使える権利もあるんだということを」

キルスティはひたすら踊った。色が浅黒く、ハンサムな青年たちがキルスティのお気に入りだ。中でも一番素敵だったのがスロという青年だった。時は一九四五年、戦争はすでに終わっていた。トイヴォ・カルキが作曲した名曲「Liljankukka(百合の花)」が大ヒットした頃だ。キルスティは頬をスロの肩にそっと押し付けた。

〝何人もが目の前にひざまずく　きつね火よりも優美で　その中で一番美しい一輪　雪のように白い百合よ〟

まだ帰りたくない。百合の花が誘うまま、花のように踊れたら。だけど父さんがもう迎えに来ている。クラブハウスの入り口だったり、家の近くの道の前で立っていたり。キルスティは風に吹かれるように自由気ままにはできないのだった。

一度キルスティが門限を破ったことがあった。父は家の鍵をかけてしまい、中に入ることができない。キルスティは氷のように冷たい石段に座り、決して自分から詫びて中に入れてくれと頼むようなことはしなかった。

するとと突然父が戸を開けた。おそらくキルスティが戻ったのを窓から見ていたのだろう、一言も口を利かずキルスティの外套の首根っこをつかまえて中に引き入れた。

朝になって、おどしたりすかしたり、散々のお説教となった。約束は守らなくてはだめだろう、門限も同じことだ！ そしてルールが決められ、キルスティはきちんとそれを守ると誓った。

成長したキルスティには、家の寝室が自室として与えられた。キルスティはそれを夢の部屋と呼び、雑誌から写真を切り抜いては夢がいつか実現することを願った。切り抜きには例えば高級車のジャガーがあった。ジャガーがランネヴェシ村の道路で砂埃を立てたことはない。また、豊かな美しい毛並みが彼女自身のようなアフガンハウンドの写真もあった。

やっともらえた自室で、キルスティはダンスを踊った翌朝、母がラジオ番組で教会の朝の祈りや礼拝を聞いているのを、掛布団を耳まで被ってうとうとと聞いていた。最後に「主のご加護がありますように」という結びの言葉が家に響き渡ると、ヘルミは庭へ出ていき、白樺の枝で編んだ揺り椅子に座りながら、讃美歌を歌うのだった。時には讃美歌集の歌全部をさらうこともあった。

「神よあなたの庇護のもと　過ちを悔いることができるのです」

週末のこのひとときがヘルミの少ない自由時間だった。こうして力を蓄え、また次の一週間頑張れるのだ。

キルスティは寝室でまだ寝ている。

〝残ったのは美しい思い出と追憶　その炎が消えることはない〟まだ百合の花の歌が頭の中で海鳴りのように響いている。こんなことは今までなかった。

キルスティは寝返りを打ち、むきだしの丸太の壁を眺めた。いや、もっと遠くを見ている。壁を突き抜けて、もっと遠くへ。皆が望めないような場所を。

お城も小さな土台から

教師、ターヴィ・シッランタウスは受け持った生徒たちが卒業しても彼らを導くことを諦めない人だった。この珍しい客がポイコネン家を訪ねた。彼は開口一番、キルスティは中等学校に行かなくては、と言った。

キルスティの目が輝いた。もう肉包丁を振り回すのはたくさんだ。

シッランタウス先生が腸チフスのために入院した時、生徒たちは寄せ書き集を贈ったのだった。キルスティは次のような一節を書いた。

「祈り働けよ　そうすれば成し遂げられるだろう。お城も小さな土台からと言うではないか」

教師は、その一節にいたく感動し、ここで病（やまい）に負けてはいけないと奮起したのだそうだ。シッランタウス先生はヘルシンキでキルスティに合った学校を見つけてくると言い、きっと学校でもそれなりの成績を上げられるだろうと言った。

娘の独り立ちはヘルミとヴィフトリにとってつらいものだった。その日が来るまで寝返りばかりを打ち、二人とも心配で眠れない夜を過ごしていたようだ。これまで、できるかぎり申し分ない娘を育ててきたつもりだけれど、これから娘を待ち受けるさまざまな誘惑がどんなものか想像もつかない。ヴィフトリももう娘が安全かどうかを迎えに行って確かめることもできないのだ。ヘルミも、神のご加護を唱えてやったり、日曜朝の讃美歌でキルスティを目覚めさせることもなくなる。


ヘルミはこの世の終わりのように泣き続け、娘が爪に塗ったマニキュアも魚をさばく時のナイフで削り落とした。剝がれた赤いマニキュアが木の床の上に散らばっている。娘はこれから汚れた世の中の誘惑にどっぷりつかってしまうかもしれない。世間に染まらず、清らかなままでいられるだろうか。

「頼むからお酒なんか飲んだり、たばこを吸ったりしないようにね」

母は嗚咽を飲み込みながら言う。

「分かったわ、お母さん」キルスティは従順に答えた。乾燥させた苔を紙に巻いて吸ってみたことがあるという懺悔は、こみ上げたものと一緒に飲み込んだ。

母の涙ほど動揺させられるものはない。私はこれまで母を悲しませ、心配ばかりかけてきたのだろうか。

キルスティが家から出る時、ヴィフトリがそばに来た。父親はこんなところで気の利いた言葉を口にはしない。ましてや韻を踏んだ詩などもってのほかだ。

「これからは自分でやっていくわ」キルスティは涙で汚れた頰をぬぐいながら言った。

「本当に出ていくなら、これが最後だと思うんだな」ヴィフトリが娘に言った。声が喉でくぐもっている。男は泣かないものだ。しかしヴィフトリが泣くのは時間の問題だった。

彼はキルスティの手に何かを押し付けた。皺くちゃになった数枚のお札だった。最後のお金だ。口にしている言葉と行動はまったくちぐはぐだ。もっと後になって、キルスティは理解した。渡されたお札には父が言葉にできなかった愛がこもっていたのだと。

そしてキルスティは自分が育ってきた小さな家を後にした。残された家は傾いて見える。

ヘルミとヴィフトリにとって、キルスティの小走りの足音が聞こえない家が、こんなに寂しく空っぽだということが信じられなかった。

晩秋で庭の花も枯れ、すべてが色を失ったように見える。十六歳で家を出たキルスティの残していった舗装されていない道の足跡が形となって寂しさがいや増すようだった。湖の後ろからやってきた雨雲がその足跡も洗い流してしまい、ヘルミとヴィフトリには、娘を懐かしむには子ども時代の写真しか残されていなかった。

どうして写真のキルスティはこんなに堅苦しい顔をしているのだろう？　私たちが覚えているキルスティはいつも笑い声をあげていたのに。


キルスティはサーリヤルヴィの西にある墓地の東口のバスに行き、向かいにある車の修理工場から切符を買い求めた。バスはキンヌラ、キヴィヤルヴィ、カルストゥラを通ってやってきた。ユバスキュラの前に、まだウウライネンを通過する。ユバスキュラから、電車に乗り換えてヘルシンキへ向かうのだ。

キルスティは膝に抱えた箱を抱きしめた。箱の中には全財産が入っている。よそゆきの服一枚と外套のポケットには父が最後にくれたお札、六百マルカが。時にそのお金の存在は心を温め、一方で燃えるようだった。時に燃えるような熱さを感じた。

家を出たのは正しかったのだろうか？　これは両親の愛に背く行為だろうか。

店のカウンターで重い包丁で肉を切り分け続けるべきだったろうか？　ダンスを踊る時、壇上で歌手が「百合の花」を流行らせたヘンリー・テーリの真似をして声を震わせているのを聴きながら、スロの体温をもっと身近に感じる方がよかったのか。小さな家を建てて、畑で野菜を育て、姉たちがしたように家庭を持つ。

それはこの辺りに住んでいる人たちが送る人生だ。孤独がどっと押し寄せ、座っている座席の隅に自分の身体が押し付けられるような気がした。私は独りぼっちだ。涙が若い頬を伝い落ち、しゃくり上げるたびに肩が震える。

一人旅で、慰めてくれる者はいない。戦後の時代だ。自分の運だめしに世の中へ出ていく少女は多かった。通りかかった者は視界の片隅にキルスティを認め、この子もどうなることだろうかとふと思ったかもしれない。

しかし皆自分のことで手いっぱいで、それ以上の重荷を背負う余裕は誰にもなかった。

キルスティは首都に着いて、人の流れに任せて電車から降りた。十月の夜は早い。乗客は皆自分の行き先を知っているようだった。

バスや電車では他の乗客との距離も近かった。降りてしまうと、三々五々、黒い人影が散らばっていく。誰も段ボール箱の紐を握りしめるキルスティのことなど知ったことではない。キルスティの「おやすみなさい」という礼儀正しい呼びかけにも誰も答えずにいなくなってしまった。

キルスティはポケットに行き先が書かれた紙を持っていた。場所はヘルシンキでもあまり評判のよくない東のソルナイネン地区、クルマヴオレンカトゥ通りだった。キルスティはそこを目指して、箱を抱えて急いだ。道々、信頼のおけそうな人を選んでは方角を確かめながら。

やっとの思いで到着し、呼び鈴を押すと、チェーンが外される音がしてそのチェーンが頭に当たるところだった。知らない女性がドアの隙間から覗いている。

「あんたは誰だい?」

「私はあなたの以前の夫の、その昔の妻の弟の娘です」とキルスティは自己紹介した。

実はキルスティも、そのよく分からない関係が本当かどうかは定かではなかったのだが、どうにかして今晩の寝床を確保するため、必死でまともな親戚の少女らしく見せようと気を張った。

「私は夜間学校に通う予定で、明日すぐにでも住むところを探そうと思っています」と彼女は続けた。

知らない女性は、まだキルスティを疑い深く眺めながらもドアを開けてくれ、黒髪の少女を家に入れ、「分かったよ、今晩だけ泊っておゆき」と言ってくれた。

その女性は台所の隅っこにキルスティが寝る場所を作ってくれた。

キルスティは周りを眺めた。どこもかしこも汚ない。流しには山のように汚れた食器が溜まっていた。床を掃除したのはいつのことやら、かなり大昔のことだろう。辺り一面に埃っぽい匂いがする。きれい好きな母は有難いことにこの光景を見ずに済んだ。寝床にはどんな南京虫(なんきんむし)が巣食っているか分かったものではない。

しかしキルスティは長旅で疲れ切っていたし、感情もぐるぐると渦を巻いていた。今私はここにいるのだ、ヘルシンキに。壁紙の染みも暗くて見えなかった。明日は海を見に行こう。ハミナで起こった悲しい事件の後、目にしていない広い海を。

キルスティは疲れていたので夕べのお祈りすら忘れて寝入った。

翌朝、一晩の寝床を提供してくれたおばさんは食料品店に出勤した。キルスティはベッドに横たわっていた。陽(ひ)の光の下で見るこの小さなアパートの汚さを目にして、キルスティは震え上がった。

それでも母の教えが勝った。人々の親切にはお返しをしなくてはならない。この女性は、夜遅く到着した見ず知らずの娘を屋根のある場所に泊めてくれたのだ。お礼に、キルスティはアパートの掃除をしようと決めた。砂と埃だらけのマットをベランダに干し、床を箒で掃き、モップで拭き掃除をした。台所はできるかぎりぴかぴかに磨き上げた。

キルスティがマットを叩いていると、何人もの中庭の住人から「うるさいぞ！　今日も明日もこんな時間にマットを叩くのは禁止のはずだ！」と怒鳴られた。

キルスティは何度も父がくれたお金を数えた。鍵を持っていないので、オートロックでドアが閉まらないように靴をドアの隙間に挟んで近所の店に肉入りスープの材料を買いに行った。

夕方帰宅したおばさんは、アパートが見違えるようにきれいになっていて、しかも台所ではいい匂いのスープができていることに驚いた。

「どうやって買い物に行ったんだい？」

「靴をドアに挟んだんです」

「なんてこと！　こんな都会で戸を開けっぱなしにするなんて。誰でも入ってこられるじゃないか。都会のそんなことも知らないのかい？　人をそう簡単に信用しちゃいけないよ。おまえさんもこれからどうなることか」

キルスティはもう昨日持ってきた段ボール箱に紐をかけてお別れの言葉を述べようとし

ていた。そしてスープをお腹いっぱい食べたおばさんは気が変わった。

「もしこれからも掃除をして時々食事を作ってくれるなら、住むところが見つかるまでここでただで住んでも構わないよ」と言ってくれたのだ。

小さな働き者の少女が、一人暮らしの苦労人のおばさんの心を溶かしたのだった。しかもキルスティに働き口まで見つけてくれた。ヘルシンキのカッリオ地区にある生活協同組合の店舗だった。田舎(いなか)の小売店で包丁を振(ふ)っていた見習いから、一歩前進だった。

キルスティは毎朝、きびきびと白い上着を着込んだ。キルスティがバターを刻み、ソーセージを切り、牛乳を量ったり、焼き立てで中がまだ温かい、硬いライ麦パンや皮のぱりっとしたパンを包んでも、白い上着には染み一つ付けなかった。買い物メモは、パンの包み紙の端っこにきちんとペンで書き込んだ。金額はつつましいものだった。

二週間おきに母はキルスティに五マルカを送金してくれた。キルスティは毎日オートミールを作り、真ん中にバターを落とし食べていた。職場の休憩所では、バターミルクを飲んだ。出かける時は、靴の底に空いた穴に誰も気づかないように歩く術も身につけた。

母の送金と、自分の給料を貯めたお金で、キルスティは羽飾りの付いた帽子を買った。

羽がキルスティの行く先を示してくれ、行きかう人にはこの若い女性には目指すべきところがあるのだと知らしめてくれる。その目指す先が何なのか、キルスティ自身もまだ知らなかったけれど、羽が示す方向へ行かなくては。たとえどんなに羽がひらひらと目まぐるしく動いていたとしても。

あそこに私の愛する人が

キルスティはクスターヴァーサ夜間中等学校に通っていたが、高校卒業資格を取得することはなかった。仕事場もたびたび変えている。時にはレストランの厨房でナイフとフォークを磨くこともあった。また路上やホテルのレストランで彼女の浮かべる微笑みと同じような愛らしいバラの花の売り子をしたこともある。

レストランで彼女の花を買う素敵な紳士たちの中には、帽子を上げて挨拶し、彼女を食事やドライブに誘おうとする客もいた。

キルスティは頬を染めて視線を地面に落とし、かぶりを振るばかりだった。父は、こういう誘い方をしてくる男を信用してはならないと娘に教えていた。男の口約束をすべて信じてはいけないよ、と。

キルスティはよく実家に手紙を書いた。手紙を受け取ってヘルミはそれを読み上げ、エッリや娘たちが話を聞こうと駆け寄ってきたものだ。あらまぁ、あの子はちゃんとやっているよ！　そりゃそうよ、私たちのキルスティだもの、うまくいかないはずがないわ、そうでしょう？

キルスティはお金が貯まるとバスに乗ってランネヴェシ村まで里帰りをした。姉のエッリの娘たちレジーナや小さなベンヤミンは車から降りるキルスティのもとに駆け寄った。ベンヤミンは走ってきたので頭に汗をかいている。キルスティの帰省はいつも大きな出来事だった。レジーナにとってキルスティは叔母以上の存在だった。姉であり、憧れの対象だったのだ。

里帰りにはキルスティはいつも大都会の香りとともにたくさんのお土産（みやげ）を持ち帰った。田舎の一角が二、三日の間賑やかで華やかな雰囲気に包まれる。キルスティが生き生きと都会での暮らしを話して聞かせるからだ。忙（せわ）しない人の群れがどのように互いを小突き合うか、すれ違う人に挨拶もしないこと、路面電車というものが停車場から動き始める時に、手すりにつかまっていないと尻もちをついてしまいそうになることなど、話は尽きなかった。

都会の人は違う型で作られているようだ。ヘルミや、エッリ、ヒルヤが作られたのとはまったく違う型だ。キルスティはどうにかこうにか、その違う型でできた人形が動くこっけいな舞台に溶け込んでいるようだった。まるで自分の好みに合わせてその場を作り変えたようだ。私たちのキルスティが。

高価な服を着こなした紳士たちの誘惑について、キルスティは一言も言わなかった。キルスティは身持ちの固い少女だったが、だからといってダンスまでやめたわけではない。もう父親だって早々に迎えに来ることはない。キルスティの給料はダンスのためのお洒落と、アパートの賃貸料に消えていった。

キルスティは自分でもまだ認識していなかったが、物事を見る目があった。まだそれらの名前を知らず、学ぶべきことは数多くある。男性に関しても例外ではなかった。

好みの男性のタイプは肌が浅黒くて、どこから見ても非の打ちどころなく素敵でなくてはならなかった。中でも一番素敵だと思っていた人――ヨルマ――に出会ったのは、中部フィンランド地方出身者のダンスパーティで、キルスティが二十一歳の時だ。ここのダンスパーティには、会員でなくても参加していた。

その青年がいつも決まった日にダンスパーティに来ていることをキルスティは知っていた。青年はとろけるような瞳をし、映画俳優のエロール・フリンによく似ていて、キルスティより二歳年上だった。

彼はダンスも上手で、ゆっくりとしたワルツでさえ上手に踊った。ヨルマもまた、キルスティがダンス巧者であることを目にとめていた。ヨルマから見たキルスティは、女の子たちの中で最も着こなしがうまく、最新流行の服を身につけていた。

　別の機会に、キルスティは労働者向けの公民館で催されたダンスパーティの会場に昔の同級生サンニ・プルッキネンと並んでいた。

「ほら、あそこよ。私が大好きな人がいるの」とキルスティが指さした先にヨルマ・パーッカネンがいた。キルスティがヨルマと大恋愛をするまでさほど時間はかからなかった。

　ヨルマは一九二七年十一月二十五日、現在ではロシアに割譲された東部のヴィープリ地方にあるウーラスで生まれた。母、エリーサ・パーッカネンは旧姓キラッパ、二十七歳で夫を失った。ヨルマの父ワルフリード・パーッカネンは七年間学校に通ったのち、足の病気で学校をやめざるを得なくなったようだ。

　父はスタルク・ヨハン社の事務所で管理職をしていたが、当時ウーラスで流行していた結核で亡くなった。一つの考えられる原因として飲料水に殺菌作用があるヨウ素が少なかったのではとまことしやかに言われている。ワルフリードが亡くなった時、ヨルマは生後七カ月で姉のエイラは四歳だった。母のエリーサ・パーッカネンは船の積み荷の経理として、船の積み荷の記録も引き受けていた。つまり材木がどれだけ船に積まれたかを記録するのだ。

そして冬戦争が始まった。港町ウーラスは爆撃を受け、エリーサ・パーッカネンと子どもたちは三百キロメートルほど離れたパルパンサルミのユバに疎開した。ヨルマは当時十三歳、姉は十六歳だったという。

疎開先の環境は決して良いとは言えなかった。パルパンサルミにあるプイッコネン家の屋根裏で暮らさなくてはならなかった。この天井の端は壁が硫酸銅で真っ青な色をしていた。これは虫よけのためだったのだが、ゴキブリが頭上に落ちてきて頭を振り払うと、この家の女主人は「どうせ死ぬからそのままにしなさい」と言ったものだった。家の人たちは笑ったが、ヨルマやエイラには笑い事ではなかった。サウナの窓枠にも虫がうごめいていた。「サウナから出たら服をきれいにしてちょうだいよ」と家の者によく言われた。

ヨルマとエイラは隣の家にラジオをよく聞きに行ったが、その家でもゴキブリが入らないように、家の外で服をよくはたいてくれと言われた。

その後パーッカネン家はヘルシンキへ移され、ヨルマはヘルシンキのカッリオ地区にある国民学校へ通い始めた。母と子二人の家族はフレミング通りの木造の家に短期間住んだ。この家では便所がなく、用を足す際には中庭を走って共同便所を使わなくてはならなかった。そしてやっと、エリーサは、その近所の、フレミング通りとヘルシンキ通りの角にある家を借りられることになった。六階の部屋だ。エレベータなどあるはずがないが、それでも屋内にトイレがあるのは有難いことだった。

エリーサは最初一九二三年製のシンガーミシンで寝具などの縫いものを始め、その後、子ども服を製造するエルカ社の職を得た。疎開で残してきた家の補償として百五十マルカと一・五リットルの鍋が支給された。

ヨルマは国民学校から中等部へ進み、その後ウルッフィ社の配達員として雇われ、そののちモービル・オイル社の正社員として職を得た。

そうしてこのエロール・フリン似で、うっとりするような瞳の心優しい青年は戦争の傷跡や、うっとうしいゴキブリから離れ、いつしかヘルシンキのきれいに磨き上げられたダンス場の床の上でセーム皮底のダンス靴を履き、キルスティをくるくると回して踊り、最後には二人の周りに誰もいなくなるほどだった。二人はあの「百合の花」の曲でも踊った。〝君を選んだ時には、まだ知らなかった〟キルスティは百合の香りを知っていた。生家の森で摘むスズランの花束の千倍も香(かぐわ)しい百合の香りを。

キルスティとヨルマは一九五一年の九月五日に婚約し、キルスティは誇らしげに婚約者をサーリヤルヴィへ紹介しに行った。

ヘルミはすぐにヨルマを気に入った。キルスティの言葉を借りれば「すべての姑にとって理想の婿(むこ)」だろう。ヘルミにとって大切なのは人間性と男らしさだった。つまりたばこを吸わず、強い酒におぼれることもないということだ。

ヨルマは読書家で知性があった。自然を愛し、他人へは敬意をもって接し、物腰も申し分なく、家の敷居をまたぐ時にはいつも帽子の縁を持ち上げ挨拶をした。

「本当に模範的なお婿さんね！」ヘルミは、こんな素敵なきちんとした相手がキルスティに見つかった幸運を感謝した。彼なら娘の面倒をちゃんと見てくれるだろう。

ヘルミが願った通り、キルスティは優しい相手と、神様のご加護のもとにいる。挨拶に来たヨルマのために、キルスティの部屋のベッドにヨルマの寝床がしつらえられた。キルスティ自身は床板にマットレスを敷いて寝ることになった。まだ婚約したばかりなのだから、床を共にするわけにはいかない。寝室の明かりは暖炉からの残り火のみだった。

ヨルマはキルスティの髪の毛をなでるように手を差し伸べた。


二人が教会で結婚式を挙げたのはヘルシンキで夏季オリンピックが開催される前の一九五二年四月十四日だった。キルスティはフランス製のレースの長い花嫁衣裳とベールを身につけ、友人から借りたヒールの高いスウェードの靴を履いていた。一人前の世慣れた女性そのものだった。

父は教会の前で撮った記念写真で、ゴム長靴に上着を着込んでいた。上着はキルスティが古着屋から買ったものだった。シャツやネクタイなど持っていない人だった。父は森の管理をしていて自分らしくいることを善しとし、無駄に着飾ることを嫌った。

披露宴はセウラフオネ（社交界のイベント等も多い有名なホテル）で催され招待客も多かった。義理の母であるエリーサは式の費用を一部負担してくれた。メイン料理はカレリア風肉の煮込みシチューだった。

後日、キルスティとヨルマがサーリヤルヴィを訪れた際、ハイヒールを履いたキルスティがうろうろしていると、長靴を履いた父が家の外の道に砂を撒いていた。

「父さん、何をしているの？　どうして家の中でお喋りしないの？」とキルスティが尋ねた。

「砂を撒いとるんだ。奥方の靴が汚れないように、ご主人が転んで骨を折らんようにな」と父が鼻を鳴らした。

娘は、父が想像もつかない世界へ足を踏み入れてしまい、父はそのことをあまり快くは思っていないようだった。

新婚夫婦は最初、ヘルシンキのメイラハティ地区にある作曲家イュルヨ・キルピネンの邸宅に間借りした。一階にあるリビングとキッチンを与えられ、二階へ続く階段は分厚い赤いじゅうたんで覆われていた。もう一つの階段は、二階のキルピネンの妻であるピアニストのマルガレット・キルピネンの仕事部屋へと続いていた。その部屋でマルガレットはチェンバロやその他の楽器を演奏していた。これらの楽器はキルスティがそれまで存在すら知らなかったものだ。クラシック音楽は毎日のお薬のような癒しだった。こうしてキルスティは音楽を楽しむことができる環境を知ったのだった。

その他の点では、それほど素晴らしい住環境だったとは言えないが、当時の状況を考えればそれは普通のことだった。木造住宅には水道がないので、水は庭の桶から汲んで来なくてはならない。キルスティは桶から水を汲み、マカロニ・キャセロールを作った。キルスティができるほぼ唯一の料理と言ってもいい。キルスティは若い妻として勤勉で、もっといろいろなことができるようになりたいと願っていた。

スズメやほかの小鳥たちが、ヨルマとキルスティとともにマカロニ・キャセロールをついばみに、開かれた窓辺から中にやってきた。若夫婦は小鳥たちを本当の家族のように心待ちにしていた。二人は時に小鳥がマカロニをついばむのを眺め、また互いを見つめ合う。幸せに満ちた日々だった。

しかし質素な生活でもお金が足りない。ほどなくして、キルスティとヨルマはヘルシンキ通りの二部屋と小さな台所しかないヨルマの母のもとに引っ越すことになった。若夫婦はただで寝室に住まわせてもらえることになった。

姑であるエリーサ・パーッカネンは、外見からするとキルスティの母と言ってもよかった。きびきびして、戦争をしのいだ姑は、若い息子の妻に料理やカルヤラ地方伝統のパイなどを仕込んでやろうと考えた。彼女は鉄のフライパンにバターをたっぷり溶かしてミートボールを焼いた。同時に茹でたじゃがいもをつぶしマッシュポテトを手早く作る。肉汁に溶いた粉でとろみをつけソースにする。別の日には豚肉の脂身が多いところをスライスし、フライパンで焼いて脂身を溶かし、じゃがいもの薄切りを肉の横で一緒に焼き、胡椒をふり水を足して帰宅後の三十分で手早く夕食を準備する。

またある時はエリーサは菓子パンや肉入りキャベツのキッシュのようなものや、ミートパイもよく焼いてくれた。こんがりと焼けたキャベツのキッシュは、シロップもしっかり入れるのでとても美味しい一品だ。

キルスティは料理に関してはあまり細かい方ではなかった。もともと料理の才能があるわけでもなく、作りたいという気も起らない。そして何より台所がキルスティの思うようにならないのだった。どれだけ意思が強くても怒り狂ってもこればかりはどうにもならなかった。

姑宅はガスコンロだった。キルスティは一度早めにガス栓を開けて、マッチで火をつけた。それと同時に鍋とコンロの枠がロケットのように宙に吹き飛んだ。エリーサはちょうど昼寝をしようとしているところだったが、慌てて飛び起き、同じく姑の枕も宙を舞った。失敗談はこれに終わらなかった。水道栓もキルスティの言うことを聞かない。一度などは水道栓をひねっても水が一滴も出てこない。数時間後、突然水が急流のごとく泡立ちながら吹き出し始めた。大慌てで管理人を呼んできたキルスティに対し、首を振り振り、管理人はゆっくりと栓を閉めた。

「私ったら全然ダメね」とキルスティは夫に話した。「お義母さんにも迷惑ばかりかけて申し訳なくて。いろいろと大失敗をして、お義母さんをそのうち殺してしまうんじゃないかしら」

モービル・オイル社に勤めた後、ヨルマはヘルシンキ電力会社で電気メーターの検針員の仕事を始めた。一軒ずつ目視で検針するのである。夜間の仕事として、ヨルマは国立劇場の警備員もしており、定年退職するまでその仕事を続けた。劇場の警備の仕事では、多くの有名人と会う機会があり、検針員としては様々な家庭の内部を垣間見る(かいまみ)ことになったようだ。

二人は映画や、また初めての海外旅行にも出かけた。一九六一年、ヨルマの最初の車、フィアットを運転してベルリンまで行ったのだ。キルスティも運転免許は持っていたので、交代で運転しながらの旅だった。ヨルマはベルリンの思い出にカメラを買った。

ヘルミは毎週キルスティへ手紙を書き、どのようにふるまうべきかこまごまと指示をした。向こうっ気の強い娘のことはよく分かっていたからだ。

「もうすぐ注文したひじ掛け椅子が届くんだったわね。きっとお義母さんが訪ねて来て、別の場所の方がいいと仰るだろう。気に入らないだの文句を言うんじゃないよ。『お義母さん、ありがとうございます』と会釈をするんだよ」

実際その通りになった。新しい椅子が届けられ、姑は部屋のどこに置くべきかのアドバイスをくれたのだった。キルスティは膝を曲げ、感謝の言葉を述べた。母の助言がなかったら、「自分の椅子の置き場所くらい自分で決めるわ!」と言ってしまったに違いない。

母はまた、結び合わせられたものを人が離してはならない、と結婚の誓いでも言うでしょう、とよく口にしていた。キルスティはそれを心に刻み付けた。

ヨルマの母は若い二人を食べさせてくれ、住まわせてくれ、とてもいい人だったけれど、同居は時に息の詰まるものでもあった。自分たちだけの時間が欲しい。キルスティはこっそりヨルマに低金利の住宅ローン「アラバのローン」(国が融資する低金利の住宅ローン)

をねだった。

「聞いてくれよ！」ヨルマは皆に伝えた。「住宅ローン株が手に入ることになったんだ、申し込んですらいないのに！」

こうして、キルスティとヨルマはヘルシンキ市北部のハーガ地区のアドルフ・リンドフォルス通りにあるアパートの九階へと引っ越した。今度の住みかには二部屋と台所、快適な暮らしに必要なすべてのものがそろっていた。リビングには真っ白なじゅうたんが敷いてあり、どこもかしこも清潔で輝いていた。キルスティが特に気に入ったのはステンレスのシンクで、ここは毎日しずくが一滴も残らないほどに磨き上げられることになった。

新居のアパートでも、キルスティの家事における才能は試されることとなった。姑のように料理を作ろうとし、できるかぎり良い妻であろうとした。米のポリッジ（お粥）を鍋でかき混ぜ、ブルーベリーのスープも作ろうとしてジャムの瓶の蓋を開けたところ、発酵が進みすぎたためにジャムが真っ白な天井に飛び散った。天井を塗り直していなければきっとキルスティの忘れようにも忘れられない〝台所アート〟がまだ見られるはずだ。

早起きのヨルマは早朝から出勤した。勤務時間は自由だった。一九五七年にヨルマは菜食主義者になり、それが身体に合っているようだった。朝食にはケフィール（ヨーグルトきのこ）にナッツやレーズンを入れていた。昼食は根菜などを細切りにしたサラダで自宅に食べに戻った。そば粉のポリッジもよく作り、これはキルスティも一緒に食べた。

ヨルマは本当に穏やかで、瓶から飛び出すジャムのように騒々しいキルスティとは二人合わせてちょうどいいバランスを保っていた。二人が喧嘩することはほとんどなかった。一人で騒いでも喧嘩にならないのだから。

ヨルマの姉、エイラのもとに夫婦はよく訪れた。キルスティはエイラの子どもたち、タルヤとタパニと追いかけっこをよくしたものだった。家庭的な雰囲気に憧れ、きっと自分たちにも子どもがやってくることと信じていた。

明日には退院できるよ

キルスティは頻繁に両親と連絡を取っていた。一度キルスティが電話した時、母は自宅で縫い物教室を二日連続で開いているところで、あまりよくない知らせも教えてくれた。

「お父さんが今日入院したのよ。大したことはないけどね」

父は喘息持ちであったから、これまでも何度も入院や治療が必要なことがあった。

夜十時頃キルスティは病院へ電話して、見舞いに訪れたい旨を伝えた。

「昨日血液検査をして、結果は良好でしたよ」と病院側は答えた。「赤血球沈降速度も五だったし、見たところお父さんは元気そうですよ」

父はチェーンスモーカーで禁煙など考えられなかった。キルスティは、父がサーリヤルヴィ病院の病室で喫煙できるよう頼み、医師もそれを許可した。

翌日キルスティはサーリヤルヴィまで運転し、母と一緒に父を見舞った。お見舞い品も持参したが、父はそれを断り、「明日には帰れるんだ、母さんがこれを家へ持って帰ればいい」と言い、続けて「おまえも仕事が忙しいんだろう。そんなにこっちのことは心配しなくていいから、そうそう留守にするもんじゃない」と言ったのが父と交わした最後の言葉となった。

翌日、一九六一年の十月最後の日、父はこの世から去った。ゴム長靴を履いた足はもう村へ行くことも、キルスティを誘惑から守ろうと迎えに来てくれることもなかった。ヴィフトリ・ポイコネンは享年七十三歳であった。

それでもキルスティは父の亡くなる前日に、顔を見ることができてよかったと思った。父は自分の人生と折り合いがついていたし、キルスティがしっかりやっているかどうかいつも気にしていた。人生の岐路で、いつもどちらに進むべきかを親身に考えてくれる人が一人いなくなったのだ。

まだヨルマがいる。それでも、自分の人生には何かが欠けている気がした。手で触れられて、名前もある何かが。

　生きる意味かもしれない。なんとしてでもそれを見つけてみせる。

お給料はいりません！

　キルスティは転職し、ストックマン・デパートの舶来物の布地を仕入れる部署に配属されることになった。ここでも居心地はそうよくなかったようだ。一人の女性上司がキルスティに同じ仕事を五回させたこともあった。

「頭を使いなさい！」上司がため息をついた。キルスティの反抗心がむくむくと頭をもたげた。

「頭なんてありません！」キルスティは口答えした。

「もっと成長してみなさい！」と上司は返した。

　そう言われるともう返す言葉もなかった。その部署は役人や裕福なスウェーデン語系階級（独立前のフィンランドはスウェーデンの支配も長く、その背景から経済界でもスウェーデン系フィンランド人が勢力を握っている）のフリーメイソンに属している紳士の妻たちが、時間つぶしに爪にマニキュアを塗りに来ているような職場だった。中には仕事中に美容院に行く者すらいた。キルスティは自分が賃上げに値する仕事をしていると考えていたが、それは認められなかった。落胆のあまり、キルスティはかなり大胆な部署変更の案を社員の目安箱に投函した。封筒を入れた途端、後悔の波が押し寄せ、キルスティは震え上がった。なんてことをしてしまったのだろう、きっとクビになるだろう。どうしたものか。

新聞の日曜版で、一九五九年に設立された広告代理店、マイノス・クンナス社という会社が社員を募集していた。キルスティは月曜日、さっそく面接待ちの行列に並んだ。彼女の前には五十三人もの人が順番を待っていた。広告の仕事をしたことは一度もなかったが、何かひねり出さなくてはならない。

「もし雇ってくださって、私が何ができるかを証明できるなら、お給料はいりません！」と他に言えることがないキルスティは約束した。

「実地で早く仕事を覚えたいんです」とキルスティはさらに付け加えた。

ストックマン・デパートに出勤すると、人事部長からの呼び出しがあった。キルスティは急いでマイノス・クンナス社に電話をしたところ、面接官が「おめでとう！　あなたに決まりましたよ。無給ですけどね」と答えた。

その足でキルスティは人事部長のもとへ赴（おもむ）いた。

「先に辞職させてください。私のキャリアに解雇というのは耐えられません」キルスティは一息に言った。

「なんてことを。まずは落ち着いて座りなさい」

人事部長は、なにも解雇のために呼び出したのではないこと、キルスティが目安箱へ投函した案が興味深いものだったので、賃上げも交渉可能だという話を始めた。

「残念ながらもう遅すぎます。もう新しい職場を見つけてしまったんです」とキルスティは別れを告げた。

広告代理店では、キルスティは何をしていいのやら、右も左もさっぱり分からなかった。したがって、キルスティは自分が得意なこと、前にも成果を生み出したことに取りかかった。掃除をするのだ。この事務所はいったい掃除されたことはあるのだろうか？　紙が大量にあり、新聞や雑誌が散乱している。きれいにまとめて、捨てなくては！

ランプシェードや棚の上に積もった埃は分厚く、咳込むほどだ。雑巾を忙しく振り回す。社員は互いに心配そうに顔を見合わせた。この黒い小さな竜巻が手に握っている紙の束に原案が書き散らしてあるのだ。触らないでくれ！　これが大ヒットするかもしれないクリエイティビティだというのに。

キャリアという言葉も、クリエイティブの何たるかもキルスティには馴染みがなかった。

しかしそうした言葉は子どもの頃から憧れ、頭に描いていたものだった。貧しい出の自分が社会を渡り歩くためには、芸術家のように絵が描けなくとも、文才がなくとも、演奏ができなくても、クリエイティブにならなくては。クリエイティブというものにもいろいろあるはずだ。

キルスティは、自分の創造性は、人の扱い方だと気づき始めていた。周りの人に影響を及ぼし、彼らを味方につける能力だ。

まだ実力を示す機会は掃除しかなかったけれど、キルスティは自分をとことん信じていた。本当に欲しいものがあれば、何があっても手に入れてみせる。

いつかきっと僕たちにも子どもができるさ

一つだけキルスティが望んでも手に入れられないものがあった。若夫婦はずっと子どもを望んでいたが、コウノトリの音沙汰はない。毎月のように失望する日々が続いた。

キルスティは、ヨルマに内緒で不妊治療に通うことにし、少しでもいい医者にかかるためにお金を貯め始めた。ほどなく原因が分かった。キルスティは以前ひどい腹膜炎を患い、高熱が続きうなされたことがあった。当時は毒性のあるベリーを食べたためとされ、胃洗浄を受けた。

診療の結果、レディスクリニックのクラウス・ヴァラ医師がキルスティの執刀医となり、キルスティの卵管にプラスチックのチューブを通した。医師はスイスから帰国したばかりで、最先端の術式を学んできたところだった。「これでおそらく妊娠することができますよ」ヴァラ教授はキルスティに請け合った。

トンネルの先に明かりが見えてきたようだ。月経が遅れ、妊娠検査に出向いた。キルスティは真っ白なたんすを買い、ベビー服でいっぱいにした。

ある土曜日の夕方、キルスティとヨルマは紅茶を飲みながら将来の話をしていた。男の子かしら、それとも女の子かしら。母親に似て黒髪なんじゃないかな。

どんな名前にする？　君みたいにころころ笑うんだろうか。兄弟も欲しがるわよね。

突然電話が鳴り響いた。ヨルマが応答し、静かに頷き、分かりました、伝言を伝えます、と短く答えている。電話が終わった時、ヨルマの表情からキルスティにはすでに内容の想像がついた。ヴァラ教授がかけてきたのだ。キルスティは妊娠していたわけではなかった。ヨルマは頭を振るばかりで、言葉を発することができずにいた。キルスティと同じくらい、彼にもつらい知らせだった。二人はその話には触れず、黙ったまま、紅茶は冷たくなっていった。

キルスティはすっくと立ち上がり、ベビー服が入った白いクローゼットに大股に近寄っていった。買い集めたすべてのベビー服を両手に抱えると、そのまますべてをゴミ箱に放り込んだ。気性の激しさはこんなところにも表れる。新品の小さな服を処分する方法が他にもあったのでは、ということはまったく頭に浮かばなかった。

何年もの間、キルスティはヨルマに二人の間に子どもが生まれることがどれだけ大切かを尋ねていた。そのたびに優しいヨルマははっきりとは答えなかったので、二人が一緒にいることよりも、子どもが生まれることの方が大事なのかどうか、分からずにいた。

キルスティは絶望していた。ヨルマと一緒に、養子縁組をしてくれるソフィアンレヘトという孤児院へも行ってみた。小さな女の子がはいはいをして来てキルスティの脚に抱きついた。キルスティはその子を抱き上げると、女の子はキルスティの首に小さな手を巻きつけた。

「あまり抱っこされてなかったみたいね」とキルスティはヨルマに言った。

キルスティはその子に一目ぼれしたようなものだった。

「この子にしましょうよ」キルスティは女の子を胸に抱きしめ、ヨルマに話しかけた。ヨルマはもう少し現実的だった。

「ちょっと待ってごらん、そんなに簡単な話じゃないんだよ」彼は妻に言った。

「もっと複雑な手続きがいる問題だ。その子を床に下ろしてあげなさい。一旦家に戻ろう。いつかきっと僕たちにも子どもができるさ」

自分たちの子どもはできなかった。キルスティは広告会社での仕事が楽しく、すべてのエネルギーを仕事に注ぎ込み、傷つきやすい心を鎧（よろい）で覆うようになった。

彼女は、たとえどんなに夫がそんなことはない、子どもよりもキルスティと最後まで添い遂げることが大事だと何度言っても、自分が夫の幸せを邪魔しているように思えてならなかった。

「別れましょう」キルスティは全身全霊で愛してきた相手、ヨルマに伝えた。一言一言ナイフで全身を貫くような痛みを感じながら。

「別れましょう。私はキャリアウーマンになるわ」

今度は、最初よりもすらすらと言葉が出てきた。ソフィアンレヘトの孤児の頬が自分の頬に押し付けられた時のやわらかさとは正反対に硬さしかないものだった。ヨルマは首を横に振った。聞く耳を持たないようだ。しかしキルスティは諦めるということに慣れていなかった。

「別れましょうよ。私の欠点のせいであなたを苦しめるわけにはいかないわ」

キルスティは願い、乞い、何度も繰り返し、泣き落とし、説得し続けた。そしてヨルマはついに承諾した。

「分かったよ。僕たちが離れていられるかどうか試してみようじゃないか」

離婚の前に、調停人に会う必要があった。ヨウニ・アパヤラハティ牧師は二人の話を聞いて仰天した。

「まだ考えてみなさい。私には二人がなぜ別れなければならないのかさっぱり理解できないよ。婚姻生活を続けなさい」

牧師の言葉はキルスティには意味をなさなかった。もう彼女は決めたのだ。決めたことは実行しなくては。ヨルマは私物を箱にまとめて、出ていった。キルスティは二人が住んでいたアパートに残った。

双方の家族には手紙で別離を伝えたが、当事者同士でそれ以上話の本質を話し合うことはなかった。両家も驚いたことだろうが、当時の風習に従って、あえてうるさく言ってくるようなことはなかった。キルスティは人生でも最もつらい体験を母ヘルミとも、姑のエリーサとも話し合うことができなかった。ヘルミはヨルマを婿としてだけでなく、自分の息子のように可愛がっていたから、ヨルマが出ていく際にもタオル類やベッドリネンなどの一通りの支度を整えてやった。

「男が家から出ていく時にはちゃんと支度をしてやるものよ」とヘルミは言った。

キルスティは不妊を、別れをそして自分の頑固さを嘆いた。一人きりで泣きながら、名前入りの嫁入り支度で誂えてもらった贈り物を眺めた。心の中で、整理をつけようとする。あまりに愛が大きかったから、犠牲はそれよりも大きなものでなくては。

「ヨルマのことを愛していたから、彼がまた妻を迎え、家族の生活が送れるようにしてあげたかったのよ」と心臓から血が流れるような思いですすり泣いた。知らず知らずのうちに、キルスティは運命的な決心をしたのだった。その後もずっと、年を経てからも悲しみが癒えることはなかった決心を。それでも、これが唯一の正しい方法だった。

ハミナで、二歳で溺れ死んだ甥っ子のハンヌのことを思い出した。キルスティ自身の子どもも溺れたようなものだ。一緒に大きな希望も持って行ってしまった。ヨルマも悲しんでいた。

とある夜、苦しそうな声でヨルマが電話をかけてきた。

「キルスティ、もう一度だけ家に泊まってもいいかい？」

キルスティは足取り軽く、お洒落をして、鏡の自分に向かって微笑み、ヨルマの好きな献立を並べた。

素晴らしい夕べだった。二人は、付き合い始めの若者のようにきつく互いを抱きしめ見つめ合った。離婚に署名した夫婦とは思えない。

その後、ヨルマはもう一度キルスティのもとを訪れたが、二人にとって別れた後の逢瀬(おうせ)は重く感じられた。こんなことを続けていてはいけない。一歩進んで二歩下がるようなものではないか。さよならを言うたびに傷口が開いてしまう。二人はもう会わないことを誓い合った。

キルスティとヨルマの夫婦生活は十二年続いた。どの瞬間も愛にあふれ、歌謡曲で歌われているような、夜通し抱き合って踊り続けられるような関係だった。「百合の花」の歌詞のように。

〝あなたのような人はもう二度と見つからない。私の心はあなたのもとに
もう二度とないだろう。どんなにダンスをしても、たとえ世界が何百人とハンサムで、お金持ちで、頭のいい男性たちを目の前にずらりと並べたとしても。彼らがキルスティの前にひざまずき、手を押しいただこうが、たとえキルスティより年若く永遠の愛を誓い、夜な夜な窓の下で弾き語りをし、バラの花束を贈ってこようとも。

義理の母がキルスティに電話をかけ、私のお手製のキャベツのキッシュを食べに来なさいよ、と誘ってくれたので、キルスティは従った。エリーサは宝くじで十万マルカの賞金を得て、新しいワンルームのアパートに引っ越していた。縫い子の給与がそれほど高いわ

けではなかったのに無駄遣いは一切せず、宝くじだけに頼らずきちんと貯金もしていたからこそ買えたアパートだった。

二人は以前そうだったように、あれこれと自由に話し合った。カルヤラ地方出身の姑と、中部フィンランド出身の嫁は波長を合わせることを学んだのだ。

「私はキルスティのことが大好きなんだよ」エリーサはヨルマによく言ったものだった。

それでも離婚と不妊の話は出ないままだった。別居期間は二年間、一九六四年八月十一日に正式に離婚が成立した。ヨルマは日中よく母を手伝ったが、キルスティに会うことはもう二度となかった。キルスティと別れた後、ヨルマは二度結婚し、一九六四年の十二月に彼は父親となった。全部で五人の子どもをもうけ、長寿を全うした。二〇一九年十二月、介護施設ティルッカにて、ヨルマは九十二歳で亡くなった。

part 2

孤独、情熱

頼れる者は自分一人

今日はリンゴ（Omena）、明日はウォメナ

一九六〇年代は、フィンランドで大きく構造変化が起こった時代だった。高度経済成長があり、企業の生産性は高まり、人々の生活水準も向上した。そしてフィンランドの人々も、少しずつ都市型のサービス業が大部分を占める生活スタイルへと移っていった。消費のスタイルも変わり、収入は移動、居住、余暇の楽しみやその他の消費へ向けられるようになっていった。六〇年代半ばには七十五％の家庭がテレビを所有し、毎晩窓からちらちらと青い光が漏れるようになった。

自動車の普及率も同じように上昇した。一九六二年、自動車の輸入がやっと自由化され、七〇年代に入る前には国内で登録されている乗用車数は七十万台を超えた。ポップカルチャーの消費はロックミュージックが流行り始めた五〇年代から増えていたが、ますますその傾向に拍車がかかり、若者が重要な消費者層となる。

一九六六年、第三次産業従事者の数が第一次産業従事者の数を超え、生活水準の上昇とともに、余暇も持てるようになった。そうすると旅も楽しめるようになる。

アルコールに関しても禁酒法時代（一九一九年～一九三二年までだったがその後も名残（なごり）があった）のような厳しい取り締まりはなく、レストランは楽しい時間を過ごす場所とな

った。国営の酒類専売公社におけるワインの売り上げもどんどん増えた。レストランに女性だけで出入りすることが物議をかもした時代でもあった。一九六七年、専売公社は女性が一人でレストランに食事に来ても品位を下げることはないという意見書を発表し、そののち女性も、男性のエスコートなしで一人で入店し、食事とお酒を楽しめる時代がやってきた。

一九六〇年代はまたスウェーデンに多くの人が移住した時代でもあった。一九六八年から六九年にかけ、一年でなんと四万人のフィンランド人が移住している。学生たちがどんちゃん騒ぎをし、ラジオではM・A・ヌンミネンや、アーウィン・グッドマンの抗議の歌が流れていた。ハンヌ・サラマは著作『夏至祭(げし)のダンス』の中で神を冒瀆(ぼうとく)したとして訴えられ、ウルホ・ケッコネン大統領は向かうところ敵なしの状態だった。

一九六七年の通貨切り下げをきっかけに景気も上向いていった。医療、教育、商業、金融といった業界がどんどん戦力として女性を雇用し始めたのである。女性の労働力が大きく流入し、世界でも女性の活用は注目を浴び、イギリス人歴史家エリック・ホブズボームはフィンランドを女性解放の最前線と呼んだ。

広告のボリュームも増加し、より大規模になっていった。そして広告における女性のロールモデルも、台所で美味しい料理を作る家庭的なイメージから、より自分の足で立つ存在へ、男性はと言えば、田舎の長靴を履いた農業や林業の男から、都会的なイメージへと変わっていった。広告では消費が大いに奨励され始めた。女性は買い物と消費を楽しみ始めた時代だ。

市場に物が大量に流れ込むため、それぞれの商品について広告が必要だった。女性たちは家でミシンを踏み自分で服を縫うよりも、既製服を買い始め、化粧品やスキンケア製品を使ってより若く、魅力的に見えるように気を遣い始めた。

一九五〇年代から一九七八年までの間、フィンランド最大の広告代理店は、タウヘル・レクラム広告であった。一九六〇年代には社員二百名以上が働いていたようだ。他の大手広告代理店はエルバーラトヴァラ、ＳＥＫ、ＩＬＭＯ、ビジネス広告に強いマッキャン社、といったところだろうか。一九六〇年代には複数の広告代理店が設立され、小さいながら個性的なプランナー主導の広告代理店が大手に肩を並べ始めた。

キルスティはマイノス・クンナス社で顧客営業マネジャーをしており、これは当時、担当コピーと呼ばれていた職種である。社長テーム・クンナスはキルスティにとって頑張れと発破(はっぱ)をかけてくれる人であり、仕事も教わり、困った時の方向性を示してくれる重要な存在となった。キルスティは仕事のかたわら、広告デザイナーのコースにも通った。

自分のセンスを磨きたいと願い、ヘルシンキで最も大きいアカテーミネン書店に毎週通い、美術書コーナーで偉大な芸術家の作品を眺め、また外国の雑誌コーナーでは、最新の広告をめくり、トレンドを吸収した。また営業能力を磨こうと、喋り方や言葉遣いを学ぶために、市場の魚屋でその日どんな魚がどのように売られているか、一心不乱に顧客への呼びかけを聞いてその口真似をしたほどだった。

「目標は高く掲げるのよ」と鏡に映った自分に言い聞かせる。「誰も最初からパーフェクトじゃないし、決してパーフェクトになることはない。スタイルと中身がなくては。見栄えのいい学歴や高いコースを受講していなくたってルーチンは学べる。いくら給料をもらえるかを一番に考えてはだめ。どうすれば一番いい仕事ができるかを考えるのよ。研修中は人の二倍の仕事をこなさなくては。練習を重ねて本当に世界に通用するレベルを生み出すんだわ」自分で自分を励ますキルスティだった。

「キャリア」という言葉が、当時流行っていたウィッグのように、彼女の頭から離れなかった。何かを成し遂げなくては。もっと力が欲しい。

家庭の買い物においては、女性の意見は鶴の一声だ。しかし実際にコピーを作る広告業界は、男性主体の時代である。上司は男性で、実際の仕事は女性スタッフがこなし、会社に利益をもたらす。そして上に立つ男性上司群に月経とはナプキンを当てて治療する病気ではないということをわざわざ説明しなくてはならない。

過去十年は大きな変化の時代であり、女性たちは徐々に自分たちの声を上げることを学び始めていた。強い女性のモデルを、身をもって示したのはカイヤ・アーリッカ、ヴォッコ・ヌルメスニエミ、マルヤッタ・メッツォヴァーラ、アルミ・ラティア、そしてイギリス人デザイナー、マリー・クワントらである。レニータ・アイリストはテレビ番組『続きの時間』の司会をし、立場ある男性出演者相手にも臆することがなかった。


キルスティは時代の変化を感じ取っていた。このまま雇われのままで、言われたことをこなすだけの生涯を終えるのだろうか？　もしも、社員が全員、女性の広告代理店をやってみたらどうだろう？　需要はあるだろうか。同じ考えが頭の中にいすわってからの行動は早かった。助言を求めたのはただ一人、広告の「こ」の字も知らないが、娘のことは世界一よく知っている母である。

「おまえが成功できなけりゃ、誰もできっこないよ」母は言ってくれた。

会社の名前は、キルスティがリンゴの形をしたペンスタンドを眺めていて思いついた。広告代理店ウォメナ（ＷｏｍｅｎとフィンランドのリンゴＯｍｅｎａをもじったもの）。

女性だけの広告代理店ウォメナ・パーッカネンは一九六九年一月一日に登記を完了した。

キルスティは二月には四十歳になる。マイノス・クンナス社の同僚から、ちょうど二十三歳になったばかりのシニッカ・ヴィルックネネンを引き抜いていくことにした。彼女にはプロデューサーを、そしてアシスタント・ディレクター（ＡＤ）として前年にヘルシンキ芸術大学を卒業したマルユット・リンミネンを雇った。キルスティとシニッカはマイノス・クンナス社で一年ほど一緒に仕事をした経験がある。

企業にとっては、最初の社員の雇用がその歴史の中で最も大きなリスクだと言われる。キルスティは彼女たちの仕事ぶりを以前から知っていたため、そのリスクは最小限にとどめることができた。三人ともワーカホリックと言ってもいいほど働き者だ。ただ、ウォメナ社には顧客はまだついていなかった。最低限の礼儀として、マイノス・クンナス社から顧客を奪うなどもってのほかだ。

事務所の立ち上げキャンペーンとして、「今日はＯｍｅｎａ（リンゴ）、明日はウォメナ」をキャッチコピーと決めた。キルスティ、マルユットとシニッカは夜遅くまで六百個のリンゴを箱に入れ発送準備に追われた。

見込み顧客として、広告業界名簿から広報担当者や経営者の名前をピックアップしていった。翌日郵便局が配達していったリンゴと一緒に、いかに人間の誕生の瞬間から女性がセールストークに長けていたか、アダムにリンゴを食べさせたイヴの例をあげて説明する手紙が付けられていた。

設立したばかりの会社にはまだ一社も顧客はいなかったから、彼女たちは自分たちの考えた広告の力を信じるしかなかった。そして願いは叶った。最初の数日でウォメナ社は一日に一社、同じ週の木曜日には日に二社の新規顧客を獲得したのである。三人の間で「一日一社、木曜に二社」という励ましのような合言葉が生まれた。

キルスティの記憶をたどると、このリンゴを送ったキャンペーンで、合計三十五社の顧客が付いた。つまり広告を打った効果としては六%近いプル、つまりリターン率であった。プルとはダイレクト・マーケティング用語で、キャンペーンを通じコンタクトしたうち何社が返答し、顧客となったかを意味する。新規顧客獲得に、先の合言葉「一日一社、木曜に二社」というリズムでいけば同じ数を獲得するには五、六週間かかっていただろう。

最初の顧客となってくれた企業の中で、美容院向け製品を扱っていたのがマルッティネン社である。社長のエイノ・マルッティネンとは、キルスティは以前も仕事をしたことがあった。ヘルシンキの大手日用品店タロウス・カウッパが顧客となってくれたことは大きな驚きと喜びとなった。

ウォメナ社はヘルシンキのロンロティンカトゥ通り九番地Aに、一九一〇年に建てられた重厚な石造りの建物で、神学の学生協会から賃貸した物件に事務所を構えた。当時の小売り大手セストの店舗の向かいにあたる。

　創立したばかりの事務所は、部屋数は四室、調理室、玄関ホールは広々として成功を予感させた。そうでなければ、やってくる顧客を納得させるなど不可能ではないか。

　初期はいろいろと工夫も必要であった。キルスティは住宅基金から購入した元夫との思い出が詰まった住宅を売却し、賃貸資金に充て、自宅の台所の椅子などを会社に持ち込んだ。そして自分は当座の間、たった八平方メートルの間借り人として市内のカタヤノッカ地区に移り住んだ。

　事務所では、キルスティは角部屋が居場所だった。二方向に開ける窓から街を眺めることができる。部屋には前年オープンした気鋭のインテリアショップ、フンクティオから調度品をそろえた。ウルヨ・クッカプロのチェアや仕事机にはイタリア製ガラステーブルといった具合だ。インテリアは印象的で、配置も大胆かつよく工夫がなされており、一見したよりも収容人数は多い。他の小さな部屋にもデスクスペースがあり、少なくとも二名の社員が働いていた。すべてが白で統一され、見る者を圧倒した。

　来客へのもてなしも素晴らしいと評判だった。由緒あるベーカリー、エクベリからシャンパンコルク型をしたババ（ブリオッシュ生地にシロップをしみ込ませた焼き菓子）を取り寄せる。食器も盛り付けも凝っていて、手間がかけられているのが見て取れる。初めて訪れた人間にとって、インパクトは抜群だった。

ウォメナ社は、いわゆる普通の広告以外の仕事も依頼されるようになった。例えばファッションショーの企画である。男性の顧客たちは、最初からウォメナ社を対等に扱った。一度だけ、キルスティは古い価値観にとらわれた出来事に出くわしたことがある。彼女の「女の子たち」つまり社員だが、その一人がシースルーのブラウスを着て顧客に対応した。後日電話があり、キルスティは社員の選び方を考えた方がいいんじゃないかというアドバイスがあったのだった。

「じゃあもっといい広告代理店をお選びください！」とキルスティはカンカンに怒った。「うちの女の子は、たとえ首の上までぴっちりボタンを留めたスーツを着ていなくたって仕事をします。ピンストライプのスーツやポケットチーフで信頼が築けるわけではないでしょう、大事なのはスキルよ。私たちはお酒の力で仕事を売るわけじゃありません。結果で売るんです」

会社のロゴは外注してデザインした。最初から社員で全部をまかなうのではなく、フリーランサーを適材適所で使っていく考えでいたのだが、そのデザイナーがウォメナ社のロゴをデザインしたと吹聴（ふいちょう）し始め、すぐに関係は断ち切られた。そして方針変更をし、社内のデザイナーを育てることになったのである。

オフィスには常時、インターンとして若手がおり、彼らは通常夕方から夜の時間帯でキルスティの命を受けて働いていた。研修は夜になることが多い。その中の数人がウォメナ社の中心的な社員に育っていった。夕方六時に退勤する社員は罪悪感を抱くようになっていった。

時に社員は、キルスティが事務所のキッチン横の小さな部屋の床に横になっているのを見かけることもある。過労とストレスだった。どうやってこの無茶な状態を乗り切ったらいいのだろう? キルスティたちの創業初期は、会社を起こすという言葉からイメージするようなロマンチックとは無縁だった。

愚痴(ぐち)を吐き出せる夫も、誰もいない。恋愛はしたけれども、絶望的な関係だった。相手に伴侶がいたのだから。

「神よ、彼らを分かちたまうことなかれ」とキルスティは願った。

自分はもう一つの結婚を壊してしまったのだから。それでもう十分だ。

ウォメナ社は最初から自転車操業の事態に陥っていた。顧客はいても金がない。

広告代理店にとって、サイクルタイムが最も重要だ。顧客からブリーフィング(依頼の説明)を受け、早く納品すればするほど収入が早く入る。したがって夜も昼もなく仕事をこなすことになり、キルスティはオフィスの床で仮眠を取ることが増えた。

初期には投資するような資金はまったくなかった。唯一の例外は立ち上げの時に発送したリンゴと郵送料、封筒や便せんと電話くらいのものだ。銀行の口座はと言えば、審査を通らないので開設もできない。

最初は、ウォメナ社はキルスティ・パーッカネンの個人事業レベルの登記名だった。やっと一九七四年に合資会社へ、そして一九七五年株式会社となった。立ち上げ時からかなりの間、キルスティはキッチンの椅子の脚までどっぷり会社の全責任を負っていたのである。一方で、何かを購入する際には、キルスティはお金の出所を考える必要はなかった。最初の頃のリスクの高い財務状態が、キルスティに度胸も自信もつけてくれた。数カ月で、中心的なスタッフの給与を払っていけるようになった。キルスティは価格設定も請求書の発行も抜かりがなかったということだ。

オフィス全体に高価な家具を買う余裕はなかった。有難いことに、人間工学などはまだ考えなくてよかった時代だ。したがって、従業員の使うオフィス家具はあちこちからの寄せ集めとなった。

キルスティはインテリアコーディネートの達人だ。自分のデスクにはガラステーブルを使っていた。テーブルの上には金色のリンゴが、来客用のチェアは透明なプラスチック製のアームチェアが置かれている。

キルスティの仕事部屋はきらびやかかつモダンだった。金色の楽譜スタンドが置かれていて一際目を引く。それはキルスティが音楽を、特にジャズを愛していることもあったし、当時の恋の相手を暗示するものでもあった。

顧客との打ち合わせは常にキルスティの大きな部屋で行なわれた。外部の人には一番美しい部分しか見せない。みすぼらしい部分を見て誰が信用してくれるだろうか？

「どうして若い子は英語じゃなくて、フィンランド語で歌いたがるのかしら？」「仕事ができる女性たちは、男性に混じって立派にやっていけるのに、男女平等法がどうしても必要なのかしらね？」キルスティはいぶかしんだ。

ある日、キルスティは新聞で広告を見て髪の毛をかきむしった。ランプシェードの広告だ。無粋なタイトルは「ランプの笠売ります」とある。キルスティは叔父を思い出す。村の小間物屋の店主で、常にアイロンが利いた黒い服をパリッと着こなし黒髪もきれいに分けられていた。

叔父は白い店舗のカウンター後ろに台を置き、自分が背が高くハンサムで成功しているように見せることに気を遣っていた。キルスティは一度叔父に聞いたことがある。ただの村娘のミーナや他の人が客に来るだけなのになぜそこまでする必要があるの？

「貧乏人からは誰も何も買いやしないからさ」叔父は答えた。キルスティはそのことを忘れたことはない。

たとえ会社の口座はすっからかんであっても、キルスティはオフィスをきらびやかに飾ることを怠らなかった。来訪者は誰もが自分が特別扱いされていると感じるような歓待を受ける。例えば誰かがオペラ好きだとする。その客は間をおかずにオペラの切符をプレゼントされるといった風だ。

キルスティは他の企業経営者と違って、早くから顧客の扱いを心得ていた。国際的なセミナーでも同じことを話し始めたのは一九八〇年代になってからだ。すべての客はキルスティに魅了され、キルスティは一人一人の様々な好みや情報をきちんと把握し、記念日を祝い、だんだん顧客と友人の区別がつかなくなるほどだった。しかし取引が終わると、友人関係もあっさり終わる。ビジネス界の法則をキルスティはわきまえていた。

ホームグラウンドの利点を最大限に活かし、きれいなオフィスでの打ち合わせは次から次に入れられた。移動の時間を無駄にせずに済むからだ。もし社員一人だけが客先に出向くとすると、人を出し渋っているように見えてしまう。デザイナーを打ち合わせに巻き込んで時間を費やすことはしなかった。彼らはすでに次のキャンペーンのプランを練っている最中だ。

広告制作とは、ウォメナ社にとって夜中まで必死で仕事をし、血のにじむような思いで考えた案が翌朝にはゴミ箱へくしゃくしゃに丸めて捨てられるようなことの繰り返しだった。

その努力が功を奏してか、ウォメナ社は求心力をつけ、固定客も徐々に増えた。最初の顧客のマルッティネン社や大手日用品店のタロウス・カウッパに加え、インダル社、クルタ・コンニ、フィンランド絹織物社、といったところだ。

タロウス・カウッパに対しては、当時としてはウォメナ社は最大の日刊新聞『ヘルシンギン・サノマット』の一面広告で、「夢の旅アメリカへ！」というかなり大規模なキャンペーンで抽選を実施した。

「タロウス・カウッパの品ぞろえは、キャンディから、チョコレート、ジュース、ジャム、ゼリー菓子まで、幅広く美味しいものがそろいます。例えばキューモスのマリアンネ。このペパーミントチョコキャンディは世界で一番美味しいお菓子の一つ。口にすればその幸福感で世界がバラ色に映るのです！」

マリアンネ・キャンディの白と赤のストライプが有名な包み紙は、マリメッコのタサライタや田舎の縞模様のパウンドケーキを思わせる。将来の暗示でもあったのだろうか。

キルスティは若い時から、商売になるアイディアを見つけるのは得意だった。

フィスカルス社のオレンジ色のハサミは「切るパワー」を、インダル社のネイルカラー、マヴァラは「フィンランド人女性へそっと差し出された最も美しい小さな気持ち……これは受け取って損はない」をメッセージとして打ち出している。

　同じインダル社が展開するスタイリングジェルは「あなたのヘアをきちんとしつける」という文句で印象的だった。「髪をカーラーに巻き、ヘアドライの後にブラッシング。次にシャンプーするまでその髪型をきちんとキープ」

　ウォメナ社は郵便銀行の広告制作もしていた。その内容は国鉄の職員は一カ月分の給与に当たる金額のローンを容易に組めるというものだったが、キルスティこそ社員の給与支払いのために喉から手が出るほどローンが組みたかった。会社に入ってくるお金はすべて出ていく状態だったからだ。

　いくつか語り継がれている話では、キルスティは足首まで届くミンクのコートを質に入れ給与を支払ったことがあるともいう。コートはサーリヤルヴィの毛皮商人から手に入れたものだった。またほかにも、北欧合同銀行の支店長ヨルマ・サルサマのもとに談判しに行き、借金をして社員の月給を確保したという話も残っている。

　キルスティはリスクを恐れなかった。ウォメナ社で失敗したら、誰が彼女を雇うだろう？

仕事に飲み込まれる

厳しい十年だった。世界の不況は一九七五年に始まり、フィンランドも影響を受けた。輸出が滞り、当座預金はマイナスに落ち込んでいった。経済成長は鈍り、失業率が上がっていく。

石油の価格が一九七三年に四倍近くになり、街灯が消され、広告のネオンサインも消えると同時に、楽観主義もしぼんでいった。ニュースでは、人間の脳は摂氏十八度で最もよく機能するという話がまことしやかに伝えられた。オイルショックは、環境問題へ意識を向けさせるようになった。一九七八年、フィンランド国内の失業率は八％と上がっていた。

ウォメナ社でも懐(ふところ)は厳しく、支払いが滞ることもあった。有難いことに、大口顧客のプリムラ社は請求書をきちんと処理してくれ、十名余りの社員も給与が支払われた。最初の顧客であるエイノ・マルッティネンは時々キルスティに電話をし、会社の口座に金はあるのかと聞いてくれた。すっからかんの時には入金すらしてくれたことがある。

キルスティは何度も、もう明日は給料袋をドアの前に置いて何もかもおしまいだわ、と言ったことがある。入金されるそばからどんどんお金がなくなっていくのだ。息つく暇もない。しかしそれでも、キルスティはなんとか力を振り絞り、日々を乗り切っていった。

キルスティはヘルシンキのハウキラハティ地区へ引っ越し、周りの目にもだんだんうまくいっているように見え始めた。収入は外見に注ぎ込んだ。建築家のように黒を好み、それをスタイリッシュに着こなすのが定番だった。アクセサリーはゴールドだ。当時、服はカサルミカトゥ通りにあるブティック・マデレーンから購入していた。

時にキルスティは従業員にもプレゼントを買うことがあった。シニッカ・ヴィルックネンにゴールドのラメ入りパンツスーツを贈ったことがある。ヴィルックネンは、「本当にセクシーなスーツで、自分でそんなものを買おうとは一生思わなかったはず」と言っている。

キルスティは、美しいものに目がなかったし、それを公言してはばからなかった。「子どもみたいだと思うけれど、何か目新しいものを見ると興奮してしまうの。もし精神性が人を幸せにするのであって、それが唯一絶対だなんて買い物のたびに自分に言い訳しなきゃいけなかったらこの仕事はできなかったし、もしそうだとしても、そんなのつまらないと思うわ。この仕事を天職だと思えたのは、自分は物が大好きだということを自覚した時からよ。この業界の仕事を軽んじる人も多いわね。一番大きな理由は、私たちが自分の中に矛盾を抱えているということなのよ。エゴの延長として物を所有することを下らないと思っている。でも私たち広告業界の仕事は消費を支援すること。しかも常時それを宣伝するということ」キルスティは思う。

「自分がしっかりしてないと飲み込まれる仕事ではあるわね」


キルスティは最初の犬を飼った。犬種はスパニエル、名前はヤスミン、呼ぶ時はヤッシと声をかける。よくオフィスに連れて来られ、キルスティが仕事をしている間待っている。キルスティは、母のヘルミが彼女にしてくれたようにすべての愛情をヤッシに注いだ。

また、車はクライスラーのプリムス・バラクーダ。これは広告の文句が気に入って買ったものだ。「バラクーダの疾走はテールエンドで感じる」、内装は赤い本革シートである。キルスティは白い車体のルーフを赤く塗装しツートン仕様にしていた。

キルスティはイメージを創り出すのがうまかった。ウォメナ社に一歩足を踏み入れた顧客は、豪華な内装と、美しくスタイリッシュな黒い装いの女性社長を目にする。そして下にも置かぬ扱いで迎え入れられる。

キルスティに恋い焦がれる男性も後を絶たなかった。もし彼女が望めば、誰であろうと指一本で、好きなようにあしらうことができただろう。顧客は、マーケティングの世界を知り尽くしている女性が、高級家具店から買い求めた高価なイタリア製カッシーナの椅子にゆったりと腰かけて采配を振うのを見る。会社の実情が、お客のもたらす支払いがなければ火の車であることも、キルスティが不安や焦燥を抱えていることもこれっぽっちもうかがい知ることはできなかった。

キルスティは世界を股にかけるような女性にすら見えた。あながち間違いでもない。キルスティの筆跡自体も大きく弧を描く。大金持ちか、大貧民か。顧客の誰も、彼らの目の前で嫣然と微笑む女性が、本当は人見知りの小さな女の子であったことなど想像しようがなかった。ずっと昔に、小さな女の子はケシの花が咲く小道を、パンケーキの包みを小脇に抱え歩いていたのだ。四十年前のあの時と同じ勇気と、自分への信念を胸にキルスティは微笑みを浮かべ、手を差し伸べ、こう言うのだ。「五万マルカでどうかしら」

仕事はバラ色の世界で軽やかなワルツを踊るようなものではなく、どちらかというと情熱的なタンゴですべてのバラの花びらを踏みにじり、棘で指を刺しながら突き進むようなものだった。

キルスティは黒髪を手でかき上げる。勝者だけができる仕草だ。

一緒に天国へ

一九七二年、母のヘルミが胃がんになった。進行が早い。娘の成功も、キルスティが受けた愛情と感謝のしるしにと贈ったミンクのコートとそろいの毛皮の帽子も、スウェードのブーツも病気の役に立ちはしなかった。

ヘルミはアーネコスキ（フィンランド中部の町）の大きな病院で治療を受けていた。キルスティは週に二回、真新しいダットサンの赤いスポーツカーで、または本当に多忙の時には近くの空港へ飛び、母を見舞った。

クリスマスが近づいていた。十二月十日の日曜日、最大の日刊新聞『ヘルシンギン・サノマット』はがんの早期発見が進むと報じていた。その情報は今のヘルミの役に立ちはしない。

キルスティは機上の人となり、病院へ向かおうとしていた。地上を覆う分厚い雲を眺める。同じ頃、ヘルミは息を引き取った。

「私たちは同じ頃に空に昇っていたのよ」後日キルスティはそう語った。

母を失ったキルスティは、ヘルシンキへ戻った。空の下には黒と白しか見えない。そして白と黒。何も書かれていない紙のように真っ白で、母ヘルミが教会の礼拝に身につけていたスカートのような漆黒だ。

彼女は一人きりだった。頼れるものは自分一人しかいない。何も遮るもののない空に浮かんでいる孤独な飛行機のようなものだ。自分にまだ何かできることがあるのだろうか？

両親ともに、あまりに早く逝ってしまった。両親が生きている間に、もっと胸の内を明かしておけばよかったと思う。心を開いて正直に思う存分話していれば。

これから、誰に相談すればよいのだろう？ 自分以外に、誰が信じ励ましてくれるだろう？ 母はいつも、キルスティのために祈ってくれ、仕事の心配事に耳を傾けてくれた。彼女が何を決めても、おまえは正しいよと支え、常識人らしいアドバイスをくれた。

そして飛行機は分厚い雲の層を突き抜け、太陽がきらきらと姿を現した。眩しさに思わず目を細める。父も母も、親の役目を果たしてくれたのだ。これからキルスティは自ら朝に夕に胸の前で手を組み祈らなくてはならない。

「あぁ、星空の向こうにおわす神様！」

創造の喜びと、心電図のグラフのごとき産みの苦しみ

一九七三年、テルットゥ・ヴィエルティオは大学を出たばかりのエコノミストだった。定職が欲しい。それまで広告業界のことはまったく知らなかったし、ウォメナ社にも空きはなかった。しかしヴィエルティオには仕事をするならここだ、という強いインスピレーションが働いた。彼女はキルスティに直接電話し、三回にわたる面接の結果、キルスティ

はヴィエルティオを副社長にと雇用した。彼女は仕事のやり方について確固たる理想を持っていた。私生活はまた別であったが。

事務と財務方面が彼女の担当であったので、理論に従って、ヴィエルティオは従業員用インタビューシートを作成した。会社の雰囲気を知っておきたいではないか？　しかし、キルスティはそのシートを見つけると、すぐさまびりびりと引き裂いて捨てた。

「どんな共産主義者がうちに来たのかしら！」と叫ぶ。

ヴィエルティオは一瞬で状況を飲み込んだ。ここウォメナ社では、キルスティが法律そのものなのだ。続く十年がさらにその体験を裏付けた。

「キルスティは、自分からも、他人からも不可能なことを要求するから、ついていけない人も何人も出てきましたね」「ああいう人で本当にアクが強いから、他の人が入り込む余地はまったくなくて」とヴィエルティオは思い返す。

キルスティの仕事の進め方も一風変わっていた。出勤はだいたい昼前の十一時頃、一番乗って来るのは夜になってからだ。ヴィエルティオは、キャンペーンに間に合わせるため徹夜した案件もあったと思い出す。

「朝、家に着替えに戻ってそのまま客先へキャンペーンのプレゼンに出たりもしましたよ」

キルスティ自身は独身だったから、それでも問題なかったが、そうした生活スタイルができない者とは摩擦が生じた。家族がいるスタッフとはよく揉めたようだ。

テルットゥ・ヴィエルティオは、キルスティを最高にクリエイティブ、と褒め上げる。

「彼女は本当に誰もできないようなことをやってのけるの。チームで考えていることもうまく取り上げてくれて。いつも私たちの真ん中にいて、動き続けるエンジンみたいだった。商品のデザインやネーミングをゼロから考え続けていて、立ち止まるということを知らなかった。一度、スタッフの誰かがトイレに立って、戻った時に何週間も悩んでいた商品のネーミングが浮かんだことがあって、そこから『あれもトイレで生まれた』っていう合言葉も流行りました」

キルスティはアーティストではないが、確固たるテイスト（好み）を持っていて、大事なもの、その時選ぶべきものを判断する勘が備わっていた。人を選ぶのも同様である。求めているスキル、資格や語学力を持つ人材を嗅ぎ分け、自分の弱点はスタッフが補う。

「魔法のように、周りにいる人材のとびっきりの部分を引き出せるというか。これは素晴らしい才能だと思います。ただ周りの人を飲み込んでしまう。磁力があって離れることができないと言えばいいのか、そこは良し悪しがあるけれど」

キルスティの周りにはまるで魔法のサークルが生じるようなものだ。

「あんなカリスマ性がある人はもうフィンランドではそう出てこないでしょうね」とヴィエルティオは言う。

キルスティは人の扱いがうまく、顧客に対してもそれは同じだった。キルスティが説明すると、何もかも本当にそうなるように聞こえるのだ。また中途半端なものは決して客に見せなかった。誰がそんなものを見せられてお金を出そう、信用しようと思うだろうか？

部下にはほとんどアドバイスはしなかった。しかし、「この商品はこの程度の物なんです、とは絶対に言ってはいけないのよ。『こちらはこんなに素晴らしい商品なんです。自分たちがそれを世に出せるなんて、私たちは本当に幸せです！』と言わなくては」と教えた。ある意味、キルスティは顧客に提案をしているのだった。セールスのポイントも、キャンペーンの打ち方も熟知していた。こまごまとしたやり方ではだめだ。大きく、一つの全体像が浮かび上がるようなものでなければ。

「何かをローンチ（商品などの発売、発表前から情報を発信し、購買意欲を高める方法）するのなら、大砲をぶっ放すくらいの勢いが必要なのよ！」とキルスティは口癖のように言っていた。

小さな物事も大きく見せるのが得意で、商品を実際よりもさらによく見せる工夫がうまく、それにつれて、顧客からのキルスティへの信頼も高まるのであった。

「産みの苦しみとはよく言ったものよね。心電図のグラフみたいに雲の上から、どん底にまで突き落とされるような心持ちがする」とキルスティは考えたものである。

「会社の仲間とは同じ高さで出会うことはない。彼女たちがてっぺんにいる時、自分がどん底にいることもある。素晴らしいアイディアが浮かんだと思っても、共感を得られなくて不幸そのもの。孤独な戦いを終えて、恐怖とともにこれでよかったのかという疑問でいっぱいの心を抱えてね。朝には全然だめだと思ったアイディアが夜中には一転最高だと思えたり。勇気を出すの。いろいろな口出しをして、私をけしかけようとする人はいくらでもいる。直感がこれは素晴らしい、と告げていても、市場調査で結果が出ないことだってある。そこでくじけずに、自分を信じなくては。外野の声にとらわれていてはクリエイティブでいるどころか、負けてしまう」

最初のうち、ウォメナ社には大口の顧客はいなかったが、一九八〇年、広告代理店業界のコンペにおいてその年一番印象に残ったキャンペーンの部門で受賞した。ヴァルツィラ社の両手鍋だ。キルスティは商品名を考える際、父の名前を付けようと思い立った。エナメル製の鍋、「ヴィフトリ」の成功は彼女にとって大きな意味を持っていた。

また、タンペッラ社には、タオルセットを企画し、「タンペッラ　今日の主役」という名前を付けた。フィスカルス社のハサミは世界中で知られるようになった。ウォメナ社はハサミのイメージ広告において、一九八一年にもキャンペーン部門を勝ち抜いた。料理の腕はそれほどない娘だが、父の名を冠した鍋を打ち鳴らしながら、ほら父さん、私は社会でちゃんとやっていけているでしょう、と高らかに知らせているかのようだ。

写真スタジオ、フォト・ニュブリンの記念キャンペーンも、キルスティの創造性をよく表しているものの一つだ。フォト・ニュブリンの取引先の一つであるイルフォード社が、新聞の一ページまるまる使い全面広告を打ち、祝辞を述べる。費用もイルフォード社側の負担であった。

ファミリア社がスルタンというコンドームの広告を雑誌やテレビに発表した際には、人口統計センターも関わった。ウォメナ社の切り口にはいつもなにがしかユーモアがあった。

「ヴィルタネン氏は今日ボートを湖にランチングする予定。でもヴィルタネン夫人は何か期待しているかも……さて、二人がどうするかはお楽しみ」

逆のバージョンもあった。

「ヴィルタネン夫人は今日畑に新じゃがを植える予定。でもヴィルタネン氏は何か期待しているのかも……二人がどうするかはお楽しみ」といった具合だ。

ページの下に、文字が続く。「夏に花壇を花いっぱいにしたかったら、早めの準備がお勧めです。すべてにおいて、早め早めの行動はとても大切なのです」と思わせぶりな書き方だ。スルタンはまた、「紳士の皆さんへ新商品」としてスルタン・ジェントルマンを発表した。

「しわ加工は抜群。だから気持ちいい」と力強くうたい文句が続く。

「新しいデザイン。ここでこれ以上は言いません。ジェントルマン――紳士諸氏へ」

あふれる情熱

キルスティは同僚をそばに寄せつけることはしなかった。家に帰ると、ジャズのレコードをかける。デクスター・ゴードンかオスカー・ピーターソンがいい。大きなブランケットにくるまって、いろいろともの思いにふける。飼い犬たちは今のキルスティにとって、恋人よりも大切な存在だった。交際している相手はいたが、犬たちに角砂糖をやって「お手」をさせようとし始めたのでキルスティは神経質になった。

「サーカスの犬じゃないのよ。自分で逆立ちして二十分でもそのままでいられたら、コーヒーを淹れてあげてもいいわ」

悩み事は友人たちには打ち明けなかった。事務所にはキルスティが怒ろうがどうしようがびくともしない、長く勤めてくれているスタッフがいる。しかし他のスタッフの入れ替わりは激しかった。キルスティとやっていこうと思ったら、言われたこと以上の努力をしなくては追いつかない。常に一歩先を見越していなくては、仕事でもそっとしておいてもらえなかった。

ロルフ・クリスチャンソンはグラフィックデザイナーとして第一人者だった。彼のデザインと言えば、切手やリゾート地のポスター等数々のものがある。ロルフはスイスでグラフィックを学んだ。ウォメナ社では、ロルフはキルスティが必要とする時はいつも夕方やってきて、白いスモックを着て、同じ部屋に二人でこもるのが常だった。

ウォメナ社は女性だけの広告代理店というのが売りだったので、ロルフの役割は目立ったものではなかった。しかしすべての商品パッケージデザインはロルフの手になるものだったし、事実上キルスティの右腕と言ってよかった。ロルフのスタイルはシンプルで洗練されていた。仕事だけでなく徹底して紳士的で、決して出しゃばることがない天才だ。

キルスティはグラフィックデザイナーとしてもう一人、エイラ・キースキのことも大事にしていた。キルスティ自身はデザインを描けないが、ロルフとエイラが彼女の考えを形にしていくのだ。当時はすべてのデザイン案を手描きしていた。キルスティはエイラのデザインの筆致を好んだ。大口の顧客、キンバリー・クラーク社はフィンランドでティッシュペーパーのブランドであるクリネックスや生理ナプキンを販売していた。エイラは生理ナプキンの一つに、ドラマチックな黒い箱と黒いバラをデザインしたことがある。

ジャガー、マツダ、ヴァルトブルク（旧東ドイツの小型乗用車）などの輸入総代理店をしていたハカ・オート社の社長、ミッコ・ロングストロムは広告代理店を探していた。最終的に候補に残ったのは二社。技術に強い広告代理店と、ウォメナ社である。

「自分たちだったらどうする？」と自信たっぷりのロングストロムはキルスティに聞いた。

「もし私に聞かれるのでしたら、車のモーターがどこに入ってるのかすら知らないと認めざるを得ませんね。でもクリエイティブをお探しなら、私以外にあり得ません。なんたってマーケティングの人間ですから」キルスティも自信たっぷりに答えた。

しばらくしてキルスティに電話がかかってきた。ウォメナ社に任されることになった広告予算は二千五百万マルカ。

「ジャガーは君のものだ。正直なのが気に入った。技術はまったく分からないと白状したところがね。技術屋ならうちにいくらでもいるからな」とロングストロムは言った。

ウォメナ社はターゲットに狙いを定め、抗い（あらが）がたい言葉を紡ぎだした。低音のセクシーな男性の声が聞こえてくるかのようだ。

「新たなジャガー。テストドライブはすでに八百万キロメートル実施済み。時代とトレンドを超えて残るデザイン。インテリアは革張りや木目の美しいセンターコンソール。モーターは軽々とその実力を発揮する。シルクのようにスムーズな出力。妥協のないサスペンションとステアリングは幾何学的な美しさ。時代の先を行く、ロックのかからないブレーキシステム。こんな車は他にない。新ジャガー」

この広告で、キルスティは合計四十四台のジャガーを売った。ハカ・オート社からは感謝の印にガラス製の一点ものの器を贈られた。キルスティは自身もジャガーを運転するため、自分のお気に入りの車を売るのは朝飯前だった。多くの人が、キルスティがジャガーの一番の広告塔だと言ったものだ。

「本当にハンサムな車なの。でも数はそれほど多くはないでしょう。男の人が振り向くのを見るのは気分がいいわね。ガソリンスタンドで男性たちの注目を浴びて得意になって髪の毛をかき上げていたら、彼らが近寄ってきて聞くのよ。『ボンネットを開けて中を見てもいいか』って。私じゃなく車が見たかっただけなのよ！」とキルスティは大笑いした。

一度キルスティは車がハンドルを切るたびに何かがぶつかっている気がする、と愛車をメンテナンスに出したことがある。修理担当者は近くを一周してきて、シートの下からコーラのボトルを取り出した。「マダム、あなたの車で音を出していたのはこの瓶ですよ」と。

ハカ・オート社はウォメナ社にとっても大切な大口顧客だった。したがってミッコ・ロングストロムのことも、キルスティは非常に大切に扱った。またロングストロムの仕事部屋のインテリアコーディネートも依頼され、黒で統一した部屋が完成した。

ウォメナ社では激しいやり取りをすることも日常だったし、誰かが泣くことも珍しくなかった。クリエイティブを仕事にしている、主張の強い面々が集まっているのだ。それぞれがベストを尽くして、そんなんじゃ全然ダメだとこき下ろされたとしたら誰だって傷つくことだろう。一度も批判されたことがないスタッフなどいなかった。

時に、社員はキルスティには同情という感情が欠落しているのではないかと感じられることすらあった。キルスティ自身は相手を傷つけているつもりはまったくなかった。言いたい放題言われた後、多くの社員が気分を悪くしたままであるのに、キルスティはすでに次のことを考えていた。ぐずぐずしている暇はない。前進しなくては。

「何度も、キルスティは男性脳の持ち主だと思ったものよ。一つのことに集中して、あちこち脱線することはまったくなかった。そういう人の方が成し遂げることは大きいのよね」と初期のスタッフが語ったことがある。

当時住んでいたヘルシンキの隣、エスポー市のハウキラハティでは、朝、アフガンハウンド二匹を散歩させた後サウナに入る習慣だった。その後ゆっくり出勤し、一時間ほどファッション誌などをじっくりチェックし、夜のためにエネルギーをたくわえ、チームのメンバーからインスピレーションを得る。

キルスティは大きな黒革のカバンを持ち歩いていて、その中には顧客情報と請求のための情報がすべて詰め込まれていた。毎月、キルスティがカバンの中の紙を白い丸テーブルに全部並べ、テルットゥ・ヴィエルティオと一緒にどの顧客にいくら請求書を起こすかをあれこれ話し合う日は上を下への大騒ぎであった。細かい台帳などありはしない。ほぼ二人の記憶が頼りだった。ヴィエルティオの知識だけでは解決できない問題が生じると、学生時代の友人、エコノミストのカリ・ミエッティネンに連絡することが多かった。一九七四年、ミエッティネンはウォメナ社のコンサルタントとなる。こうしてキルスティとカリの一生続く友情が始まり、カリはキルスティが信頼した唯一の人間となった。たとえ何度も激しい言い合いを重ね、お互いにひどい言葉を投げつけたとしても。

カリ・ミエッティネンは創造性があり、頭脳明晰で、舌鋒鋭い一方で人間愛にあふれたロマンチストだった。そしてキルスティの必要とするビジネスセンスと、圧倒的な数字への強さを持ち合わせていた。

母からのメッセージ

小口の顧客として、ウォメナ社は多くの美容院を抱えており、ヘルシンキのルーネベリンカトゥ通り四十番地にあるサロン・ウイミでは、キルスティにとって決定的な出来事があった。新聞広告で、サロン・ウイミは最高の技術を提供すると約束し、「ただ、お客様の居心地も大切です。美容院に行く時はリラックスしたいですよね」といったものだった。キルスティは貧しい出自を、そして高齢であった両親を恥じていた。誰かに出身地を聞かれた時は、ユバスキュラ出身だと答えていたものだ。一度サロン・ウイミの椅子に座ってケアを受けている時に、一人の美容師が自分は透視ができる、と近づいてきた。
「あなたの亡くなったお母さんからのメッセージをお伝えします。家に置いてある聖書の間にあなたへのメッセージをはさんであると」

ウォメナ社ではちょうど物事がうまく回り始めた時期だった。キルスティはあちこち忙しく赤いスポーツカーを乗り回し、足首まで届くミンクのコートは地面すれすれの長さだった。やっとクリスマス前になって、サーリヤルヴィの実家まで行く時間が取れたほどだ。両親が亡くなってからほとんど訪れていなかった。がらんとした小屋には聖書が置けるような本棚などなかったが、寝室には小さな飾り棚がある。

キルスティは聖書を棚から取り上げた。そのページの間から、中央フィンランドの日刊新聞『ケスキスオマライネン』の記事がはらりと落ちた。キルスティの母、ヘルミについて書かれている。日曜学校の教師としても活動していたこと、盲目の父と一緒に物乞いをしたつらい子ども時代。一軒ずつ家を回り、十字を切り、どうかご主人一家が何か食べるものを恵んでくださるようにと頼んで回った。キルスティはミンクのコートを着たまま、冷たい床に崩れ落ちた。

「大事な家族は無欲に私にすべてを与えてくれたのに、自分は家のことを恥じていた」

このことはキルスティの価値観を一変させ、考え方も改まった。

「私の人生はいびつで、薄っぺらかった。ちゃんと人生を生きていなかったんだわ」と彼女はさめざめと泣いた。

「人間は、自分の暗い過去を忘れようとする。私は両親のことを隠していた。あんなにすべてを私に与えてくれた大切な人たちだったのに。自分の中で不当に扱っていた。貧しさは、私に最も多くのことを教えてくれたのに」

泣きながら、キルスティは、自分の力の源はこの場所なのだと悟った。この家で最初の一歩を歩み、この窓の隙間風を、母が子どもが寒い思いをしないようにとぼろ布で塞(ふさ)ぎ、お粥の鍋をかき混ぜてくれ、毎週日曜に教会のミサをラジオで聴き、パンくず一つにも感謝していたものだ。キルスティは、もう二度と家と出自を粗末にはしないことを心に決めた。

「もし母が今生きていたなら、私が思い上がらないように、人として変わらないように約束しなさいと言うだろう。私が謙虚に、建設的で公平な、良い人生を送るように望むだろう。母のメッセージとはそういうことだ」

梁の太さも二倍にしましょう

キルスティの性格は竹を割ったようで、物事の白黒をはっきりさせたい方だった。それは仕事に対しても、人間関係も同じだ。他の雑念が入り込む余地はない。競争意識が強いと言っても、生存本能の方が強かった。成功するためには努力が必要だということは身に沁みて分かっている。キルスティは自分自身とよく競い合っていた。

金遣いは荒い方だった。エゴがそうさせているのかもしれない。使うなら稼がなくてはならないということも自明の理だ。見栄えする大きなものが好きで、だいたいにおいて大きなものは値段も張る。子どもの頃の望みは叶った。ジャガーを乗り回し、アフガンハウンドを二匹はべらせている。しかしここまでの道のりで、他にも夢が生まれていた。

キルスティは、子ども時代の、サーリヤルヴィの家をリノベーションすることにした。建築家イルッカ・サロの白と黒とグレーのスタイルに惚れ込んで依頼したのである。古い家はかなりの金食い虫だ。キルスティは手で家の梁の太さを示した。

「この倍の太さにしたいのよ！」

サロが家のリノベーションに取りかかった時、手元には二枚の写真しかなかった。サロはキルスティがこんな昔ながらの建物を彼の仕事として依頼してきたことに驚いた。

「全然キルスティっぽくない家だったからね。彼女はあの通りスタイリッシュで身なりもいい。だから建物をそのまま元に戻すということはできなかった。住む人に合う場所でなくては。それにキルスティは好みがはっきりしているから、それも尊重したかった」とサロはインテリア雑誌『アヴォタッカ』のインタビューで答えている。

外部の者は誰も森の中にある木造の家の内部がどんなものか想像もできなかった。外見はあっさりして特別なところを感じさせる部分は何もない。田舎のどこにでもある木造の小さな家だ。家の四角い外形は残す。しかしサロはキルスティらしい寝室を設計したいと考えていた。家の後ろに屋根付きの大きなテラスを増築する。寝室は勾配付き屋根の下に、その窓からは素晴らしい湖の景色が望めるようにした。テラスからは階段が続き、ランネヴェシ湖のほとりへそのまま出られる。家の中の壁は取り壊し、吹き抜けの明るく開けた空間を意識した。長く時間を過ごすリビングは、落ち着く暖炉の周りに確保し、ダイニングは小さな、使いやすい台所のそばに。内天井を取り払ったため、空間に高さが生まれ、より広く感じられるようになった。

新しく作り直す床板はパイン材である。一階の壁は白く塗った。屋根裏のパイン材の壁はニスを塗るにとどめた。

キルスティは家に素晴らしいデザインの家具を選んだ。お気に入りのインテリアショップ、フンクティオからすべて調達したのだ。オーナーのアッリ・シュヴンオヤは彼女の友人となっていた。キルスティのお気に入りのデザイナーはマリオ・ベリーニ、ガエ・アウレンティ、パオロ・ピヴァそしてアルヴァ・アアルトらであった。白い空間に数少ない黒い家具が映える。ダイニングの椅子はリピエゴでそろえ、テーブルはラ・ロトンダのガラステーブルだった。クリスタルのシャンデリアのきらめきが魔法のような雰囲気を作り出していた。テーブルの上にはアアルトのサヴォイベースに白い百合が薫り高く生けられている。

暖炉近くの座ることができるスペースは大きな黒い革製のクッション類から成っていた。寝室のベッドはバンボレットーネ（イタリア製メーカー）、照明はピピストレッロである。

ヴィフトリやヘルミが見たら目を丸くしたことだろう。

キルスティのアフガンハウンドたちは、昔の家畜小屋を自分たち専用の犬小屋（にしては大きいが）として与えられた。元家畜小屋の照明も女主人が使っているのと同様のクリスタルのシャンデリアが使われた。家畜小屋の屋根裏部屋にはゲスト用の寝室が作られた。キルスティにはもう何年も自由時間などなかった。この改築した家が、キルスティがリラックスできる唯一の場所となった。キルスティは心が荒（すさ）んだと感じた時、サーリヤルヴィへ行くのだった。

スモークサウナ小屋は彼女にとって教会のようなものだった。日没の後、そばの湖の水は黒い黄金のようだ。世界中、どこへ行ってもこれほど心の平安を得られる場所はなかった。

キルスティが留守にしていても会社が倒産するようなことはなく、経営が安定してきてやっと、キルスティは休暇を取るようになった。最初の一週間はひたすらむさぼるように寝て睡眠不足を補う。二週間目に活動を始め、三週目はもう仕事に戻らなくてはといらいらして落ち着かない。そしてまた頑張る活力が湧いてくるのだ。

キルスティの心と人生

一九七五年は「国際女性年」であった。それを祝って女性誌『ヤーナ』では、「世界で唯一の女性だけの広告代理店」というタイトルでウォメナ社の特集を組んだ。一番大きな写真では、キルスティはパフスリーブの青いシルクブラウスをまとっていた（黒ではなかった）。丸いハイミのテーブルの周りには、キルスティに加え、ラウラ・ヌンミ、エルセ・ロモ、ヘリ・カルッソン、シニッカ・バックリー、セイヤ・ランニッコ、リトヴァ・エルホルツ、セイヤ・ストゥレン―マンニッコそしてリトヴァ・ロッシが並んだ。

キルスティの頬は赤リンゴのように染まり、全身から楽しそうな、少女のような雰囲気が漂っていた。テーブルには目立つ羽ペンが二本、金色のリンゴに立てられ、ロンドンのＢｉｂａの照明の笠には特徴的な房飾りが垂れ下がっている。天井からは金の縁飾りがあるスモークグレーのクリスタルシャンデリアが部屋を照らしていた。キルスティはそれを一族に伝わる品だと説明したが、貧しい出自を隠すための虚勢の一つだった。

「それがこの物件がどんな場所だったかのメッセージを伝えてくれるんです」

部屋にはいくつかの観葉植物と、女性彫刻家マイヤ・ヌオティオが制作した女性裸像が中心に置かれていた。

「キルスティ・パーッカネンは男性陣の後ろに佇(たたず)むということに飽き飽きしている」とエリナ・シモネンは書いている。「女たちが考えたアイディアが男の名前で売られることに、認められるために倍働かないといけない現状にうんざりしていた」

記事はキルスティについて、フェミニストではないと主張し、活動家ではないと言い、自分の親たちは平等に家事を分担していたと言ったにもかかわらず、かなりフェミニスト寄りのイメージを与えた。

記事では、キルスティが状況をどう眺めていたか、が書かれている。顧客に提出されたアイディアが女性の企画したものだというのを隠さなくてはならなかったことや、男性顧客から今日はとても素敵ですね、といった外見に関するコメントを延々と聞かされた後にやっと仕事の話に入ることができたことなどが書かれていた。広告代理店の女性スタッフは、多くが秘書か雑誌の切り抜き担当だ。男たちがリーダーなのである。彼らにとって、力の誇示と同様、生きるか死ぬかの問題であった。女の場合は、まずエネルギーの半分を、自分が考えたアイディアを男性上司に認めさせることで消耗してしまう。本来ならそのエネルギーも商品そのものに注ぎ込めるはずである。女が考え出した多くの素晴らしいアイディアは、沽券にかかわるとして男が認めなかったために埋もれていった。

男が昼食の場で楽しもうがそれは許され、女が同じことをしたらクビになった。ウォッカの力を借りて交渉した内容には後日何の効力もなかった。二日酔いと無意味な紙きれが生まれるだけだ。

『ヤーナ』誌では、広告業界は、キルスティにとって人生そのものを意味し、家族やプライベートの時間以上に大切なものだと結んでいた。キルスティは少しずつ、自分がただの機械のような仕事人間になってしまうのではないかと恐れ始めていた。

当時キルスティは、アメリカで活躍していた広告業界の女性たちについて熱心に読んでいた。鉄の女メアリー・ウェルスの成功や、ビジネスマネジメントの本も読み始めた。

少なくとも、キルスティはクロード・C・ホプキンズの薄い著書も持っていた。『広告でいちばん大切なこと』である。一九二三年に出版されたこの本は、広告の役割は売ることだと説いている。本の中で、百年近く前に起きたよくある間違いが今でも繰り返されていると述べている。ホプキンスは感情の持つエネルギーについても述べていた。彼によると、世界の百社の一流企業は、肯定的な雰囲気と社員同士の尊重から生まれているという。「成功は稀(まれ)で、トップクラスの成功は自然の掟(おきて)のごとき法をきちんと遵守しなくては不可能だ」中でもホプキンスの本に書かれているエピソードの中でキルスティの心をとらえて離さないのは、ニューヨークのマンハッタンでは、盲目の物乞いの器には、そのままでは一セントさえ投げ込まれなかった、というものだ。ホプキンスは物乞いの前に、「今は春、私は盲目（美しい春をこの目で見られないという意味）」と書いた紙を置いた。どんな物乞いの言葉よりこの文句の方が効果があったという。

キルスティは、母ヘルミと、盲目だった祖父の物乞いの道中を思った。祖父は春を見ることはできず、人々にも心はなかった。こうしたことに広告は訴えていかなくてはならない。

キルスティは、「機械化が進む世の中で」どれほど女性の時間が自由になるだろうかと考えた。

「女は仕事に心を込める。女性の方が詳しいことも数多くある。衛生用品、化粧品、食品、掃除関連のこと」とキルスティは雑誌でも発言した。

キルスティは、広告の可能と不可能についても考えた。「消費者の年齢、財産、収入、性別、家族構成を知っている。いつどこで連絡が取れるかも知っている。個性、事実、公平性や情報は広告で欠かすことができない鍵となる部分だ。うまい広告を作る人間は人間心理をきっちりおさえていて、好奇心が人間らしい活動の中の重要な刺激だと分かっている。昔のような推測で打つ当たりはずれのある広告ではやっていけない。これからはすべてが徹底的に調査され分析されるだろう。他にこれほど可能性を秘めている分野があるだろうか？」

ウォメナ社は社員十六名の会社にまで成長していた。年間売上は四百万マルカである。広告業界団体には入っていなかった。キルスティは公に経営状態を知られることを嫌った。どこかの代理店で経営が思わしくなく、売上が五十％に落ちたりすればすぐに新聞が書き立てるだろう。

キルスティは現状に満足し、安定していた。事務所の経営は順調だ。大口顧客が一社抜けたとしても会社が傾くことはない。それでも常に油断はできなかったから、時にストレスを感じていることも周囲に漏らすようになった。家にも仕事を持ち帰り、床の上に企画や資料の束、切り抜きや写真を広げ、次の一手を練る。プレッシャーに押しつぶされそうになると、犬たちを連れて森を走るか、エアロバイクを思い切りこぐ。友人との付き合いもできるだけ時間の無駄なくこなそうとしていた。

「五分会うだけでもドラマチックな気分を演出するのよ」とキルスティは言っていた。

これは会社で、広告制作において劇的な効果を狙うのと同じだった。

初めてオフィスを訪れる人物に対して、キルスティは握手をする時にすでに電気ショックを与えるようなものだった。相手は全身全霊でキルスティに注意を集中し、自分がキルスティにとってこの世界で唯一無二の存在であると思わせるのだ。実際唯一無二の存在であるのは、キルスティの方だとしても、キルスティは会う相手すべてに何かしら不思議なオーラをまとわせることもできたし、必要に応じてそれをあっさり壊すことも厭わなかった。壊された方は、持ち上げられた自分の理想が粉々になっていくのを眺めることしかできなかった。

「やさしくマイルド」、そして「とってもしなやか」

ヘアケア商品のマルッティネン社はウォメナ社の初期からついてくれた、そして大口の顧客である。その後マルッティネン社はインダル社へ買収されることになった。ウォメナ伝説のヒット商品の一つは、一九七二年の「やさしくマイルド」というシャンプーの発売とマーケティングだった。

曲線がやわらかい白いボトルはミロのヴィーナスを思い起こさせる。または母親の優しい腕の中だろうか。キルスティには自分の子どもを抱きしめる機会は与えられなかった。ボトルを見ると幸せな光景が思い浮かぶが、デザインのモチーフは、川辺で洗濯をする女性の伝統的なイメージであった。この曲線を生んだのは素晴らしいグラフィックデザイナー、マルユット・リンミネンである。

スタッフたちの間で、シャンプーの場合、何が一番重要かを話し合った。髪の毛に優しく、すっきり清潔にしてくれること。皆の脳裏に、川岸で洗濯物をたらいに入れ、ごしごしと石鹸(せっけん)を泡立てて洗う女性が思い浮かんだ。同じ頃キルスティは、テレビ番組で作家のアヌ・カイパイネンが「やさしい(hellä)」というやわらかな優しさを意味する美しいフィンランド語が人々の口に上らなくなって久しい、と嘆いているのを耳にした。ともすると英語などの外来語ばかりが紙面に踊る時代でもあったから、客がシャンプーを買おうとお店で商品名を口にする時、口ごもって赤面しないでいいような、言いやすいネーミングが欲しかった。

キルスティにも同じような経験があった。毎年秋の新年度に、英語のレッスンを開始するのだが、決まって挫折してしまうのである。語学に必要な学習能力がないのかもしれないし、動機も今一つ足りなかったのかもしれなかったが。しかし自分にはビジネスに必要な、地に足の着いたセンスがあるとは自負していた。そして生まれたのが、奇をてらわず、手に取るとほっとするシャンプーボトルである。一九七五年の年間を通じて、最もよく売れたシャンプーとなった。

「やさしくマイルド」の企画は一九七〇年に始まった。発売は一九七二年で、全国紙の結婚、誕生日や死亡告知の欄に小さく「やさしくマイルド　誕生」と掲載された。翌日の同じ新聞で、シャンプーボトルのシルエットのみの広告が続いた。そして出される情報が少しずつ増えていくというやり方で読者の注意を惹いたのである。いやが応にも関心が高まり、狙い通り、いやそれ以上の効果があった。国中で「生まれたばかりの何か」が話題になったのである。シャンプーなどに興味のない子どもたちでさえ、テレビのコマーシャルで耳にした文句を口にした。「やさしくマイルド、すっきりやさしい、やさしく洗ってやさしい泡立ち」

「やさしくマイルド」はそれまで売上一位に君臨していたリンナ（城）シャンプーを退けることに成功した。一九七四年、インダル社はもう一つのプロジェクトを提案してきた。あれよりもっといいシャンプーを作りましょう！　そうして、「とってもしなやか」というシャンプーが生まれたのである。こちらも、キルスティが若い頃、田舎で生活していた時のいわゆる「普通の感覚」があますところなく発揮されている。見慣れた、薬局にある茶色い薬が入ったガラス瓶の形を思わせる、誰もが安心して手に取りやすいシャンプーのパッケージ・デザインである。色はフィンランド人なら誰もが思い浮かべる青。ラベル部分には、典型的な赤い壁のコテージと、湖畔に四羽の白鳥が泳ぎ、太陽がきらめいている。キルスティの子ども時代の家を思わせる。父がふらりと出ていった不在の間に、母がきれいに塗り上げた赤壁と白い縁取りの家を。「とってもしなやか」は、同社の「やさしくマイルド」の一位を奪うことになった。「とってもしなやか」にはシリーズとしてハンドクリームと制汗剤でも市場に参入し、知名度にあずかろうとしたが、シャンプーほどには成功せず、少しずつ市場から姿を消していった。しかし四十五年以上経った今でも、シャンプーは店頭で手に取ることができる。

「私たちは常に商品と共にあろうとしています」とキルスティは女性誌『ヤーナ』のインタビューで答えた。「簡単な方向へ流されることは避けたいと思っているし、もし商品のイメージが女性であれば女性を起用します。ですが、私たちの相手はすべての人たち、つまり男性、女性、子どもたちも、等しく敬い、接したいと思っています。だからといって女性に心地よさを届けてくれる商品、化粧品やファッションといったものを扱うことにまったく矛盾は感じていません」

「でもあなた方は、女性をこうした商品がないと落ち着かないという風に思わせてはいませんか？」と記者が食い下がる。

「新しいネイルの色が素敵だったらそう口に出して伝えたらいいんです。でも私たちは、宣伝する商品を使えば男性が寄ってくるなんてことを約束するわけじゃありません。今は広告を批判することが流行りのようで、例えば人参を畑に植える農業の方がずっと尊いと思われているようですが、私たちの仕事もハードです。実力がなければお金は払ってもらえません」

記者は諦めない。「ですが、あなた方と顧客の目的は、どんな方法を使ってでも商品の売上を伸ばすことでは？」

「もちろん。ですが、商品のイメージを壊し、信頼性を失ってまでやる意味があるかどうかは常に考えます。顧客がいつも正しいわけでもありません。世界中で、なくてもいいのに製造され宣伝されている商品も数多くあります。そうしたものを目にするたびに心が痛みます」

キルスティは一度、うまくいかなかった商品を引き上げる提案を顧客にしたことがあると続ける。

「私には絶対に譲れない原則があります。もし私の心がこれはだめだと思ったら、その宣伝の案件に乗ることはないし、それで顧客を失っても後悔はしません。男性が同じように考えるとは思えませんけどね」

一九七五年、キルスティは四十六歳だった。

「失敗した時は、事務所の女の子たちにもう引退すべきかしらって聞くこともあります。自分がもっとクリエイティブに参加して広告を作る側に回るために、社長を雇うことも考えたことがあります」

キルスティは、自分の強みの一つは、精神的な強さだと考えていた。

「能力が落ちるならパワーで補える。創造力や素晴らしいアイディアがあっても、それを使いこなす力がなければ意味がない。数々のアイディアの中から、一番合ったものを選ぶプロの眼も絶対に必要だから」

キルスティは、葉巻を咥えたマフィアのように強引に物事を進めるつもりではなかった。

「私はある意味、力で押すタイプと言われるかもしれないけれど、男性が私のやり方に口出ししてくることがあったら、『じゃ一緒にスタートラインに立ちましょうよ』と言うの。結果がすべてなんだから」

ある時、知り合いの男性が仕事のせいで君の女性らしさが失われていると言ってきたことがあった。キルスティは気を悪くしてこう言い放った。

「そりゃどうも。バーに座ってお酒を飲んでいたら女性らしさなんてかけらもなくなってしまいそうね。私は女であって、そこを譲るつもりはまったくないわ。自分の人生にやりがいが欲しかったし、まさに今やっていることがそれなのよ。自分はどれだけ恵まれているかとよく思うし、仕事が大好き。しかもそれでお金をもらえるなんてね」

取材を受ける前日は、キルスティの「名前の日」であった。キルスティは事務所のスタッフたちから調理済みのザリガニ（スウェーデンやフィンランドでは、七月末にザリガニ漁が解禁される）を贈られ、夜中にパジャマで、ハウキラハティの自宅のテラスでザリガニを楽しんだ。

記者は、忙しく動き回り活躍するキルスティが、ヘルシンキの社交界の華として君臨するのではと推測した。

「ちょっと待って、私はスモークサウナで炭の色をつけて生まれたような出なのよ。社交界への道は遠いわね」とキルスティは一蹴（いっしゅう）した。

キルスティはサウナで生まれたわけではない。小さな寝室だったのだが、そこはやや誇張したようである。

「私にとってヘルシンキはまだ距離を感じる場所です。いうなれば劇場にいるような非日常の感じが。この生活を体験した後に、いつかサーリヤルヴィに戻ることができるのかと考えてしまうこともあります」

キルスティは休暇でサーリヤルヴィを何度も訪れている。そこでは何に気を遣うこともなく、自然体でいられる。自分はここで生まれ育ち、根っこがあり、背景を持っているのだとしみじみ感じる。

「でもそこにまた住むというのは違うのよね」と考える。

「生まれた町を離れた他の人と同じように、私もサーリヤルヴィとヘルシンキの間で一番ほっとしているのかもしれないわね。ヘルシンキへ向かっている時、またはサーリヤルヴィへ向かう途中の辺りで」

スタイルを身につけたいなら、一緒にいらっしゃい

キルスティはもう何も望んではいなかった。仕事に疲れている人がよく考えるように、時間ができたら、いつかこうしたい、ああしたい、といったことはほとんど考えない。なぜならキルスティには仕事と犬たちがいるからだ。毎週末のようにスウェーデンやノルウェーのドッグショーにも出場していた。そこでは普段のようにキルスティに期待される役割はない。移動は大変ではあったけれども、サーリヤルヴィへ行くのと同様、ドッグショーは息抜きできるひと時でもあった。その間は犬のことしか話さない。

犬たちはウォメナ社の広告にも登場している。その時のタイトルは「私たち人間の義務と誇りは健やかでハッピーでパワフルな犬」であった。

パッケージは商品を売るのに重要だ。そしてキルスティ自身も大したパッケージだと言っていい。彼女には他の女性にない魅力があった。独特の美しさ、集団の中でもぱっと目を引くカリスマ性と小さくともストレートに訴えかけてくる存在感がある。それらを支え

ているのは健康的なライフスタイルだった。

多くの顧客がキルスティに惹かれ、魅力的な女性社長を理由にウォメナ社を選んだと言われる。

歌手の「ワット」ことユハ・ヴァイニオは顧客ではなかったがよくオフィスを訪れ、キルスティと話し込むことがあった。恋愛感情抜きの友人であった。

こんな風だったから、多くの友人、知人がキルスティをあっせんしてくれた。Aマガジン社のユッカ・ヴィルタはウォメナ社によく立ち寄ったし、コマーシャル用の楽曲をよく作曲していたカッレ・カールティネンもそうだ。タルモ・マンニは同じサーリヤルヴィ出身で同郷のよしみだった。

キルスティが覚えている、最初のタルモについての記憶は小学校時代にさかのぼる。まぐさを積んだ馬車に乗って大きな声で歌を歌っていたタルモをびっくりさせて森に逃げ込んだ時だったろうか。もう一つの思い出は、タルモがキルスティの家の裏にある丘の上で、草の束を胸に抱いてセレナーデを歌っていた時のものだ。タルモは、二人の共通の出身地サーリヤルヴィについて、土着文化を豊かにはぐくんだ、腐葉土（養分を多く含む土壌）のようなものだと国民的詩人ルーネベリのような表現で説明した。

ていた。

「まだそこに　この偉大なる　澄んで人間的な　ものの見方や　対し方　接し方」と言っ

「キルスティのPRウーマンとしての技量は芸術的としか言いようがない。自分で作り上げた世界の中に君臨しているようなものだった。イメージを作り上げ、周りにもそれを信じ込ませてしまう。自宅でトランペットやピアノを弾いてリラックスするのだ、と言えばそれは自分でもそう信じ切っているということなの。キルスティの世界観には、特定のものと人がはまり込んでいるのだと思う」とキルスティのもとで働いていた「女の子」の一人がのちに語っている。

子どもが塗り絵をするように、キルスティは人生の物語を描き、色付けをした。大胆な線を引き、細かいところにもこだわる。

キルスティはその時代としてはかなり頻繁にパリやロンドンへ旅し、スタッフの誰かを連れて行くことが多かった。

テルットゥ・ヴィエルティオは学校を卒業したばかりの若手で、まだ学生時代の奨学金を返済し終わっていなかった。同じ頃にキルスティは彼女をパリへ連れて行った。シャンゼリゼ通りへ連れて行かれ、素敵なブティックでかなりの買い物に付き合わされる。そういう場所に慣れていないテルットゥは居心地が悪くて仕方がない。私はここには不似合いです、とキルスティに伝えた。

「だめよ！　私と一緒にいなくちゃ」キルスティは許さなかった。「ついてきなさい、センスが身につくから」

彼女は仕事の世界を知るために連れてこられたのだった。

キルスティが買う靴は、その方が脚をきれいに見せるから、と本当のサイズよりも二サイズ小さいものだった。レストランではテーブルの下で靴を脱ぐ。一日中歩き回った脚はパンパンにむくんでいた。そして帰る頃には足が靴に入らないのだった。

彼女は靴を愛した。現在の家の広いウォークイン・クローゼットには、一度も開けたことのない靴箱がいくつもある。

アルコールは飲まない。テルットゥ・ヴィエルティオは一度フランスのレストランでキルスティがワインを口にするのを見たことはあった。この時は、キルスティがレストランのバイオリン奏者に催眠術をかけるのをその場で目撃していたのだった。

「キルスティが本当に何か力を発揮したみたいだったわ」

キルスティは毎日パーティを渡り歩くようなタイプではなく、オフィスでも無駄なお祝いやイベントはしなかった。また下請け会社のパーティでもお酒を口にしないようにかなり気をつけていた。社員にはきちんとした行動を要求したが、時々筋が通らないこともあった。たばこを吸ってもいいと言われたのに、翌日事務所がたばこくさいと言って癇癪(かんしゃく)を起こし灰皿を全部片付けたりするのである。

一度クリスマス前に、社員旅行でボルヴォーにあるハイッコスパを訪れた。それぞれの部屋には、プレゼントとして特注のナイトウェアが置かれ、そのすそにはリンゴが刺繍されていた。食に関してこだわったことは一度もない。キルスティはグルメではなかったし、空腹が満たされればいいという考えだった。自分に対して、キルスティは常に買い物をすることで欲を満たした。幼少時の貧しかった思い出を物欲で消し去ろうとでもいうように。

社員への給与はそれほど高くはなかった。多くの社員はキルスティを渋り屋だと思っていた。キルスティが知り合いの結婚式に出席する時はいつも見慣れた黒づくめだった。冠婚葬祭のマナーブックが何と言おうともそのスタイルは変わらない。

しかしキルスティのユーモアのセンスや空気を読む感覚は絶妙だと誰もが思っていた。彼女と一緒の輪に入っていると、笑いが途切れることがない。彼女が何を言っても面白く、キルスティと同じ冗談で笑い合っていると、何かを成し遂げたようにすら感じられるのだ。頭の回転が早くなくてはこの芸当はできないだろう。下品な話を自分から振るようなことはなかった。

居心地がいい相手とは最もよく笑い合えるというものだ。そんな時には何を話しても面白い。一度キルスティが部屋で制作に取り組んでいる時、電話がかかって突然笑い出したことがある。

「おじさんが死んだんですって?」

叔父は一生風来坊だった。しかし死ぬ時になって、まるでペットの犬がふらりと戻るように帰宅したのだ。キルスティにはブラックユーモアのセンスも備わっていた。仕事でよく念を押していたのは、マーケティングには真実味が必要だという点だ。

キルスティは例としてアメリカの被服メーカーの話をあげた。レインコートを縫製する際、ボタンの穴の位置が間違っていたのだ。したがってボタンが留められない。大量のレインコートが返品されることとなった。そして広告キャンペーンが打たれた。工場長と二枚のレインコートが写された大きなポスターで、こう続いた「愛するアメリカ国民の皆様。弊社は間違いを犯しました」過ちを認めたことがカギだった。またレインコートが売れるようになり、結果的には、位置が間違っているボタン穴のレインコートを追加生産する事態にまでなったという。

一九七八年の秋、ウォメナはヌータヤルヴィ社(ガラス製品のイッタラの前身)のキャンペーンをこう始めた。

「不況のフィンランドで気を抜くことはできません」そして文章は続いた。

「来年の秋にはすべてのフィンランドの家庭でピオニ・シリーズのセットをお買い上げいただけるように願っています」（ピオニは芍薬の花つぼみや花をモチーフにしたガラス製品のセット）

一九七八年の秋もウォメナ社のテレビコマーシャルは攻めの姿勢を崩さなかった。前年、オイヴァ・トイッカ（フィンランドのガラスデザインの巨匠）のデザインしたピオニを全国の家庭に売ろうとしたのだから当然だ。家電メーカーのフィリップス社の家庭用日焼けマシンは「健康的な小麦色は青白い不健康さよりずっといい」とウォメナ社の練った広告が並んだ。

ヴルツィラ社の鉄鍋シリーズでは、野菜の模様が描かれた「ヴェジタ鍋がフィンランドのご家庭をよりヘルシーな食生活に」と宣伝したのは一九七九年、現在のようなヘルスコンシャス（健康志向）が話題になるずっと前である。

一九七〇年代流行したランドラバーのジーンズの場合は「どうしてもっていう時以外は脱がない」。モデルのニタ・アラコスキがトラクターの大きなタイヤに寄りかかり今にもジーンズを脱ごうとしているかのような仕草のスチールが使われた。

インダル社の場合は、大ヒットした「やさしくマイルド」や「とってもしなやか」だけでなく、続く商品として堅調に売上を伸ばしているアヴァカドン、コレストラルや発芽小麦シャンプーである。ヘアケア商品では、ヴィタプルス製品も市場を席捲していた。

「広告業界のイロハからすべて教えてくれたのは、キルスティでした。彼女が私を育てて一人前にしてくれたようなものです」テルットゥ・ヴィエルティオはのちに語っている。

彼女は、ウォメナ社で十年近く働いていた。一九八三年、テルットゥが独立し、自らの広告代理店BBOを設立した時、そこで友情は途切れることとなった。また、多くのウォメナ社から離れた社員は起業の道を選ぶことが多かった。

「とってもしなやか」シャンプーとして、一九八四年「モスクワ・オリンピックでフィンランドは何個のメダルを獲得できるか？」という懸賞キャンペーンを実施した。当時ヒットしたユッカ・クオッパマキの〝青い空、君の瞳も青〜〟という歌に乗せてである。

タムロ社とはもう一度「やさしい」という言葉にあやかろうと名付けた「やさしい良品ナプキン」そして、サイドテープ付きのコテックス・ナプキンも歴史に埋もれることとなった。

一九八一年、ウォメナ社がアーリッカ（フィンランドの木製デザインのアクセサリーや小物のブランド）の新聞広告を掲載したのだが、その内容はまるで広告を出した自社の社長の性格そのもののようであった。「素敵な贈り物にはいつも芯の強さがある。アーリッカの羊のオブジェもその一つ。確かなもの。ブレない価値観。これが本物だ。フィンランドの文化を体現したパッシ（雄羊のこと）、誰もが一度は頭をぶつける国産の美しく硬い松材」

自分が怖いくらいだわね

黒いジャガーXJSクーペのドアがばんと閉まった。キルスティのピンヒールがイュルヨンカトゥ通りにある駐車場のセメント床に当たってコツコツと鋭い音を立てる。キルスティは運転中にメイクを済ませ、ブラウスも別の物に着替えていた。たとえキルスティの通勤ルートであるエスポーからヘルシンキへの高速道路を、ジャガーがゆっくり走っていたとしても、キルスティの今で言うマルチタスクな運転スタイルを無謀だという者も多かった。

ウォメナ社は新規オープンするショッピングセンター、Ｆｏｒｕｍの宣伝で成功をおさめ、同じブロックに事務所も引っ越してきた。Ｆｏｒｕｍの広告には緑のハートマークとともに「ハート（Ｆｏｒｕｍ）から買われたものはハートに火をつける」というキャッチコピーが踊っていた。一九八五年のオープニングでは、ヘルシンキの名誉市長ライモ・イラスキヴィがスピーチをし、マルティン・ブルースハーネのビッグバンドが十九名で演奏した。来場者には一万個のＦｏｒｕｍロゴ入り風船が配られた。毎時ぴったりに素晴らしい懸賞プレゼントが当たる抽選が行なわれ、例えばマツダ３２３（日本でのマツダ・ファミリア）の一カ月無料使用権であったり、ピアノが景品として提供された。ショッピングで迷った来場者はＦｏｒｕｍ女性スタッフたちに道を尋ねることもできた。彼女たちの目印は、白と緑のユニフォームと胸のバッジであった。

これまで百貨店として牙城を築いていたストックマンは、すぐ近くに競合店ができたことになる。

Ｆｏｒｕｍにはすべてがあった。そしてキルスティがついている。彼女はぴったりとしたスーツでできるかぎり大きな歩幅で歩いた。肩にかけた黒いストールが翻る。日中気分が変わったらいつでも着替えられるように、ウォメナ社のオフィスには、キルスティ専用のクローゼットがある。一度赤いスーツで出勤したのだが、十一時には慣れ親しんだ黒に着替えていたこともある。

このキャリアウーマンは、すべてを手に入れたかのように見えた。成功した会社、経済力、十八年住んでいる自宅、モナコの中心地からモンテカルロ方面へ進んだプランセス・

グラース通りに別荘を持ち、子ども時代の生家は完璧なリノベーションを経て生まれ変わらせた。もともとの構造と言えばスモークサウナ小屋の梁しか残っていないと言われる。しかし「愛情面では恵まれていない」と囁く者は絶えなかった。
「恋愛に関しては、いつもブレーキをかけてしまう。臆病なのね」と本人も認めていた。

「女主人に従順に従う車たち。一台は白鳥、もう一台は黒豹のようなしなやかな車体だが、夜の間に二分の一メートルほどの雪が積もっていた。海から吹きつける風が隣家の庭からキルスティの庭へ吹きつけ屋内へ侵入を試みる」と雑誌『エーヴァ』の記者ライヤ・リーサ・ランタネンの詩的な表現が続く。ウォメナ社設立二十周年記念のインタビューだった。

「自邸に足を一歩踏み入れると、靴拭きマット用として置かれている毛皮に足首が埋まるようだ。視線を上げるとプールの水面が視界の片隅できらめく。ふと横を見やると、バーキャビネットに所狭しとボトルが並び、背後の鏡面から光を反射する。赤いつばの広い帽子が二つ置かれているエントランスを過ぎると、おや、スーツケースが六個、半分ほど荷ほどきをした状態で放置されている。女主人は、海外から戻ったばかりのようだ。
キルスティ・パーッカネンは来客を黒で統一された一階から真っ白な二階へといざなっ

た。地下から天上へ昇っていくような高揚を感じる」

二階を支配するのは、サカリ・トホカの黄金色の彫像、アルテックのソファ群、ル・コルビジェのチェアである。寝室にはマリオ・ベリーニのベッド、レザーのチェア類はル・コルビジェ、書棚はイタリアで活躍する高濱和秀のデザインだった。ベッドの後ろにある金色の女性の頭部像は女性彫刻家エッシ・レンヴァルの手になる『平穏』と名付けられたもので、毎晩キルスティの夢を見守るかのようだ。

犬たちは好きなところで寝ていた。しかし犬たちがベッドで寝ると決めた時は女主人が追い出された。

冷蔵庫にはミルクとバターしか入っていない」

キルスティは、モノトーンが生活をシンプルにしてくれると語る。白と黒を好んでいれば、生活の中で選ぶべきものが決まってくるのだ。そうするとすでにあるものと調和するので、時間もお金も節約できる。そして家の色調もモノトーンであれば、住んでいる人のキャラクターが際立つ。目立つことはキルスティにとって重要だった。人間はA４の紙一枚とは違うのだから。

キルスティは、長い時間をかけて自分自身を意識的に作り上げてきたと語っている。

「以前はもっと見せびらかすように正反対のことをしていたわね。何も持っていなかったから。すべてを持っている今、できるだけ少なく見せようという風に変わってきているかしら」

「引っ越すなんてあり得ない。ここには素晴らしい景色があり、プライバシーもあり、落ち着いた雰囲気があるのだから。自宅は少しずつ手をかけてきた。自分には鉱山王の父親なんていなかったし、すべてを好きなように大きく改築なんて不可能だったから」と言う。

エスポーの自邸ではもともと茶色だった床のタイルも、黒い自然石タイルへと一新された。建築士イルッカ・サロによると、キルスティはカントリーハウスを好むタイプではないので床も黒を選んだようだ。

キルスティはストイックな生活を隠そうとはしなかった。毎朝早起きし、一時間ほど犬と一緒に散歩に出る。その後入浴し、ポット一杯分のコーヒーを飲み、犬を決められたスペースに囲ってから出勤する。

ストイックな生活と言いながら、朝起きた後ベッドメイクをすることはしなかった。夜遅くに帰宅した時、寝乱れたブランケットを見ると、その他の部分では細部にまで神経が行き届き、きれいに磨き上げられた家に、誰かが住んでいる痕跡を感じることができるからだ。ベッドメイクをしないのも、だらしなさではなく、あえてそうしているだけだった。「いつか、わざわざこういうことをしなくてもよくなるかもしれない。そうしたらまた自分の世界を作り上げていけばいいんだわ」とキルスティは考えていた。

「両親がまだ生きていた頃、彼らのために、と自分にとって大切なことを諦めたことがありました。おそらく両親が分かってくれないと思っていたから」

今は一人となったキルスティは、どちらかというと社員たちのために規則正しい生活を送っていた。

「プライベートな面があったとしても、誰かにつけ込まれるような隙は見せないようにしていたわね」

キルスティは自らのテリトリーを守り、社員のプライベートを詮索するようなことはしなかった。社員も、職場は自宅ではなく、悩み相談所でもスポーツセンターでもないと熟知していた。仕事には子どもの学校の成績のことや夫婦の悩みを持ち込むのはご法度(はっと)である。

「噂話も、仕事を汚すようなその他の話題も禁物だったわね。気持ちが乱れるだけじゃない？」

キルスティは自分を厳しく律し、仕事でも、それ以外の生活でも間抜けな失敗をしないようにと気をつけていた。

「もともとの性格が途方もないものだから、自分で自分が怖いくらいだわね」

ライヤ・リーサ・ランタネンは、「モノトーンのレディという殻の下からは、チャンスさえあれば這い出してすべてを自分のやりたいようにしてしまうサーリヤルヴィ出身のあの父にしてあの娘あり、という野生の部分が見え隠れしている」と書いたことがある。

タルモ・マンニから、アルミ・ラティア（マリメッコの創立者、デザイナー）がキルスティの自邸に来たがっていると聞かされたキルスティはふるえあがって、そんな素晴らしい家ではないと最初は固辞した。しかし結局抗うことはできず、最善を尽くすしかなくなった。最も高いシャンパンを八本買い求め、カイ・フランクのグラスから供した。また美しいサーモンのゼリー寄せと同じくらい美しいフルーツのゼリー細工を作らせた。それらは皿の上でまるで宝石のように輝いていた。自宅にはアルミが好きだという美しい白い花のアレンジメントを十カ所はしつらえた。時は秋で、庭には来客を迎えるために、大きなランタンや松明（たいまつ）を用意し、来客が到着する頃には煌々（こうこう）と火が燃えていた。ショパン好きのアルミのために、レコードプレーヤーからは『革命』のエチュードがかけられていた。

キルスティはアフガンハウンドたちにタルモとアルミを迎えさせた。名前はダイダロス、もう一匹はタリスマンである。ダイダロスについては、機嫌がいい時はなついて可愛げがあるのだが、そうでなければまったく油断のできない野生動物と化した。キルスティはまるで自分を見るようだとよく感じたものだ。

ダイダロスの名前はギリシャ神話からとった。神話のダイダロスはミノス王のためにクレタ島にミノタウロスを閉じ込める迷宮ラビリンスを築いた大工だ。タリスマンは幸運を運び、悪いものを退ける護符で、お守りよりも効力が強いと思われていたものだ。

アルミとタルモは、その夕べの間にシャンパンボトルをすべて空にしていった。後日、共通の知人を通じて、アルミが「パーッカネンはなかなかやるわね、いい『レイアウト』だったわ」という感想を述べていたと聞き、一晩中緊張で倒れそうだったキルスティにとっては、ラティアの成し遂げた実績を心から尊敬していたこともあり、最大の賛辞を得られた気がした。

アンネ・ムルトはエイラ・サロヴァーラの立ち上げた若者向けブランド、ミックマックの店舗マネジャーをしている頃にキルスティと知り合った。キルスティは顧客用のギフトとしてニット帽を注文しに来たのだ。

その後ムルトは自分のPR会社を立ち上げた。フィンランドで最初のスパ、トロピカル(現在のホリディ・クラブ・クーサモ)の建設計画が持ち上がっていた。場所はロシア国境に近いラップランドのクーサモである。ウォメナ社はマーケティングを担当しており、キルスティはムルトにスパのPRを依頼した。

二人の女性はまずはクーサモをよく知ろうと出かけることになった。一九八八年十月十一日のことである。クーサモの小さな空港に降り立ったキルスティはシャルル・ジョルダンのハイヒールに網タイツ、黒の幅広い帽子というい で立ちだった。二人は生まれて初めて数百頭ものトナカイの大群を見た(トナカイは野生ではなくすべて放牧されている家畜)。

スパ・トロピカルの仕事はウォメナ社が受注するのはほぼ確実なようだが、その前にクーサモ急流下りを体験しなくてはならないという。すでに日が暮れかけ、一行がカュラ(急流下りをする場所)に到着する頃には薄暗くなっていた。二人は網タイツの上にゴムのつなぎを着込み、船で急流を下った。キルスティは船底に子どものようにしがみついていた。ちょうど流れが穏やかな溜(たま)りの部分で、突然百羽以上もの白鳥が飛び立っていった。息をのむような光景だ。

翌日、二人はアウトドアにはあまりに洒落た恰好(かっこう)で焚火(たきび)の前で凍えていた。帰路では二人とも無口であった。

「寒かった?」ムルトがキルスティにぼそりと聞いた。

「死ぬほど寒かったわよ!」とキルスティが答えた。

しかし仕事とあれば二人とも文句など言わない。たとえ薄い手袋の下で指がかじかんでいたとしても。

それから何度かトロピカルの社員研修のためにクーサモを訪れることになり、二人は夜スキー場のバー、ビストロでスキーウェアの袖を腰で巻き、ランバダを踊ったこともある。あまりに熱が入りすぎてスキーウェアどころかズボンまで脱げてしまったことも良い思い出だ。

「ヘルシンキから遠く離れて、羽目を外しすぎてしまったこともあったわね」とムルトは思い出を語っている。

アパレル業界の会社タッツィアとその創業者ライネル・ヴォリネンが業界の国際的な賞を受賞した時、キルスティとムルトはパリで表彰されるメンバーとして参加した。

「あの時は靴屋さん巡りをとことん楽しんだわ」

マリメッコ時代にも、キルスティはムルトと連絡を取り、クーサモで撮影の手配を頼んだこともある。急流下りで見た白鳥の大群が脳裏に浮かんでいた。マリメッコの広告にぴったりだと思ったのだ。いいアイディアだったが、一月の寒波の時に、ムルトは百羽の白鳥を用意するのは無理な話であった（白鳥はもう少し暖かいところに南下しているため）。

キルスティとの北部への出張は、ムルトにとって運命的なものとなった。

一九九四年、ムルトはヘルシンキに別れを告げ、クーサモに居を移したのである。現在はクーサモにやってくる観光客向けにアウトドアのアクティビティを提供するツアー会社を経営している。

手放すのはつらいこと

キルスティのハイヒールは、今日はガレージからイュルヨンカトゥ通りへ引っ越した、新しい事務所の廊下にかつかつと響いていた。引っ越し用に百個もの箱を借りてきたのである。

「こちらの五十個には新しいオフィス用の物を入れるのよ。残りの五十個は物置用ね。自分たちの名前を書いたら、AとBとに中身を分けて。Aは新しいオフィスに、Bは物置へ運ばせるわ」とキルスティはてきぱき指示を出した。引っ越し作業のために、アイスホッケーチームに手伝いを依頼していた。「女の子たちのおしゃれな服が汚れたらまずいでしょ」という訳だ。

ホッケー選手たちは、金曜日の仕事が終わった後、箱をすべて新しい場所へ運び込んだ。

月曜にスタッフが出勤した時には、全員のスペースに箱がきちんと置かれていて、各自のデスクには花束とコーヒーカップが湯気をたてて出されていた。電話その他の機器もすべて接続が完了しており、すぐにでも仕事を始められる状態だった。

この手際の良さについて、キルスティは今でも誇りに思っている。しかし他の点では、キルスティはかなり悩んでいた。彼女は広告代理店の株式のうち七十%をアメリカのインターパブリック・グループに売却したのである。同社は同業のマッキャン社やリンタス社も所有していた。キルスティは、当座ウォメナ社の社長として残留していた。

月曜日であった。キルスティはご機嫌斜めである。月曜はいつもそうだった。自宅の黒い冷蔵庫にはバターとミルクしか入っていない。週末の間にキルスティはバターを五百グラムも消費することがあった。それでも孤独を慰めるのに足りない。

週も半ばになると彼女のエンジンがかかってくる。気持ちも落ち着いてくる。仕事よりも大切なことがあるだろうか？　この仕事がなかったら、いったい何をしたらいいのだろう。彼女は六十代だった。欲しいものはほぼすべて手に入れた。まだ他にやるべきことがあるだろうか？

キルスティはオフィスに入る。エントランスには大きな鏡がはめ込まれている。社員の連れてきた犬が鏡を舐めた跡がある。また誰か、おっちょこちょいなスタッフが泥がついたままの靴で出勤したようだ。

もうたくさんよ！

キルスティは頭に浮かぶ言葉を次々に吐き出す。お客様がこんな状態を見たらどうするの？　そのまま踵を返して二度と戻ってこないのよ。ここでは誰も掃除をしないのかしら？　それからこれまでも何度も伝えたと思うけれど、スタッフの服装はオフィスのイメージとマッチしてなきゃだめじゃないの！

今日も不運なスタッフの誰かがついうっかり、シクラメン色の赤いコートで出勤してしまったのだ。キルスティの眼には赤い色が毒を持った花のように突き刺さる。

「ここを通りかかったらそのコートをゴミ箱に捨てなさいよ。帰る時に私が処分しておくわ」とキルスティがさらに追い打ちをかける。

朝の打ち合わせが始まろうとしており、毎朝のしつらえは特に大切だった。常に同じプレートにカットフルーツが同じコンセプトで供された。キウイ、スターフルーツのスライス、決まった量のぶどうである。

キルスティはコーヒーにもうるさかった。一番好きなのはL'ORのフレンチロースト・エスプレッソである。もし間違った銘柄を買おうものならすぐに叱責が飛んできた。オフィスを訪れる顧客には、グラスに注がれたスパークリングワインにオレンジジュースをミックスしたものが出されるのが常だったが、キルスティ自身はグラスに口をつけなかった。

とある週末、キルスティは自分で髪を黒く染めてきた。美容院に行く余裕はいくらでもあるだろうに！　髪染めの液だれの跡が首筋に残っている。また家を出る時、ブラウスのボタンを適当に留めたらしく、下着と胸元がどうぞと言わんばかりに見えており、ストッキングは伝線し穴が空いている部分があった。心優しい者がその点を指摘しようとすると、キルスティはかっとなって言い放った。「どういうことかしら、私はまだあなたたちの上司じゃないの？　前と同じように会社をやっていけないということなの？」

「空白の方がインスピレーションを与えてくれるわね」と以前キルスティは言ったことがある。しかし人生において、築き上げたものがなくなるということはまた話が別だった。会社を手放すということを考えるだけで胸がつぶれるようだ。

キルスティはオフィスの自室にロルフ・クリスチャンソンと閉じこもった。初期から最も信頼しているグラフィックデザイナーだ。翌日にはキルスティは落ち着いていた。前日のブラウスの着こなしや髪を染めた件についてもあちこちに黒い縞々ができていたことにも自嘲的なジョークを飛ばす余裕が戻っていた。

ウォメナ社を買い取った広告代理店を率いていたのは、もう一人のロルフ、つまりロルフ・「ビミ」・ヴェグミュラーだった。元プロアイスホッケー選手で、分け隔てをせず、カリスマ性があり、男女平等にも開けた考えの持ち主という評判だった。彼は一九八〇年代半ばから、会社の株式譲渡の交渉の場に同席していた経緯がある。キルスティはある時は引き、またある時は押し、大げさなため息をついて見せ、望みの価格を引き出した。それでもアメリカ側と合意した契約に胸を痛める。持っている資産よりも、あふれ出るやるせない思いの方が分量的には多かっただろう。

「女はどれほど成功したって、黒人（社会的地位がなかなか得られないという意味で）と同じような地位なのよ」と言い放ったこともある。

雇われ社長として会社に残ることはキルスティのプライドが許さない。鎖に繋がれたようなものだ。自由がいい。これまでやってきたように、昼夜関係なく仕事をしたい。日常をこなしてはいたが、それを楽しんでいるとは言いがたい日々が続いた。

気分が乗っている時には、キルスティは仕事でぎりぎりのところまで自分を追い詰めていた。できるだけのことをしなくては。毎日の運営にも首を突っ込み、新しい流行を知り、自らすべてに関わろうとした。

キルスティと現在リグネル&ピースパネンの代表を務めるキルシ・ライッコネンは、一九八五年に出会った。ライッコネンは当時若い女性として、どんな道に進むべきかを考えていた。カリ・ミエッティネンはウォメナ社の株主の一人であり、ライッコネンを雇い入れようと思いついた。

「ウォメナ時代にキルスティのもとで働いた経験は忘れられません。若かったのに、責任ある仕事を任せてもらえましたから」とライッコネンは振り返る。

働き始めて間もない頃、ライッコネンはキルスティに相談を持ちかけた。二人は会議室に入ったが、キルスティのことをまだよく知らないライッコネンはこう言った。

「他の人は私のところに書類を持ってくる時にきれいにファイリングできるように順序よく並べ、きちんと置いてくださるんですけど、あなたはそのまんまバサッと順序も適当に投げていくだけです。他の人みたいにしてもらえませんか？」

紙を適当に投げていく張本人は、数十年経った今でもこれを笑い話にしている。

「キルスティには本当に仕事以外のことも学びました。態度、最後まで諦めずに取り組むということ、そして仕事をどのようにやるべきか、といったことをね。今ではカスタマージャーニー（マーケティング用語、客が商品を知ってから買うに至るまでのプロセス）をロケット工学のように偉そうに説明するけれど、キルスティはB　to　BやB　to　C

といったことは当たり前に身につけていました」

今では商品に絡めて、エモーションやストーリーを語ることが増えている。

「その辺りのことも、商売の知恵に加えて、キルスティの強みでした。人を味方につけるのがうまいのです。要求度も高い。仕事をするなら、適当になんてあり得ない。徹底的にやるんです。要求度が高いというのは、自分をも追い詰めることになり、自分にも厳しいから人に厳しくてもそれに反発が起きません。そしてできないことは約束しない」

オフィスを訪問する顧客は、ウォメナ社にとって自分が重要な存在だと感じることができた。時に、小さなサプライズも用意される。ライッコネンはＦｏｒｕｍのオープニングキャンペーン、そしてハカ・オート社、フィリップス社、製薬会社のツエデロート社や薬卸業のベルゲンヘイム社の広告制作にも関わった。

「私たちの規模は多い時で二十名くらいで、チームの雰囲気もよく仕事も一丸となって皆で同じ目標を目指してましたね」

何年も一緒に長時間過ごしていると、仕事仲間が近しい友人となる。

「キルスティに言いたいことを言えないと思う人もいたみたいですが、実際にはキルスティは正直に意見を伝えた方が喜んでくれました。ただ、思ったことを言うのではなく根拠がしっかりしていなくては受け入れてもらえませんでしたが」

結局ライッコネンはウォメナ社で十年を過ごした。キルスティの後を引き継いだヤネ・コッリ、そしてその次の代のシッシ・シルヴァンの時代も経験している。

ウォメナ社の売却はロルフ・「ビミ」・ヴェグミュラーとマッキャン社の事務部門長をしていたリスト・ライネが受け持った。まだ若いヤネ・コッリ――今では結婚してモイラネンという姓になっているが――はヴェグミュラーに信頼され、右腕だった。

「私たちはウォメナ社にずっと関心を抱いていました。広告大手のインターパブリック社があまりに巨大なので、同業者すべてを飲み込んでしまうのではと恐れていたからです。インターパブリック社は競合すべてを取り込み、飽和に近い状態でした」とモイラネンは振り返る。

インターパブリック社はアメリカの上場企業だ。各国の拠点への売上のプレッシャーもかなりきつい。様々な分野で顧客を獲得した後は、同業者を買収し、規模を大きくしていくという方向に関心が向く。するとマッキャン社とカラーの違うウォメナ社という会社が浮かび上がったのだ。

「ウォメナ社はかなりユニークな会社でした。本国アメリカ本社の、『ワオ！　女性だけの広告代理店だって？』という興奮が伝わってきたものです。一九八〇年代の広告業界はまだまだかなりの男性社会でしたから」

キルスティは英語が達者ではなかったので、カリ・ミエッティネンが契約交渉の助っ人を買って出た。

「クリエイティブとか繊細さの後ろには、冷徹な経営者というキルスティの顔が隠されていました。会議での英語で交わされる内容が分からない、まったく聞いていないような顔をしていましたが、実際何が話され、交渉のポイントは何であったか、キルスティはすべて把握していました」

モイラネンは、キルスティが会社売却の際も自らの条件で譲歩することはなく、きちんと計算がなされていたという。売却と同時に進められている計画によると、キルスティは完全に引退することになっていた。

「キルスティの代わりになる人物が必要でした。当座の仕事としてウォメナ社のマネジメントチームからヴェロニカ・ヴィークルンドが充てられました。しかし適材適所とは言えない人選だったため、より経営の才に長けていたヴェロニカはクリエイティブはできない、と感じたようです。

ヤネ・モイラネンは戦略に関するトップに就いていた。「ビミがウォメナ社で社長の勉強をして来いって言ったんです。私はそれまで広告代理店での他の仕事すべてを経験済みでしたから、特に深く考えずにその誘いに乗ってしまったんですよね」

ウォメナ社は完全に国産企業で、フィンランドで生まれ、成長してきた。戦略ではなく、クリエイティブで持っている会社だった。

「いろんな意味で勉強になりました」

キルスティは役員会会長へ就任した。一年ほどのあいだ、キルスティは引継ぎも兼ねてヤネと顔を突き合わせて過ごすこととなった。モイラネンは買収前、ウォメナ社のことはまったく知らず、噂も聞いていなかった。ヴェグミュラーとヴィークルンドが事前に教えたのは、マッキャンとは仕事の仕方がおそらく全然違うことと、キルスティはかなり個性的だ、ということだけだった。

「『まぁ行っておいで、何かしら学べるだろう』という雰囲気でしたね」

国際的な大手企業では、物事を進める手続きも、ツールもそろっていた。一九九〇年代にはデジタル時代が徐々に始まりつつあった。コンピュータがオフィスに登場し始める頃だ。ウォメナ社ではまだタイプライターを使っていた。キルスティは経理にもそう明るいわけではない。

「ある日キルスティが出勤してきて、ル・コルビジェの黒い椅子の上に黒い仕事バッグを置いたんです。そしたら中身が丸見えで。お札がいっぱい入っていました。彼女の金庫代わりなのかとその時思ったものです」

スタッフたちは、ＡＤであるロルフ・クリスチャンソンをロルフ・シニアと呼んでいた。

「彼は本当に紳士でした。キルスティがアイディアを出し、キルスティが『ロルフ、こうやって！』と言うと、ロルフがそれをきちんと形にするんです。本当にいいペアでした。キルスティは会社の持ち株を手放したとはいえ、顧客対応だけでなくかなりの仕事量をこなしていました」

　モイラネンは、キルスティのことをユーモアのセンスがあり、パワフルだけれど、少し怖かったとも感じていた。

「彼女にはカリスマ性があって、力強く、同時にすごく壊れやすそうな感じも受けました。毎日、今日は彼女のムードがどんなだかまったく予想がつかないのです。服の選び方や全体の雰囲気で、あぁ、今日はこういう日なんだなと皆思っていました」

　機嫌の悪い日には、何に対してもとげとげしい返事がくる。言われた側がデリケートな性格の場合は、かなり傷つくこともあった。特に受付のスタッフは入れ替わりが激しかった。

「ですがキルスティは口走ったことをすぐ後悔するんです。衝動的な性格ですね」

　モイラネン自身は、誰かがキルスティに反抗している場面を見たことがない。

「キルスティにとってはウォメナ社を手放すのは本当につらかったんだと思います。かっとなったりした場面も見ましたが、私個人に向けられたものとは思っていません。彼女にとって、会社も、社員もとても大事な存在でしたから。キルスティも、仕事について株主に報告をしなければいけないことは理解していました。自分では作成しませんでしたけれど」

ウォメナ社では定期的に打ち合わせをする習慣はなかった。話す必要があれば大きな会議室に三々五々集まっていたという風だった。

モイラネンは、キルスティはすべてのテクニックを知り、それらを効果的に使い分けるしたたかな古狐（ふるぎつね）のようだと評している。顧客の心をつかむ時には、ロルフの作成した広告用の原画を見せる。その広告は例えば、全国紙の『ヘルシンギン・サノマット』に出稿するものだとして、原画にスプレーをし、色もより鮮やかに艶（つや）を出す。顧客はそれを見て満足する。しかし実際には新聞紙はやわらかく、インクを吸い込むため、見本のようなものではない。これはセールスのテクニックだ。

「キルスティは本当に『売る』ことに長けていて、私たちにもそれを教えました。キルスティの強みはスタイルが決まっていて一貫性あるものを選べること。そこでブレることは決してありません。ドラマチックな演出も得意で、顧客との会合も、キャンペーンでの見せ方も本当に長けていました」

「とってもしなやか」シャンプーのストーリーは、キルスティがよく成功例として持ち出したケースでもある。会議室のテーブルに次の顧客の商品を置いて、これは例えばただのシャンプーの容器じゃないのよ、と言う。顧客の商品の一つだと思うのではない、その背後にもっと大きな物語があると信じなければ、と言うのだ。

その物語を想像させるためには、商品の外見、つまりパッケージやデザインというものは、審美眼を持つキルスティにとって非常に大切な要素だった。

「以前、裏を返すと彼女の人生はすべて張りぼての見せかけだと言っていたこともありましたね」

キルスティは、客に商品に関して否定的なことは決して言ってはいけないと教えた。モイラネンは、当時のウォメナ社の仕事の仕方は、現代で言うスタートアップに近いものがあるという。オフィスで一番活躍できるのは、その場の雰囲気に乗って、自分のすべてをかけることも厭わないタイプの人間だった。その雰囲気になじまない者は去っていく。

モイラネンは、キルスティは若手や、才能がある者をとても大切にしていたと言う。若い社員を指導し、導き、自由に泳がせ、失敗する余地も与えた。

「私に対しても、背中を押してくれこそすれ、こうしろ、ああしろ、と言ったことは一度もありませんでした」

キルスティは、トップに立つ者としては徹底して「顧客ありき」の立場を貫いた。それは単に顧客のケアをするというにとどまらず、顧客を一人の人間として全方位から見て対応するのである。

「キルスティのカスタマーサービスときたら、あんな手厚いものは見たことがありません。今でもそういうことができる人がいればと思います。私はどちらかというとビジネスライクに対応してしまう方なのですが、キルスティは本当に対人間としてのサービスをするのです。顧客個人の希望を聞いたり、彼らの子どものイベント事もきちんと把握し贈り物をしたり」

ハカ・オート社は大口顧客だ。社長のミッコ・ロングストロムがオフィスを訪れ空腹だと言うと、キルスティはステーキをケータリングサービスから注文した。客が望む以上のことを実現して一歩先を行くのである。

多くの顧客は毛皮商のタルヤ・ニスカネン、デザイン家具のフンクティオ、タッツィア、ジュエリーブランドのラッポニアといったデザイン業界の企業だった。オフィスにはファッションモデルもよくやってきた。のちに世界のキャットウォーク（ファッションショーなどの舞台で客層に張り出した細い部分）を闊歩（かっぽ）したアンゲリカ・カッリオも当時は無名だった。タッツィアの社長が、ちょうど訪れたアンゲリカの顎（あご）を持ち上げてためつすがめつし、「美しいわね」と言った逸話も残っている。

キルスティは若く、新しい才能の原石を見つけ出すことができた。人を見る目があるというのか、採用にも長けていた。

ウォメナ社にやってくるのは顧客やモデルなど仕事関係以外でも、友人たちも入れ替わり立ち替わりキルスティに会いにやってきた。テキスタイル・デザイナーのマルヤッタ・メッツォヴァーラや同郷のタルモ・マンニはクリスマスパーティでサンタのコスチュームで毎回登場し、社員に面白おかしい話をしたものだった。タルヤ・ニスカネンの会社が倒産した後には、ウォメナ社にはPRギフト用として毛皮の手袋が届けられた。

企業のトップが個性的でカリスマ性があればあるほど、買収する会社の風土はまったく違い、国際的な上場会社ともなれば、その「足し算」が容易にはいかないものである。個性的なトップが去るとなれば、空いた穴は大きい。そして会社はその後、後釜（あとがま）の無色透明なトップとともに小さくとも国際的な会社となるのか、それとも同様にアクの強い代わりの者をリーダーとして据えるのかどうか？　顧客との関係はこれまで対人間、家族同士の付き合いのようにやってきたいきさつがある。

「去っていった社長があんな感じでしたから、顧客との関係も今まで通りとはいかず、かなりの苦労がありました。顧客が去っていくのは自明でしたが、それをどう引き延ばすかという戦略をとらざるを得ませんでした」

また新たな強いリーダーを望み、言われた仕事をしたいと望むスタッフも根強く存在した。去った人の存在感が大きい場合、組織は途端に弱くなる。モイラネンの役割は、新たな顧客を見つけ、新たなクリエイティブ担当チームを構成することだった。

「まるで実業界のケーススタディとして経営学のテキストで扱われるような状態でしたね」

「キルスティが去ると決まって、マツダのイメージ広告の仕事もなくなるのは分かっていました。ウォメナ社にはマツダのレスポンス広告（購買意欲を高めるもの）が残ることになっていましたが、私はそれも不要と決定しました」

代わりにスバルが新たな顧客となった。

モイラネンによると、去っていった顧客と収入は、その後の普通の顧客によって十分埋め合わせはできたという。当時まだヤネ・コッリという名前で知られていた彼女は、ウォメナ社にはマッキャン社の社風を徐々に浸透させようとした。新たにマルユ・ロクストロムを広告代理店アマンダから雇い入れた。アマンダ社も、ウォメナ社と同様に女性だけの広告代理店で女性向けの商品広告を作っていたところだった。ロクストロムはまずキルスティに会い、キルスティも彼女を雇うことを認めた。

キルスティはまだ毎日の運営にも参加していた。専属グラフィックデザイナーであるロルフ・クリスチャンソンはお馴染みの白いスモックを着こなして、キルスティの向かいに座った。頭部には銀髪が美しく波打っている。彼はキルスティのためだけに、スケジュールを合わせて仕事をしていた。

ヤネとキルスティの性格は正反対だったが、二人で争うようなことはなかった。

「多分凹凸がぴったり合う感じなのかしら」とロクストロムは想像していた。

キルスティはウォメナ社を小さいけれど柔軟で小回りが利くクリエイティブな組織として維持したかった。マッキャン社は典型的な大企業だ。持っている顧客も世界に名だたる企業が多い。キルスティにとっては、ハカ・オート社とハカニーッティ社のヘアケア商品は長い間の大切な顧客だった。

新旧二人の社長の間に立つ社員の苦労も並大抵ではなかったようだ。

社員の一部はキルスティとともに立ち上げの頃から働いている仲間で、キルスティのやり方、つまり個性で会社をまとめ上げ、その日によってムードがころころ変わり、感情的なスタイルに慣れていた。

モイラネンも社長の椅子に馴染んでいるとは言えなかった。社員から見ると、誰も運転席にいない車の後部座席に座らされているような心持ちだったことだろう。こういう時は組織がどうなるかというと、上の指示を仰がず、それぞれ自分で仕事を進めるようになる。新たな社員たちも、キルスティの仕事スタイルに慣れていった。月曜は機嫌が悪いらしいが、後半になるにしたがって上り調子になるらしい、と。

ウォメナ社は新しい顧客を獲得しようとした。キルスティも時々、新顔の社員たちがどんなアイディアを持っているのか好奇心で聞きに来て、自分もコメントをしたりした。時に、顧客に安請け合いをしすぎて、社員の手助けを必要とすることがあった。例えば顧客のところに行って、「聞いてください、御社のために素晴らしいアイディアがあるんです!」と伝えたはいいものの、肝心のアイディアがまだ存在しないというわけだ。顧客が今どれくらい進んだのかと問い合わせると、まだお伝えできませんが、それはそれは素晴らしいものが出来上がりつつあります、と言うのであった。

事務所では夜中過ぎまで仕事をするのは常だった。締め切り前の夜はキルスティとロルフは二人きりで根を詰めることも多かった。そうした不透明な部分は社員の間に不安感をもたらす事もあった。またキルスティの激情型の性格で、社員を泣かせたことも何度もある。キルスティは言ってしまったことを後悔し、謝罪として高い贈り物をするのが常だった。ただ、他の人の目の前で言うことはなく、一対一の場面できついことを言うのである。どちらにしても言われた方は傷つくことに変わりはなかった。謝罪の印に贈られる品は毛皮であったり同等の高級品であることが多かった。

キルスティのその日のムードを知るのは至難の業だし、一日の間にも機嫌がころころと変わる。それに耐えられない社員は去っていった。退職の理由は、担当したプロジェクトでキルスティと意見が対立したり、機嫌が悪い日に当たってしまったりといった風だった。感情でリードするタイプのキルスティは、対立する人間が自ら去っていくようにいつしかなっていた。相手が泣いてしまうような場合には、その状況があたかもゲームのようになる。一度傷ついた相手は、またどこかで傷つくことがある。

キルスティは、自分にも厳しかったが、社員にも要求する内容は高かった。ただもう初期の頃のような安月給ではなく待遇は改善されていた。そして夜中まで続く残業はこの業界で珍しいことではない。

オフィスは豪奢なものだった。機能的で高名なデザイン家具、ガラス製品、あちこちに置かれた大きな鏡。鏡の数が多いので、常にピカピカでないと注意されてしまう。もし鏡に汚れが少しでもついていようものならすぐにでもきれいに拭き取らなくてはならなかった。「キルスティが見たら卒倒するわ！　すぐ拭いて！」といった具合だ。

また社員の服装にも厳しかった。白黒のモノトーンをいつも求められていた。誰かがロゴ入りトレーナーシャツやジーンズ、セーターを着て出勤しようものなら、「ここはスポーツクラブじゃないのよ！」と自宅に帰り着替えさせられた。

「ウォメナ社のスタイルは私たちが作り上げ、外部からもさらに強化されていきました」

マルユ・ロクストロムは思い出す。

アダムとイヴのリンゴの物語は、時代に応じてさらに磨かれていた。顧客にはフランス産リンゴの蒸留酒カルヴァドスのボトルを贈る。立ち上げ初期のキルスティには、そんなことは浮かびもしなかっただろう。

ロクストロムは雇われた初期の頃、キルスティがブリーフィングした仕事を与えられた。一晩経って、キルスティの考えが変わり、ロクストロムに対して、違う案で提案するようにと指示が出た。しかしロクストロムは首を縦に振らない。

「それなら他の者にやらせてください。私の案は根拠があるもので顧客とも話し合い済みです、と言ったの。絶対にクビになると思いました」

驚いたことに、キルスティの反応は「その通りよ！　マルユ、そうこなくちゃ！」であった。

「それ以来、キルスティとの仕事もぐっとやり易くなりました。顧客からの利益が上がれば、いつもキルスティはその点をきちんと褒めてくれた。私はキルスティの右腕ではなかったけれど、左足だったそうです。お礼としてガラスの花瓶をもらいましたし、その後もキルスティの頭部のブロンズ像ももらうことになりました」

「顧客が広告代理店を変える際に開催するコンペは参加した場合ほぼすべてに勝ちましたね。ヘルシンキで『芸術の夜』（毎年八月の終わりに開催され、美術館なども無料開放される市民向けイベント）が初めて開催された時には、ウォメナ社を一般公開し、市民が、これまでウォメナ社がどんな広告を作ってきたかを見られるように展示しました」

キルスティの創造性は、ロクストロムが見たところ、とことん人とのコミュニケーションと顧客の扱い方のうまさにほかならないという。

「キルスティが雇う人材は、彼女の荒っぽいやり方にも文句を言わずついてこれる人が多かった。いちいち目くじら立てていては、キルスティとはやっていけなかったと思います」

ロクストロムにとって、ウォメナ社での仕事は楽しかった。

「キルスティのこと、事務所についている顧客、そしてその雰囲気に敬意を表しています。デリケートな人にはここでのやり方は耐えられなかったかもしれませんね」

思い出に残っている出張の一つに、クーサモのスパ「トロピカル」の訪問があった。プールがあるスペースに入る時、靴に青いカバーをかけてくれと渡されたのだが、キルスティは十センチヒールの上にそのカバーをつけていた。

「忘れられない光景ですね。食品工場に行くことはなかったけれど、もし行ったとしてもあの頭にかぶるカバーをキルスティが着けたとは思えないからそういう案件がなくてよかったわ！」

ロクストロムにとって、キルスティはいつ何が起こるか分からないびっくり箱のようなものだった。無駄なことはしない。しかし舌を巻くような仮面をかぶって澄ましていることがある。その演技力で狙った相手を涙ぐませるぐらいのことはキルスティにとって朝飯前だった。

前述のように、男性の顧客、芸術家、カメラマンの知り合いも多かった。キルスティは相手を魅了するのがうまかったし、相手もそれを喜ぶ。キルスティがどこかに出かける時のエスコート役も錚々（そうそう）たる面子（メンツ）がそろっていた。しかしその関係はあくまで表面的なものにとどまり、私生活では彼女は孤独だった。多くの知人は、ニースでの大恋愛の物語は、本当は孤独であることを隠しているのではと想像していたようだ。

去り際は最悪ね

一九八九年、キルスティがウォメナ社を売却してから、オフィスの方から哲学者のエサ・サーリネンに連絡があった。サーリネンとエンシオ・ミエッティネンの共著である『組織の変革者』がちょうど上梓(じょうし)された頃であった。サーリネンの講演者としてのキャリアは始まったばかりだった。キルスティは、サーリネンの講演を聞き、彼の知識に目をつけたのだ。彼の著作を知り、連絡を取ってきた企業経営者としてはキルスティは最初の一人である。

サーリネンは当時のアモス・アンダーセン美術館の横にあるオフィスにやってきた。

「そこで、真っ黒ないで立ちの少しシャイな、魔法で輝いているかのようなレディがハイヒールを履いているのに出会いました。私にとっては、彼女はお洒落しすぎに見えましたが、当時のファッションの流行からすると非常に手が込んでレディらしい恰好でしたね」

またしてもキルスティの魅力が功を奏したようである。

「キルスティは私に媚(こ)びを売ったわけでも、機嫌を取ろうとしたわけでもありません。目に見えないフェロモンと天然の色気が漂っているようでした。当時の私からするとすでにだいぶ年上の女性ではありますが。彼女は私の才能と貢献度を認めてくれた。驚きました。彼女に言わせると、私には人に与えられるものがたくさんあるというのです」

サーリネンは、キルスティが相手に対して特定の感情を生み出させることができると明かす。キルスティといると、普段の自分よりもより良い人間であると感じることができ、自信が湧くのだ。というわけでサーリネンもキルスティに魅了された一人となった。ウォメナ社で二回目に会った時に、キルスティは一緒に彼女のジャガーでドライブしようと誘った。

「古いスポーツカーで大きくて、個性的で、ハヤブサのような男性的な車」だとキルスティは言いながら車のトランクを開け、インゴ・マウラーの「ワン・フロム・ザ・ハート(心からの贈り物)」という照明をプレゼントしようとした。サーリネンは仰天した。まだ二度しか会っていないのにこのような高価なビンテージデザインを贈るとは！

キルスティのこの気前良さはその後も続いた。サーリネン個人だけでなく、家族にも、毎回度を越したプレゼントが届くのである。ウォメナ社は当時マツダの宣伝を請け負っていたが、キルスティはマツダの代理店を率いるミッコ・ロングストロムに引き合わせたら面白いものが生まれるかもしれないと思いついたのであった。

「自分の利益になること以外にも、人と人を引き合わせ、化学反応を起こさせたということも、他の人が思いつかないような彼女の特徴でしたね」

そこは直感のようなものだった。キルスティはきっと何かが起こると信じるのである。実際にそうなることもあったけれど、サーリネンとウォメナ社の関係は長く続いたわけではなかった。

マウラーの照明は、まだサーリネンの自宅にある。キルスティとサーリネンの、もう一つの世界、会社で長く続いている友情を象徴するような品だ。

一九九〇年代の不況はウォメナ社には影響せず、会社は独自の道を歩んでいた。ウォメナ社は他の広告代理店と違う個性があり、女性の地位が消費者としてもますます上昇し、波に乗っていた。

ウォメナ社がヘルシンキのエロッタヤ地区（歴史ある建物、企業のオフィスが多い地域）に引っ越した頃、キルスティはイュルヨンカトゥ通りの地下倉庫で私物を整理していた。自分の仕事の思い出を、引きずりたくなかったのだ。何かを過去のものとするのなら、そこで断ち切る。会社全体で、クリスマスパーティでキルスティを盛大に送り出した。『マイ・ウェイ』が演奏され、キルスティは美しい白い花束で埋め尽くされた。社員の誰もが、キルスティが何もせずに家にいられるわけがないけどどうするのだろう、と感じていた。これまでですら、週末はキルスティにとって一人で過ごすのが難しい時間であったのだ。

「ウォメナ社を手放した時期は最適だったと思います。ゼロから一人の個性の強いクリエイティブなリーダーのもと立ち上げた会社にとって、四半期ごとに結果を出していくようなビジネスモデルに移行することは簡単ではありません。ウォメナ社は野生児みたいなものでした」とテルットゥ・ヴィエルティオは言う。

「もしキルスティが広告業界でそのまま続けていたら、近代化を続ける広告業界で、さすがのキルスティも世界の流れについていけなかったでしょう」

最後の年はキルスティにとってかなりひどい時期だった。自分の権限が何もなく、他の人間がすべてを進めていくのを、指をくわえて見ているしかなかった。自分が創立した会社の中にいて、よそ者になっているのである。

契約では、キルスティはウォメナ社に三年間残留することになっていた。しかし二年後にキルスティは自ら離れたいと申し出た。その後、キルスティがウォメナ社を訪れることは二度となかった。

ウォメナ社がマッキャン社と合併する前、マッキャン社は広告代理店ハサンをも取り込んでいた。その頃、ウォメナ社は何度も受賞していた、「フィンランドで最もクリエイティブな広告代理店」の称号をすでに失っていた。

マルユ・ロクストロムは自分の仕事と並行して、一年ほど合併前のウォメナ社の社長も務めた。彼女はニースの空港でキルスティとよく一緒になったが、キルスティはまったくウォメナ社の最近の出来事に関心を示さず、その話もしたがらなかった。会社を手放した時の思い出があまりにつらかったのかもしれない。誰がどのように会社を運営していたかを聞く耳もすでに持たなかった。

「事務所を合併させようとするだろう、とは分かっていました。そのことをキルスティにも伝えようと思ったけれど、『好きにしたらいいわ』と言っていました。キルスティが裸一貫から築き上げたものが、砂に海水がしみ込むようになくなってしまうことに良心が痛みました。キルスティとその気持ちを分かち合おうと思ったけれど、彼女は興味を示さなかった」

一九九七年、ウォメナ社はもう存在しなかった。金のリンゴは木から落ちたのである。

part 3

絶望、希望

マリメッコを立て直したい

皆で苦境を乗り切らなくては

十七歳のエリアス・コスキミエスは小さな男の子らしい部屋のベッドに仰向けに寝ていた。時は一九二九年の大恐慌以来と言われた不況の一九九一年、場所はフィンランドは西北の小さな町、シエヴィである。ニュースでは、企業の倒産や大量のリストラ、保証の肩代わりをして騙された人の悲劇といった話題ばかりが報じられた。利率は十八%近くになり、利子の急激な上昇と外貨建てローンの返済があちこちで滞り、個人や企業の破産が相次いだ。失業率は通常の四%未満から十九%近くまで上がり、国民総生産（ＧＤＰ）は十三%下落した。

すべてを失うかもしれないという恐怖が国中を支配し、母一人子一人であったコスキミエス家にも暗い影を落としていた。明るいニュースは何一つなく、母がどれだけ頑張っても気がふさぐ日々が続く。

エリアスはベッドに寝っ転がって、母の雑誌をぱらぱらとめくっていた。母の話題も読んでいたメジャーな女性誌『アンナ』や『私たち女性』、音楽雑誌『スオシッキ』から得られるものに限られていた。雑誌の中で取材されている人たちは、当時の不況の中、希望の光と夢のような世界を見せてくれた。

当時は国中がどんよりとした雰囲気に包まれていて、小さな田舎町で人と違う存在であり続けるのはなかなか難しかったため、エリアスはそのことで悩み苦しんでいた。でもマドンナがいる！　あんなに自分らしく、他の誰とも似ていない人が。

エリアスは雑誌から気に入った記事を切り抜いていた。すると突然、紙面に真っ黒な髪の毛を大きく盛ったヘアスタイルの女性が現れた。キルスティ・パーッカネンである。マリメッコを買収したばかりと書かれていた。

「キルスティ・パーッカネンは意志の強い女性だ。彼女はフィンランドと、フィンランドの作り出したものを信じているという。たとえ気持ちはフランスを向いていても。彼女は、マリメッコをフィンランド人こそが救わなくてはならない、自分にはその力があると考えたのだ」と記者のマルケ・リパスティ＝ハロネンが一九九一年十月号の『私たち女性』誌面で書いている。

エリアスは記事をむさぼるように読み、この女性についてはあちこちで書かれ、話題になっていることに気がついた。

「自分が全能だなんて思っていませんし、誰にもそう思って欲しくはありません。私にはいつも周りに助けてくれる賢い人材が現れるのです」と記事は続ける。

キルスティはマリメッコでの初日を終えたところだった。マリメッコを買収することでこれほどまでの支援と応援を受けるとは夢にも思わなかった。マリメッコの店舗も買収のニュースが発表された後から押しかける客でごった返していた。

キルスティは愛車ジャガーを身体障がい者用の駐車スペースに停めるつもりでいて、自分らしいと豪快に笑った。「面白いこと」をマリメッコでやってやろうというのだ。ルール通りにしていては足りない。一九九〇年代は世界中で一九六〇年代からリバイバルされたものが人気だった。そしてマリメッコには、一九六〇年代らしい商品が豊富にある。彼女は国民的詩人ルーネベリの詩の一節、飢饉の状況を詠んだ「サーリヤルヴィのパーヴォ」を引き合いに出した。

「あの頃すでに、近所の助け合い精神が尊ばれていました。小麦粉が足りないから松の樹皮をこそげとって混ぜて分け合ったのです。今、私たちが生きるフィンランド社会にも、皆で苦境を乗り切る心意気が必要だと信じます」とキルスティは結んだ。

エリアスは深呼吸した。シエヴィからキルスティが生まれたサーリヤルヴィまでは百四十キロメートルほどしかない。この国に、こんな人がいたなんて！　こんなに力強くて、物怖じせず、自信に満ちあふれている人が。キルスティの勇敢さと言葉は、エリアスだけでなく数万人のフィンランド人の心を揺さぶった。

キルスティの生い立ちはまるでおとぎ話のようだ。貧しい生まれを苦にせず、自分の望む人生を作り上げていった。フランスへ移住し、不況のフィンランドを救うために舞い戻った。なぜなら彼女の心がフィンランドにあるからだ。

一九九〇年代の不景気に、女性が、または弱者に属する人間が自らの望む分野でこのような機会を得ることはかなり稀なことだった。

「コネなんてなくてもここまでできるのか」とエリアスは悟った。

若者に特有の純粋さで、エリアスは希望を見出し、キルスティに憧れた。何をどうしたらここまでの地位に上がっていけるのか、すべてを吸収しようとキルスティの切り抜き記事をできるかぎり集めた。ある時は、キルスティが大きい真っ黒なベッドの上でカレンダーとテレファックスに囲まれて仕事をしている様子を見ると、自分もベッドの周りに切り抜いた記事を並べ真似をした。キルスティの方が、ロールモデルとしてそれまでの男性企業経営者よりもずっと多くのインスピレーションを与えてくれたのである。

「僕がシエヴィにくすぶっている運命をキルスティが知ってくれたら、きっと手を差し伸べてくれるんじゃないだろうか」とエリアスは考えていた。

二年後、高校を卒業してすぐに彼はキルスティと同じ行動をとった。スーツケースに服と切り抜きだけを詰め込んで、最寄り駅からヘルシンキへ旅立ったのである。ポケットには母親が自動車学校に通うために貯めてくれたお金を大事にしまって。雑誌の切り抜きは大切な宝物だった。自信を失うたびに、それらの切り抜きを読み返すのだ。エリアスはアパレル業界には入らなかったけれど、つらい時は心の中の指導者、キルスティが叱咤激励してくれたのだった。

エリアスは迷いながらも我が道を探し、テレビやエンターテインメント業界で居場所を見つけて脚本家・映画監督となった。

エリアスは一例にすぎない。キルスティの言葉は、どれだけ多くのフィンランド人を勇気づけたことだろう。

もう一度燃えるような恋を

一九九〇年代初め頃にウォメナ社を売却した後、キルスティはニースの海岸通りをオープンカーで走っていた。髪の毛を包むシフォンのスカーフが風にはためく。不況のニュースはキルスティには無関係だった。彼女は裕福で還暦を過ぎ、完全に自立し、好きなように生きることができる。

ニースの中心地に着くと、まっさきに彼女は花市場へ立ち寄った。売り子たちは上得意を遠くから認め、ここぞとばかりに声をかける。彼女は今や、銀製のアンティーク花瓶に入るだけのシャンパンカラーの百合を買うことができる身分なのだ。お気に入りのレストランはイタリア料理が美味しい「カルパッチョ」で、ここで炭火焼きの海老、グリルしたジャガイモやヨーロッパソール（カレイ科の魚）に舌鼓を打った。デザートはパイナップルなど新鮮なフルーツである。食事の後は、友人たちとジャズを聴きに行く。

ブティックデッラ・マルガのオーナー、マルガレータ・アイットコスキは、ニースで生牡蠣を食べちゃだめよと忠告したのだが、キルスティは聞かず、二日間苦しむことになった。

「ああ神様、もう一度だけ燃えるような恋をさせてください」と百合の香りが漂う部屋で、キルスティは祈った。

そうして、彼女にはフランス人の恋人ができた。ジャン・シプリエン・ファーブル、ビジネスマンである。彼はフロリダに小型飛行機の工場を持っていた。キルスティはジャンに腕を絡ませて髪をアップにし、石の多いビーチをシャネルの厚底サンダルと黒い水着をまとって歩いた。

ジャンはキルスティより少し年下で、グレーヘアがカールしており、すらっとしたハンサムだった。彼らは時にモナコでショッピングをしたり、イタリアでの短い滞在を楽しんだりした。キルスティはジャンと結婚すべきかしらと考えることもあった。

彼女は今や、ウォメナ時代に経営を心配して眠れぬ夜を過ごした頃には夢にも想像できないほどの資産を所有していた。しかしこれが現実だと思っても、やはり何か物足りず、眠れない夜がある。ジャンがすぐ隣で寝息を立てているというのに。熱帯夜でも、寝室には空調が心地よく効いていた。

キルスティはヴェルサーチのブランケットを押しやった。そこには永遠の太陽が描かれている。ディオールの薄いシフォンのガウンを手に取る。夜の蝶のように肩にまとったガウンをはためかせながらキッチンに行き、冷蔵庫を開けた。フランスから取り寄せたシャンパンを冷蔵庫に入れている人もいるだろう。キルスティの場合は、相変わらずフィンランドからわざわざ持ってきたヴァリオ社のバターが二個冷蔵庫にいつも入っている。

「ウィルソンはアメア社(当時マリメッコを所有していた、スポーツブランドを展開する企業)の上層部にとって、信頼性に問題あり、というブランドになりつつあり、マリメッコは規模こそ小さいが同じような課題を長く抱えていた」と『ヘルシンギン・サノマット』紙の記者ユリ・ライヴィオが一九九一年六月二十七日に書いている。

「やると言いながら、現実には改善が見られないところに矛盾がある。サロネンは赤字の続くマリメッコにしびれを切らし、期限を設けた。その期限が過ぎても財務状態に変化が見られない。相変わらずマイナスの数字が並ぶ」

ついにマリメッコの年次報告書に従って「長期的に赤字を継続させないため」事業整理を実施することとなった。

しかし長期的が具体的にどれくらいなのかは明記されていない。アメア社の社長である、ヘイッキ・サロネンの後任のオッリ・ライホはマリメッコを売却すると口にし始めた。しかし買い手が見つからない。赤字は続く。

一九九〇年代初めはアパレル業界にとって厳しい時期だった。ひどい時には毎日のように工場の閉鎖の文字が新聞に踊った。ソ連崩壊による貿易減少や、金融危機も理由だとされた。銀行が一九八〇年代後半に外貨建てローンを散々勧めておいたつけが回ってきたのだ。

そして大手銀行は信用損失を恐れ、多くの貸付けを取り消すと言い出し、アパレル製造分野はもう終わったと思われた。不況がフィンランドの良心的な、上質なアパレル企業をつぶしたのである。

退屈なのよ。もっと何かがしたい！

キルスティが信頼する数字の天才、カリ・ミエッティネンとはウォメナ時代からの付き合いである。そして彼は今、朝一番のフライトでチューリヒ経由にてニースへ向かっているところだった。ミエッティネンは、一九八〇年代半ばからアメア社の監査役をしており、当時財務本部長を務めていた。

マリメッコはアメア社の首を絞めるお荷物と化していた。このままでは本丸のアメア社までが沈んでしまう。しかし誰もマリメッコを買収して助けてくれる者はいない。フィンランド国内外でわざわざ投資をしようという手は上がらなかった。ブランドそのものにカビ臭いイメージがまとわりついていたのだ。

ミエッティネンは、当時のアメア社の社長であったマグヌス・ヘストと議論をした。彼はちょうど、その年後半の会計期は素晴らしい業績が出せ、マリメッコ製品を売り込めるニッチな市場があるという調査結果をあげてきたところだった。ミエッティネンは、そんなことを言っている暇があったら倉庫に山積みの在庫をどこかへさばいたらどうだ、とけしかけたほどだ。在庫がはけたら、さっさと会社をたたんでしまうのが得策だ。

夏至祭の前に、ミエッティネンはキルスティの自宅で、マリメッコを率いるつもりがあるかどうかの話をしたところだった。キルスティは店舗を自分の目で見に行った後、テキスタイル部門だけなら引き受けてもいいと返事をした。ミエッティネンはそれではだめだ、一かゼロだと返答した。

ミエッティネンは機内の座席でまどろんでいるようだ。頭はうたた寝をしている人がするように前後に動いていたが、脳内では今後の計画が目まぐるしく回転していた。ミエッティネンは数字を紙に書く必要はない。彼の記憶力はまったく衰えを知らなかった。

ミエッティネンは、マリメッコに新風を吹き込んで立て直しができる人物は一人しかいないと信じていた。そして自分がキルスティをその仕事に誘い込めるという自信もあった。いつしかミエッティネンは眠りに落ちた。横を客室乗務員が免税品販売のカートと移動しても気づかないほど深い眠りに。

ニースでは夏の終わりの猛暑が待ち受けていて、思わず息が詰まりそうになり、同時にマリメッコで売れずに積み上げられていく膨大な量の在庫が脳裏に浮かんだ。ミエッティネンは手荷物を持ち、まずは医薬品メーカー大手のオリオン社トップであり、保険会社大手ポホヨラ社の理事会役員でもあったマッティ・カヴェトヴオに会いに行った。

ミエッティネンとカヴェトヴオは、一九七〇年代にカヴェトヴオがインストロメンタリウム社の財務本部長時代、ミエッティネンは監査を担当していたことから付き合いが始まった。カヴェトヴオはミエッティネンの優秀さに目をつけ、監査役員として取り立てた経緯もある。

二人は毎週テニスをする仲で、家族同士での行き来もあった。カヴェトヴオはミエッティネンの会計監査法人の株主も務めるほどの仲だ。キルスティは顧客の一人で、キルスティとカヴェトヴオはニースではご近所でもあった。一九九〇年代中頃、カヴェトヴオ一家は地中海の辺りに別荘を探しており、イタリアを候補の一つに考えていた。そこでフランスのリヴィエラにいたキルスティが近いからと手を貸したのだ。

「イタリアのある新興住宅地に私たちが予約した地所があり、造成中もキルスティが様子を見に行ってくれた。傾斜地で、雨の後は粘土質の滑りやすい時期だったけれど、キルスティはそこにもピンヒールで登って行って、ここはいいわね、と感想を言っていたんだよ」とカヴェトヴオは当時の思い出を語っている。

キルスティとカヴェトヴオが最初に顔を合わせたのは、ミエッティネンの結婚式、一九八五年八月だった。

キルスティと白いタキシードを着た新郎は、招待客が拍手喝采するほどのツイストを踊ってのけたのだった。ミエッティネンはウォメナ社でキルスティの部下として働いていたアルヤと結婚したのだった。

ミエッティネンはマリメッコ買収計画についてカヴェトヴオに相談した。

「カリ・ミエッティネンは会計や監査の世界で生きている癖に感情で動く面白い人間だ。しかし経営者としての視点は忘れない。多くの中小企業の経営者が、彼をアドバイザーと仰いでいることに私は惹かれた。何を聞いても、すらすらと答え、何より経済に強い。経営者の立場に配慮できる人物だし、自分でも様々な企業運営に関わっていたからね」とカヴェトヴオは評した。

キルスティは、コートダジュールの空港から到着したミエッティネンにフレンチプレスでコーヒーを出し、日焼けした長い脚を組んでから「やめておくわ」と言った。

彼女はマリメッコにコンサルタントとしてでも、たとえ社長としてであっても雇われの身となるつもりは毛頭なかった。自分の後ろからスーツ軍団があぁしろ、こうしろと指図してくるのはまっぴらだ。ウォメナ社の幕を引く際に、そのつらさは経験済みで、プレッシャーのせいで病気にならずに済んだのは不幸中の幸いであった。

キルスティはテラスで立ち上がるのは面倒だとでもいわんばかりにゆったりと日光浴をしているジャンを見やった。動きたければ自分で動けばいい。しかし、フランス人の上流階級にとって自然なふるまいとも言える、ゆったり過ごすという古き良き時代のマナーはキルスティにはそぐわなかった。

ジャンが彼女に車のドアを開けてくれる時、キルスティは自分が取るに足りないちっぽけな存在で、何もできないと感じてしまうし、ジャンは夫婦の間の決定権が自分にあるようにふるまう。こんな状態はキルスティが慣れ親しんだものではなかった。

彼女の生活はいつも愛情であふれていた。たとえその対象がころころ変わったとしても、だ。常に恋多き女として生きてきた。誰かに問いただされたら、気持ちとは裏腹に平気な顔でその恋を隠したこともある。相手を、ひいては自分を守るためでもあった。


“Pourquoi pas?”「いいじゃないの」フランス語のレッスンが耳によみがえる。

「コーヒーのお代わりはいかが?」キルスティはミエッティネンに尋ねながら、「テキスタイル部門だけなら買ってもいいわよ」と再度歩み寄りの姿勢を見せる。インテリアはキルスティの趣味でもある。ミエッティネンはどちらの問いにも頭を横に振った。コーヒーは十分飲んだし、マリメッコは分割しない。この話に乗るかそるか、どちらかだ。

「いいわ」キルスティは長い爪をテーブルにコツコツと立てた。

「会社丸ごと、私が買うわ」

気でも狂ったのか、とミエッティネンは考えた。前年度の決算では取引高は十億マルカ、今で言う千七百万ユーロほどだ。赤字分は約五百万ユーロ。一方で、これまでキルスティが手を出してきたプロジェクトも最初まったく筋道が通っているとは思えなかったが、それでも成功してきたのである。

キルスティは一カ所にじっとしていた試しがない。あちこち動き回って忙しくしている時が最も輝いているのだ。家からダンスパーティに出かける時、ヘルシンキからサーリヤルヴィに、ニースからヘルシンキのヴァンター空港へ。

キルスティは、かびが生えた家であろうとも、骨格の丸太がどっしりと家を支えていること、踏んだら抜けそうな床板は真っ白な新しい床板を張り替えればいいということを知っていた。世界中どこに出しても恥ずかしくないほどの手直しをすればいいのだ。

キルスティは、心の中で、立て続けにロケット花火が打ち上げられたような興奮を感じていた。光の尾を引いて火花が飛び散り、暗い夜空にすっくと立ち上がる大輪の花が開花した。

キルスティは『マイ・ウェイ』を聴いていた。オリジナルではない。フィンランド人歌手エイノ・グローンが歌うフィンランド語版である。

〝私の心がそうと決めた　その時が来たから　決めたことは振り返らない　周りも見るだ

ろう 私が正しかったかどうかを〟

一九九一年七月八日、キルスティは姉のエッリにモンテカルロから文字が踊り出しそうな文面の葉書を送った。メッセージは「親愛なる殿下、エッリ・ヒューティアイネン殿」と始まっている。

「さぁ、ケーキを焼いてイチゴを摘みに行ってちょうだい。私はもうすぐそこに行くわ！ここは暑すぎてだめよ。幸せの贈り物は不平等なものね、じゃあまた。キルスティ」

すでに助言を求める母はいない。したがって姉の娘、レジーナに電話し、マリメッコの株式を取得すると伝えた。

「ちゃんと考えたの？」とレジーナは驚いた。「せっかくだから悠々自適の生活を楽しめばいいのに」

しかしレジーナにも分かっていた。キルスティがこうと決めたらてこでも動かないことを。

「つまらないのよ！　私は自分で忙しくしていないとダメなんだわ！」キルスティは答えた。

この会話の直後から、レジーナはキルスティをことあるごとに励ました。このような場合、身内にできることはそれくらいしかないからだ。

キルスティはニースからヘルシンキへ飛ぶところだった。マリメッコの買収についてももうすぐ公になる。機内でフィンランドの雑誌をめくる。ファッションのページで、デザイナー、ユッカ・リンタラのコレクションである「カルヤラ地方のベリー」が紹介されていた。写真は衝撃的だった。カラフルで異国的な香りが漂う。戦後、旧ソ連に割譲されたカルヤラ地方の名前を冠することで、歴史と憧憬と自然が渾然一体となっている。マーケティングの点からしても素晴らしい。キルスティの脳内で最初のアイディアがひらめいた。

マリメッコの背後にはリーダーシップが必要だ。キルスティとミエッティネンはかなり直感的に動く方であった。カヴェトヴォはより慎重な性格である。

ミエッティネンとカヴェトヴォは数字に強い。キルスティはというと鉄の意思で物事を進めるマーケティング畑の人間である。

キルスティとミエッティネンのロケット花火が引火して危ないとなるとカヴェトヴォは消火作業をしてくれる役割を担っていた。

「ミエッティネンもかなり個性的だし主張してくるけれど、私と競って声の大きさで勝ったことはないわね。ミエッティネンは財務に本当に明るくて、それで名声を築いたの。もし会社の会計上でおかしいことでもあろうものなら、相手がどんな大物だろうとひるんだりはしない」キルスティは投資関連の業界紙『アルヴォパペリ』の取材で答えている。

ウォメナ社の売却の後、キルスティは資産の運用や投資のために法人を必要とした。一九八九年に設立した会社法人の名称はワークアイディアで、業種としてインテリアやファッションデザイン、製造、輸入と記載されている。

一九九一年九月、ヘルシンキのカピュラ地区にあるアメア社の本社でアメア社とワークアイディア社の合意のもと、マリメッコの株式売買契約に署名がなされた。キルスティは事実を逆に口にした。果実から花が咲いたのね、リンゴから蘭が咲きこぼれたようなものだわ！　と。マリメッコの組織図においては、彼女はこれまた上下をさかさまにした。自らを、最も下に位置付けたのだ。

さすがにマリメッコの社名にまでは手をつけなかった。Mをひっくり返してWにすることだってひょっとしたらあり得たかもしれないのだ。

あなたたちはできる。私は新入りよ

チャーター機がキテーからヘルシンキへ飛び立った。キテーの村は国際便も離着陸できる空港を整備し、機内は招待客で満席だった。彼らの多くが、林業の大手企業を代表する人物であったが、その中にヘリナ・ウォティラも交じっていた。彼女はマリメッコの製造本部長である。

アメア社のもとでマリメッコの業績は散々であった。ありとあらゆるプロジェクトに予算がつぎ込まれたが、社員からするとやる前から失敗が分かっているようなものばかりだったのだ。キテーでは招待客に素晴らしいもてなしが供された。ウォティラはその間、マリメッコの工場を訪れた。組合の代表者からの連絡で、労務関連の何かで争うという知らせが入っていた。このままではマリメッコはかなりの賠償金を払う羽目に陥る。

工場での雰囲気も重く沈んでいた。財務状態が悪化しているのは誰の目にも明らかだったから、工場が閉鎖されるのも時間の問題に思われた。ウォティラの気分も沈みがちだった。帰りの機内でも身が縮こまるような思いでいた。誰かが隣に割り込んできた。「悪いニュースしか聞かない企業に働いているってどんな気分なのかね？」

ウォティラは憮然(ぶぜん)とした。

「もうたくさんだわ！」彼女はひとりごちた。「うんざりよ、何か他の仕事を探さなくては」

帰宅すると、同僚から電話がかかってきた。「ニュースよ！　マリメッコが買収されたのよ！」

ウォティラの気持ちは動いた。「もう少し様子を見てもいいかもしれない」と。

キルスティは、ヘルシンキのヘルットニエミ地区にあるマリメッコの工場兼本社の建物の駐車場で車から降りた。一九九一年九月二十八日、その日は曇っていた。ニースならさんさんと太陽が輝いていたことだろう。

目の前に広がる風景はキルスティに吐き気すらもよおさせるようなものだった。建物は個性も何もない灰色のかたまりでまるで巨人が切り出して忘れ去った不要なブロックのようなものだ。すべてが放置されていた。縁石からは雑草が伸びている。カーテンは窓から哀しげに垂れ下がっている。あれではその辺のリスが引っ張っても外れてしまうだろう。外観は誰も買わない、つぶされたシャンプーボトルのようなものだ。

それでもキルスティはこの会社を買い取った。昔、キルスティはシャンプーボトルについてどう言ったのだったか。客に、「これはこの程度のものなんです」、とへらへら笑いながら言っているようでは顧客を納得させることはできない。すべてのマーケティングの知識とスキルを総動員して自分を奮い立たせる。石畳よ、雑草でもなんでも生やして割れるがいいわ！　ここは素晴らしい、最高の、世界に一つしかない会社なのよ。ここをフィンランドとともに復活させてやる。それ以上でもそれ以下でもない。

買収金額については様々な噂が流れた。日刊紙『アームレヘティ』によるとキルスティはマリメッコの借金も引き受けたと書かれた。その後流れた情報では、買収金額は六百万から二千六百万マルカの間を推移した。キルスティはその数字を明かすことはなかったが、「一マルカではマリメッコは買えませんでした」とコメントしている。

「夕べの祈りで、もう一度燃えるような恋がしたいとお願いしたけれど、二つの対象が与えられたということかしら。ジャンとマリメッコと」と一人で考えていた。

どちらもうまくいくかどうかの保証はなかった。

ジャンはフランスから夜中に電話をかけてきて、何故（なぜ）キルスティが応答しないのかといぶかしがっていた。そんな時間はない。彼女は書類の山、事業計画、あれこれの数字、これから大きくしていかなくてはならないものたちに囲まれていた。

「恋にうつつを抜かしている時間はない。どんな恋であっても」とキルスティは言った。

キルスティはマリメッコの事業については今後の方向性が一年以内に見えてくると考えていたし、心の中では三年ぐらいはかかるかもしれないと思っていた。誰も、すごいことをやってのけたじゃないか、と褒めてくれる人はいなかった。

フィンランド最大の日刊紙『ヘルシンギン・サノマット』は、「アメア社は赤字経営のマリメッコを手放すことができた」と報じ、キルスティについては、「広告代理店ウォメナ社売却後、クリエイティブなことに携わっていた」と表現していたが、これを読んであまり成功しそうな経営者だとは誰も思わないだろう。

黒い服を身にまとったキルスティはピンヒールを履いてマリメッコの社員たちの前に立った。彼らは、今年ずっとマリメッコが倒産すると聞かされてきた人たちだ。

ミニスカートのキルスティは彼らを見渡す。戦闘態勢だ。

「打ちのめされた人たち。仕事をしに来ているというより、野山でトレッキングをしてるような感じね」とキルスティは考えた。

ここに来る前には、キルスティは自信たっぷりに、自分が有能で成功できるトップだという態度で挑もうと考えていた。「私を信じて！」といったような。しかし今この瞬間、言葉だけでは信頼と尊敬は勝ち取れない、行動で示さなくてはいけないということに気づいた。この人なら成功するということを見せなくてはならないのだ。そこで、「あなたたちならできる。私は新入りよ」と語りかけた。

「私は今まで足を踏み入れたことがない業界に入ったばかり。初めてのことばかりです。会社の責任者で皆さんを引っ張っていきたいと思います。でもあなたたちなしでそれはできません。この山を越えていくために皆さんの手を貸してください。一緒にやっていきましょう」

キルスティは、彼女の前に誰がいたかをよく知っていた。伝説のアルミ・ラティア、マリメッコの創立者である。彼女が出てくると周囲の人間には鳥肌が立ったものだ。

キルスティに言わせると、アルミのビジネスアイディアは天才的だった。マリメッコはデザインハウスであり、ファッションハウスであった。製品群は幅広く、個々の製品のデザインに価値があり、同時に使いやすい。組織全体がこのビジネスアイディアのためだけに存在したと言ってもいい。長年の間、各分野の最高の人材を雇い入れてきた。今はどうだろう。キルスティからすると、時の経過によって、基本を忘れ、物事が見えなくなり、デザイナーやプランナーへの評価が落ちているように見えた。

キルスティは、アメリカの広告業界人が言った言葉を思い出した。マーケティングや広告を打つ時には、自分の母親に対してやるのと同じようにするべきだというものだった。自分がアルミと同じレベルのことができるとは思わなかったが、自分にもできることがあるはずだ。

母のヘルミは常に娘の能力を信じ励ましてくれた。天にいる母がまだ応援してくれていると思うと、それだけでキルスティには十分だった。キルスティが小さい頃に家の庭に植えた白樺のことを母がどう表現したかを思い起こす。木を植えたこと自体はなんということとはない日常の一場面だ。しかし母に言わせると、キルスティがまるで魔法使いで、植えた白樺の芽があたかもダイヤモンドであるかのように聞こえ、それはそれは誇らしかったものだ。

それに今のキルスティにも有能な支援者がいる。カリ・ミエッティネンとマッティ・カヴェトヴォという二人の頭脳がついているのだ。

買収のニュースが出てから、マリメッコのエスプラナーディ通りの本店は前日とまったく同じものを販売し、セール期間でないにもかかわらず人があふれかえった。キルスティのもとには祝電や花束、手紙が続々と届けられた。

「カルヤラ地方を取り戻したようだ」と一つの電報には書かれていた。

朝六時にキルスティは起床した。最初のマーケティングプロジェクトを開始するためだ。タルモ・マンニがサーリヤルヴィへ行く途中、キルスティに電話してきた。

「村に着いたら、キルスティがマリメッコを買収したぞ！　とクレーン車に上って叫んでくるよ」という彼らしい祝いの言葉だった。

「その前に、オペラハウスの前のパブリックアートを制作するのが、私たちの村出身のカイン・タッペルってことを叫んであげなさいよ」とキルスティが優しく提案した。

「私はマリメッコの何かを切り捨てるようなことはしません」とキルスティは誓った。

「できないことをできるとは言わない。ただ仕事に打ち込んでマリメッコを立て直したいと思います」

時にキルスティは仕事をしながら寝てしまうこともあったが、それを恥じたりはしなかった。最初の三日間で、この新しい経営者は新たな才能あるスタッフをさらに雇い入れ、いくつものプロジェクトを始動させた。

キルスティにはまた、自分の手腕を見せる場が——そして可能性が——与えられたのだ。アメア社時代の慣行はほとんどが改められた。キルスティは、マリメッコの何年にも及ぶ赤字経営は、コレクションを今の時代に合うように変え、店舗、マーケティング、そして組織改編でよくなると考えていた。

デザイナーたちには、今後はもっとマーケティングを意識して仕事をしてもらうことになった。生き残るには企業は製品を売らなくてはならない。キルスティのビジネスアイディアでは、マリメッコはマスプロダクトに加え、小さな、高付加価値、つまり価格も高いシリーズの商品も売り出していくことを考えていた。一貫性あるビジネスがしたい。

「一九八〇年代はゴルフが流行りで、どこでもオフィスの片隅にゴルフバッグが置かれていて、ランチタイムが五時間に伸びたものだった。効率を上げましょう！　ここにいる間は仕事が最優先。自分たちがいるのは職場であって、職場のルールがあることを社員にははっきりさせたの。子どもが学校の成績で落第点を取ってきたとか、昨日何を食べたかなんてことはどうでもいい。もちろん人間らしさを忘れろなんてことは言っていない。笑ったり泣いたり、感情を見せるのはもちろん構わない。ただ、仕事に関する範囲でね。同僚の気分を盛り下げないように」キルスティは社員にこう伝えた。

「キルスティは一九九〇年代の初めに方向性はこれしかない、というものを打ち出しました。まだ若いデザイナーだった私にとってとても勉強になるものでした」と、当時二十二歳のアシスタントデザイナーだったミンナ・ケメッル＝クゥトヴォネンは言う。

「アメア社時代の終わりには、このままではどうにもならないという、新しい何かへの期待感が高まっていました。でもキルスティが入ってきて、ここまで雰囲気がいい方に変わるとは思っていませんでした」

キルスティは社内を隅から隅まで回って社員一人一人と握手し、挨拶した。ケメッル＝クゥトヴォネンが言うように、相手を励まし、物事を好転させ、強い意志を持った我が道を行くリーダーだ。特にビジョンを持っていた。

キルスティはマリメッコを時代に合うよう再建する仕事に乗り出した。最も大きな変化は、大部分の服から柄が消えたことであっただろうか。もちろん多色展開ながら単色のデザインが増えた。

キルスティはリーダーとしても身近な存在だった。物事がきちんと成し遂げられることを最後まで見届ける。皆で一丸となって物事に取り組む雰囲気自体を強く感じさせた。また、どうせやるなら、細々とではなく大きく派手に実行し、誰もが参加できる手応えがある。店舗に来る顧客でさえ、自分がその変化に関わっていると感じさせるものがあった。

マリメッコの社員たちは、長い間噂に振り回され、将来に不安を抱いてきたと言ってもいい。リストラされるかもしれない、いやそれどころか会社自体が倒産するかもしれない。小柄な黒ずくめのこの女性は一風変わった車で社の駐車場に乗りつけてくる。今まで落ち着かない年月を過ごしてきた社員にとって、見慣れない存在としてキルスティは映った。

それでも、この新しい社長はバラ色の未来を約束はしないまでも、これまで続いてきた落ち着かない時代にピリオドを打ってくれたことには違いない。キルスティは若い頃に成果を出したやり方から始めた。大掃除である。

全社員が掃除に駆り出された。ヘルットニエミ本社の建物だけではない、敷地も含めた上を下への大騒ぎである。ガラクタは隅から掘り出して！

社員全員が、キルスティの嵐のようなやり方を体験することとなった。やるとなったら誰もこっそりさぼるなんてことはできない。徹底的に磨き上げられ、片付けが推し進められた。倉庫・物流担当長のライモ・ヘッレはきれいに整理整頓が行き届いた倉庫を評価され、キルスティからは金一封が出た。

全員が日当たりのいい職場で過ごしたわけではない。アメア社時代に、すでに人員整理が始まり、社員は二百名ほどになっていた。キルスティはマリメッコ時代に自ら社員をクビにした記憶はない。カリ・ミエッティネンと相談し、カリが直接話をしてうまくまとめるのである。

数人の社員は、自ら去る時を悟ったかもしれない。それまでと同じ仕事をする機会がなくなってしまったのであれば。一方から暗示され、もう一方はその点を暗黙のうちに理解したという言い方もできる。マッティ・カヴェトヴオもキルスティが誰かを直接クビにしたかどうかは知らなかった。

「キルスティは自分で社員をクビにしたくなかった。だから時にはミエッティネンと何度もその点を談判したものだよ。キルスティ自身も一定の社員に対してクビが妥当だと考えていても、結局ミエッティネンが最後通牒（つうちょう）を渡す役割を引き受けることになっただろう」

とカヴェトヴオは推測する。

「毎日社員にショックを与えるようなことはしたくないじゃない」とキルスティは考えていた。「人には学ぶチャンスを与えたい。他人が私に対して、『変化を起こすんじゃなかったのか』と言ってくることはあり得ないけれど。もちろん変化は起こしていくわよ。ただ物事にはちょうどいいペースというものがある」

アメア社時代には、マリメッコの組織は明確だが、硬直しており、危機続きだった。キルスティがやってきて数日で、社員たちはもう誰が誰に報告し、承認を得なくてはならないかということに頭を悩ませる必要はないのだと分かった。常識で判断すればいいのだ。中には、「あの広告業界の人はいったい何を言っているの？　ご大層なことを約束しているけれど、まさか本気じゃないわよね？」という者もいた。

しかしそれがキルスティのやり方なのだ。誇張したり、実際とはちょっと物事を曲げてうまく覆い隠して話すこともある。フィンランドのほぼ全国民がマリメッコの買収を歓迎し、幸運を祈っていたとはいえ、社員たちにとってはこれで物事が上向くのかどうかは半信半疑だった。しかしそれでも、ショップの方からはいろいろな反応が顧客から返ってくる。「やっぱり社長が変わるとお店も変わるのね、素敵な服が増えたじゃないの！」

キルスティがすぐに社員の仕事への取り組み方へ影響を与えたのは驚きと言うほかはない。最初はどの社員も、キルスティとの付き合い方に関しては手探りの状態だった。キルスティは一旦相手を受け入れれば、とことん信頼したし、それ以上説明する必要はなかった。人が異動すると、キルスティは誰が何をやるか、すぐに考えつかないことも多かった。

「私たちはじっと上からの指示待たずに、自ら動く方でした。自然と、私がインテリア部門を担当するようになったんです。やってみたいことがたくさんありましたし。プリントは継続かどうかの瀬戸際でした。インテリア関連商品の売上に事業の将来がかかっていたんです」とヘリナ・ウォティラは振り返る。

一九八九年、マリメッコの役員会にて、すべての国内製造拠点から手を引く決定がなされた。ウォティラはせめてプリントがフィンランド国内で継続されるように尽力した。当時プリントされた布の需要はあまりなく、売上も少なかった。

「プリント事業も利益が出ていないのは分かっていました。ですが、可能性があると思ったんです。印刷機も状態はよかったですし、ここで止めるのはもったいないと感じていました。不況でしたから、どの業界でも売上はよくはありませんでしたし」

キテーの縫製工場には新たな買い手が見つかった。マリメッコは持ち株比率の少ない株主として関わることとなり、マリメッコの服をキテーの工場へ外注し縫製に回す。しかし実際に注文をしても、新たな経営者のもとで様々な問題が発生した。こうして、ウォティラは偶然が重なり自分がキテーの社長に収まることとなった。

「これは何？　私はこんな会社も持ってたのかしら？」キルスティがそれに気づいた。「誰があなたに社長をやれと言ったの？」と問いただす。

決めたのは役員会である。数年後、キルスティはキテーの工場を買い戻し、国内での製造は以前と同様続けられることになった。一九九五年にインテリア部門のトップが辞めてからは、ウォティラはそちらの仕事も徐々に担当するようになっていた。インテリア部門の売上がぐんぐん伸び始めた。ウニッコ柄がカムバックし、マリメッコ全体の売上を支える基幹商品となった。

「あれがここまで売れ続けるなんて想像もつきませんでした」

インテリア部門の仕事でウォティラはてんてこ舞いだった。製造・調達部門長という肩書が定着したが、彼女が仕事で費やす時間はそれだけではない。

ヘリナ・ウォティラにはますます仕事が増えていった。調達部門もどんどん発展させていかなくてはならない。キルスティはいい人材を見つけてくる才能があった。しかしどこかのポジションにぴったりだから、と雇い入れることはほとんどなかった。

最初はキルスティがこれほど長くマリメッコで主導権を握るとは誰も思っていなかった。「私と同年代の人は、キルスティがどれくらい長続きするか様子を見ようと思っていたみたいですね。でもキルスティは続投に継ぐ続投でした」ウォティラは振り返る。

買収が実現した際、キルスティは直感を信じ、心のおもむくままに動いた。自分はキャリアを十分積んできて、マリメッコという大企業を率いていけると踏んだのである。なぜならターゲットとする顧客が、何よりも自分と同じフィンランド人女性だったからだ。そしてマリメッコは非常にフィンランドらしい会社でもあった。

そして最初の一カ月の間に、キルスティは自分の直感が正しかったという手応えを感じた。これより面白い仕事があるだろうか？　企業の経営、成功には、自分だけでなく相手をもそちらの方向にし向け、励ましていくところから始まる。信頼関係を築き、自分のやる気を社員に伝染させるのだ。

経営は紙の上に書かれたただの数字だけで行なうものではない。キルスティはほとんどずっと自分で走り続けてきた筋金入りの経営者でマーケターだった。アメア社が買収した小さなアパレルブランド、マルヤ・クルキはクルキ一族へ売り戻されることになった。

私には夢がある、目標じゃない

マッティ・カヴェトヴオとカリ・ミエッティネンの二名は、ワークアイディア社とマリメッコの売買に関する資金調達を担っていた。銀行の融資担当長、ティモ・カタヤともすでに話はついていた。当時のＳＹＰ銀行（その後金融危機で銀行の合併で消滅）の、ヘルシンキの中心地、アレクサンテリカトゥ通りにある銀行会議室にやってきた。ここで最終的な話し合いがなされるのだ。

カタヤはキルスティから、買収対象の企業に対してどんな事業発展計画があるのかと聞き、具体的な目標についても口にした。

「目標なんてないわ、私には夢があるのよ」とキルスティは敢然と言い放った。

そこで少しの間、会議室が静まりかえった。カヴェトヴオとミエッティネンはきちんとスーツを着込んで、これまで念入りに準備してきた書類が手の中で燃える炎であるかのように落ち着きなく握りしめていた。最終的には、賃貸契約や銀行の保証も済ませることができた。キルスティの言葉はあまり銀行の会議室では聞き慣れないものだったかもしれないが。

「ほとんどのことは私たち三名で雁首（がんくび）を並べて対応していた。特に海外からの、例えば日本からの顧客が訪れる時などに。キルスティは語学がそこまで得意ではなかったからね」

カヴェトヴオは、日本から付き合いの長い取引先がフィンランドを訪れた時にかなり緊張したことを思い出した。その人物は日本人らしくとても礼儀正しく、時間に正確で体面を気にする相手であった。

対するキルスティはとても魅力的ではあるが、どこまでも直球勝負だ。交渉では、ストレートな言葉が並びはしても、双方が満足する形で対立をすることなく終えることができた。

「初期は、自分たちがどんな会社を買収したのか徐々に学びながら、皆で一緒に盛り立てようという雰囲気が漂っていたね」とカヴェトヴオは思い返す。

キルスティは進む道を提案し、マリメッコのイメージ戦略と、マーケティングに取りかかった。若い世代にとって、マリメッコは少なくともインテリア向けのテキスタイル以外は古くさくて自分が買いたいブランドではなかった。

「そこをどうにかすべきだ、とキルスティはすぐ取りかかった。ファッションやスタイルについての知識があり、マーケティングもお手の物だったし」

マリメッコのイメージはどんどん変わっていった。

「最初の頃、社員はかなり戸惑っていた。全員にやる気を持ってもらいたいというところが重要だったから。二年ほどかなり密度の濃い時間を過ごした。会議や訪問数もかなりの数をこなしたし、夜遅くに始まる会議が多くて、いわゆる丑三(うしみ)つ時に終わることも多かった。倉庫を何度も見に行って歩き回り、どんな在庫があるかもしょっちゅう確認したものだった」とカヴェトヴオは振り返る。

マリメッコの経営状態が徐々にキルスティにもはっきりしてきた。最初に想像したよりも悪い。倉庫に積まれた在庫を見れば分かる。一つの部屋は、顧客や取引先用のギフトとして購入された石でできた黒い牛の置物でいっぱいだった。こんなものが積み上がっていて商売ができるのか。マリメッコのビジネスアイディアも何もあったものではない。

マッティ・カヴェトヴオは、キルスティはお金について話すことを嫌ったが、それにも増してお金は湯水のように使ったという。

「キルスティがマリメッコ時代に会社の財務状態について考えなくてはならないとなると、カリ・ミエッティネンと額(ひたい)を突き合わせて相談し、その後、念のため私にも確認しに来るのです。どうもキルスティは数字には強くないらしい。きちんと経営はしていたけれどね。しかし会計上に出てくる数字で企業の経営状態を見るということは他の企業経営者のようにはできなかった」

キルスティには突然、会社のここをどうにかしたいから一定のお金が必要になる、というアイディアが浮かぶことがままあった。

「その後、いつ、どうやってと考えなくてはならない」カヴェトヴオは続ける。

ミエッティネンはユーモアあふれる人物だった。キルスティがマリメッコに関する天文学的にすら聞こえる数字を口にすると、ミエッティネンはこう続けるのだ。

「今のはキルスティによると……」

キルスティもユーモアに関しては負けてはいない。一度ローマの公園で、神話の神々の彫像の辺りでカリの妻であるアルヤ・ミエッティネンと出会った。

「あそこで写真を撮ってちょうだい」とアルヤに頼んだのは、商人と泥棒の守護神、ヘルメース（ヘルメス）の足元であった。

キルスティは、会社の会議室に、ウォメナ時代と似たようなフルーツの盛り合わせを用意させるようになった。

「おかげで、ビタミン補給に関しては問題はなかった」とカヴェトヴオは笑う。

こうして、カヴェトヴオはキルスティと公私ともに親しくなっていった。

「私たちの考え方は似通っていたしね」とさらに続ける。

キルスティは性格からして雇われるよりは自営業に向いている方だし、自分で運転席に座りたがる。カリ・ミエッティネンは最も親しいアドバイザーで資金繰りや財務といった数字から企業活動の法律面といった実話を任せておける存在だ。キルスティは喜んで彼らの考えに耳を傾け、試すことも厭わなかった。彼らは一緒に考え、議論した。キルスティは、自分がいいと思った人材の採用については、デザイナーレベルであってもミエッティネンとカヴェトヴォが一緒に面接することを望んだ。キルスティにとって人を選ぶ部分で成功することは重要だったからだ。したがって自分だけでなく他者の意見も尊重した。

一緒に打ち合わせをする時には、会社の運営に関わる様々なことを決めていった。組織からはそういう時に該当する担当者が役職に関わらず出席することとなった。内容は商品開発から製造、コレクションまで様々だ。

「キルスティはあんな感じで個性的だし、多くの社員が叱られていると感じることは多かった。役員会の会議でもキルスティがかなり大きな声を出したことが何度もあった。何かやるべきことが進んでいないと、その担当者はそれについてかなりはっきりとものを言われたものだよ。ミエッティネンと私が出席している場合には、物事の進め方はどうあるべきかということを証明したくなるのか、さらに勢いづくことが多かったね」

キルスティ自身は、人材への投資ややる気、社員の福利厚生に関する取り組みがまったく欠けている組織図を見せられた時に大声で叫んだことを覚えている。

「クリエイティブな勢いや、飴(あめ)と鞭(むち)の飴をまったく考慮していないのよ。それにお金では決して買えない価値観もね。気持ちが伴っていることは大事だし、伝統も無視しちゃいけない。築いたものを資産として利用せず無駄にするなら、迷子と同じだわ」とキルスティは一刀のもとに切り捨てる。

キルスティは、フィンランド人は百％、組織ではなく誰か他の人のために仕事をしていると断言する。そういう時はモチベーションもあり、本気度も違ってくる。

「フィンランド人はすでに世界でも最も高い税金を払い、食品や自動車や服も値段が高いというのに、さらに何かを負担させようとすればやる気が出ないのは当たり前でしょ。何か飴をあげなくては。もっと仕事ができるような創造性を見つけさせてあげるのよ！」とキルスティは宣言した。

「私にはしっかり成果を出せるビジネス哲学がある。一番先に考えることはお金じゃない。仕事がうまくいって、ちゃんと気持ちがこもっていること。そうすればお金は後からいくらでもついてくる」

この点は、キルスティはインタビューや取材を受けるたびに何度も話してきた。マリメッコは、カヴェトヴオが働いてきたどの企業とも違っていた。彼は、これまでの経験から、何か物事を成し遂げたいと思えば、経営者は時に突っ走り、フィンランド語のことわざで言うところの灰色の石をも突き抜けるほどの意志が必要（強い意思があれば石を突き抜けるほどの力が出るという例え）だと知っていた。

キルスティがマリメッコのトップに就任した時、社員の気持ちには期待がこもっていた。買収の前には、噂が飛び交い、キルスティは候補者の一人にすぎなかったし、本当にキルスティが成功するのか疑う人物もいた。

キルスティが入ってきてからの出来事はなにやら派手なエンターテインメントめいた雰囲気もあったが、皆、これが復活への答えであってほしいと心から願っていたことに変わりはない。

そして社員も顧客も、各店舗が以前よりずっと魅力的になっていることに気づいた。時期的にもぴったりだったのかもしれない。不況の間、フィンランド国民はずっと出口の見えないトンネルを進んでいるような気持ちでいた。マリメッコの社員たちも同様だ。キルスティは聞き手をその気にさせるのが非常に得意である。自分の頭の中にしかない将来のビジョンを、あたかもすぐそこに手に入るものであるかのように描いて見せ、聴いている方もなるほどそうかと信じてしまうのである。

昔からいる社員にとっては、キルスティは多くの古き良き時代の習慣を理解せず、捨て去ろうとしているように思えた。たとえキルスティがプリントのパターンが素晴らしいと言っても、キルスティの感じている素晴らしさとももとの伝統とはズレがある。マリメッコにおいて、以前であれば派手さはわざとらしいものだととらえられていた。しかしキルスティがマリメッコに乗り込んだ最初の年、すでにマリメッコの伝統柄とも言えるパターンがゴールド、シルバー、黒で発売され、すぐに大人気となった。プリントは高品質で、新しい商品開発もスピーディに進み、遅れることなく店舗へ納入されることが分かった。私たちの女ボスはどうやらクレイジーなことをやってのける人で、私たちもその命令になんとか応えられるらしい、と社員たちは頷き合った。

次にキルスティは新たなコレクションに黒いベルベットを投入した。小ロットだが、テレビのコマーシャルにはこれらの商品を使う。撮影はセウラサーリ（ヘルシンキの島）の橋の上で夜間、スポットライトを当てての撮影だった。美しくドラマチックな映像が話題となり、マリメッコのレトロな柄が暗い水面に映り、そのそばを黒いベルベットのマントが翻る。

情熱は力の源

これまでキルスティについては、主に女性誌で広告代理店の経営者として、黒ずくめのファッションやインテリアにお金をかけているといったテーマで取り上げられてきた。マリメッコの買収後は、マスメディアがこぞって取り上げるようになった。これは大成功か大失敗か、どちらにしても記事にして損はないというわけだ。鼻が利く者は、それまでどんなフィンランド企業の買収に関しても、ここまで雑誌のスペースやテレビのゴールデンタイムの貴重な時間を割いて報道されたことはなかっただろう。

取材されるだけではない。キルスティはマーケティングとメディアへの露出を操るプロだ。だから取材はほとんど断らず、日に何度もインタビューを受け、実際には記者たちがキルスティの手のひらでいいように転がされるのだった。

「もう為すすべもなく立ち尽くすのは終わりよ！」タブロイド紙『イルタレヘティ』のタイトルにキルスティの言葉が踊る。

取材を受けている間は、キルスティはマリメッコの成功を信じ、心配事などこれっぽっちもないような様子である。抱えているシャネルのハンドバッグの中には実は機密情報が隠されており、このマリメッコ・ゲートの結末がどうなるかはすっかりお見通しであるようにふるまっていた。お金ならある。キルスティはフィンランドの国旗と国歌『わが祖国』を引き合いに出した。記者たちはキルスティが話す言葉を鵜呑みにし、喜んで記事にしていった。

「キルスティ・パーッカネンは秋からマリメッコを立て直そうと奔走。アパレル界にもたらした効果は、スキージャンプで連勝の選手が観客に歓喜の涙を流させるのと同じようなものだ」と女性誌『エーヴァ』の記者ライヤ・リーサ・ランタネンは書いている。

キルスティは、母ヘルミが縫ってくれたクリスマス用のよそ行きの服の思い出を繰り返し話した。キルスティが学校でもうすぐ新しいお出かけ服をもらえるのだと嘘をついたことから、母は自分の外套をほどいて娘に服を縫ってくれたのだ。

「あれは私にとって一番大切な服でした。あれ以来私はずっとプリンセスのままなのよ」

というエピソードで記者たちを感動させ、自らが経営するブランドの服を着ていないことなどすっかり忘れさせる。

キルスティは自分が貧しい家の出であることをことさら意識して話した。そうすることで多くの人を勇気づけたかったのだ。どれだけ多くの人が、自分の出自のために人生はもうどうしようもないと諦めていることだろうか。母が、外套をほどいて裏返しに縫ってくれた服の胸元に、台所のかまどの鎖を飾りとして縫い付けてくれた。その飾りは今や高価なジュエリーに取って代わっている。時に、記者の要望によって、フィンランドの国旗の色をしたジャケットを身につけたり、赤いマリメッコの服を身につけたりすることもあったが、撮影後はすぐに着替えてしまうのが常だった。キルスティは驚いていた。

「フィンランド人たちが、えいやっと何も知らない世界に飛び込む人間を賞賛するとは思わなかった。アルミ・ラティアが終えた場所から私が同じことをできるとは思っていなかったし。どうやら私はかなり寛大な扱いを受けているようね」

ビジネス界の女性リーダーの座は長い間空席だった。黒ずくめのキルスティは、全国のマリメッコ店舗をすべて回ることにした。大切な顧客と同じ目の高さで会い、言葉を交わしたいと望んだ。各店舗のロケーションや店内の様子、品ぞろえもスタッフのことも、すべて自分の目で確かめることができる。

改善点は次から次に出てきた。ヘルシンキでは半径百メートルのエリアに実に四つも店舗がある。そのうち一部は費用の点からも閉鎖しなくては。その代わり、北エスプラナーディ公園通り（ヘルシンキの中心地にあるショッピングストリート）の店舗は拡張することにし、タンペレ（全国三番目の大都市）の店舗は場所を変える。学園都市ユバスキュラには新たな店舗のため、場所を探すことになった。

一九九二年十一月にはヘルシンキ隣のエスポー市の繁華街に新規の店舗をオープンした。首都圏から一時間ほどのラハティでは、撤退の決定がなされたばかりだったが、キルスティがいい場所を見つけたことで決定は覆(くつがえ)された。

オープン予定のテナントのウィンドウには、マリメッコがやってくるというポスターが貼られた。週末の間にウィンドウは赤い口紅のキスマークでいっぱいになった。嬉しい反応だ。しかしキルスティは各店舗も売上をきちんと出すようにと公言した。結果が出なければ、ウィンドウには今度は別のポスターを貼り出さざるを得ない。そのポスターに誰もキスマークを付けたいとは思わないような。

キルスティは言葉の出し惜しみはしなかった。恐怖政治は人生の希望を奪うだけだ。不況だ不景気だと言っていては、財布の紐は固くなるばかりで、天下の回りものも動かない。世の中を動かし、車輪を回すのだ。キルスティからすると、相手を失望させるようなやり方はまったく理に適わない考えなしのすることであった。

「世界では字が読めない人もいるけれど、すべての人が感情を持ち合わせている。素晴らしい資産よね」

キルスティは、マリメッコの内部に入ってみて、フィンランドのミニチュア版に直面した。

「国が犯したのと同じ過ちを会社のレベルでもやっているのよ。社員をクビにして、役付きだけ残していたりするの。実務担当者が一人しかいないのにチーフが五名もいる部署ってなんなのかしら」

もう一つの大きな過ちは、国内の製造拠点を海外へ移すことだった。国はそれを見過ごしているのだ。キルスティは数々のインタビューで気炎を上げた。曰く、ポルトガル人たちが仕事をすることを覚え、ビジネスができるようになっているではないか。このままでは、もうすぐフィンランドには五十万人の失業者が生まれるだろうと。キルスティによるとそれは過ち以外の何物でもなかった。フィンランド人が仕事を失い、失業手当の窓口へ列をなす時、彼等はすでに誇りも身につけた技術も失っている。政府が、失業手当を出すのと同じ金額を仕事や品質の改善に注いでいれば今こんなことになっていないだろう。

キルスティは全国を回り、来場者用に注文された赤と白と黒の縞模様のケーキをカットするセレモニーをこなした。店舗にやってきた顧客に対しては、キルスティは同じ目線に立ち、愛想よく真摯（しんし）に対応した。謙虚に人と応対でき、相手がどんな様子であろうとも軽んじたりすることはなく、自分の周りには金色に輝くオーラをまとわせているのである。

この人が成功しなければ、いったい誰が代わりになるというのか。

店舗には長い列ができた。西北部のヴァーサでは、一人の女性がキルスティに近づき、彼女のベルベットのジャケットにはポケットがあるかと聞き、右側のポケットに手紙を差し込んだ。その文面は「マリメッコを買い取ってくださってありがとう」と始まっていた。東部のヨエンスーでは、別の女性がキルスティのそばに寄ってきて、「ほら、あなたいつもあんなピンヒールで歩き回っているからクランベリーを摘んで、毛糸の靴下を編んであげたのよ」とベリーと靴下をくれた。

キルスティはミサで説教をする宣教師のような役目を果たしていた。そして行く先々で歓待を受ける。イルッカ・アウティオは証券業界雑誌で、「パーッカネンは世界でも類を見ない素晴らしい出張をこなし続けている。フィンランドを北から南に海岸線に沿ってドライブしながらの旅だ。一度、途中で屋内市場に立ち寄るために車を止めたことがあった。すぐに路上生活者らしき男性が十マルカをくれとそばに寄ってきたため、パーッカネンはそのまま立ち去ろうとした。すると男は、『サーリヤルヴィ出身のキルスティ・パーッカネンの車を守りますよ』と言い、パーッカネンは十マルカどころか二十マルカを男に渡したという。『なんで皆私の名前だけじゃなくて出身地まで知ってるのかしら。どこから情報を得ているのかしらね？』

一度エスプラナーディ公園でキルスティは若者のグループに囲まれた。彼らはキルスティの肩をどやしながら、言った。「パーッカネン、あんたおばさんにしてはなかなかやるじゃんかよ！」

キルスティはまたも面食らう。「あんたたち女性誌でも読むの？　なんで私のことを知ってるのかしら？」

「女性誌なんか必要ないさ！　誰だってあんたのことは知ってるよ、頑張れよ！」

キルスティが有名人になり、世論の後押しも売上に大きく貢献した。一九九二年十二月の売上は二店舗のみを除き、黒字となった。まずまずの結果だ。これまでマリメッコは主にイメージ広告を打ってきた。キルスティはヘルシンキだけでも新たに五、六店舗を新たにオープンした。消耗品に関しては、まったく違うマーケティングが必要だとキルスティ自身よく分かっていた。彼女は、事業活動の本当の方向性は一年以内に見えてくると考えていた。

マリメッコの社員も、キルスティが予測できない人物だということは身をもって体験することになった。毎日、無料でジェットコースターに乗るようだとも言われていた。キルスティも自らの意思決定がスピーディで白黒はっきりしていて、主に直感に基づくものだと認めていた。気分がいい時はそれに拍車がかかり、論理的に何故そうするのかを説明することすら難しい。

時に彼女はころころ気分が変わることを謝ったりもした。そういう時には、マリメッコに長く働いている社員は、大丈夫ですよ、アルミもそうでしたから、と答えたものだった。

時に、キルスティの態度についてカヴェトヴオに文句を言ってくる社員もいた。

「キルスティにはお気に入りのスタッフが何人かいたんだ。どうしてもそのメンバーを中心に仕事を進める。誰かとうまくいかなければ、そのスタッフは一人で放っておかれることがあった。組織に所属していても仕事がない。一緒に仕事ができなかったからだ」

また、もうマリメッコの中で自分に将来はないと諦める者もいた。一方で、一時期、仕事を干されていたけれども復活を果たした場合もある。キルスティはエンジンがかかっていると、いろんなことに気分が盛り上がり、エネルギーや注意が他の方に向く。そうすると状況が変化するのだった。

マッティ・カヴェトヴォは、社員が泣いたり不平を言ったりすることもあったが、マリメッコの動きは常にダイナミックだったという。

「少なくとも状況が膠着して退屈だったということは一度もない。常に変化が起こっていたからね。いろんなスタッフといろんな状況はあったさ。キルスティに言い返すことができない社員もいれば、堂々と反論する社員もいた。キルスティは反対意見を嫌うわけじゃない。人間関係とは複雑なものだ」

それでも、人間関係が物事を動かす大きな要素の一つだった。

「私に不平や文句を言いに来た社員が、時が経つとやっぱりキルスティは旗振り役で、私たちはそれについていくと言いに来ることもあったね」

PR及び広報部長を務めていたリーッタ・コルヨネンは他の社員と同様、最初は仰天させられっぱなしだった。そしてキルスティのエンジンがかかり始める。キルスティとリーッタは馬の合うペアとなった。

「すごい勢いでアクセルが踏み込まれた感じでしたね。黒ずくめのマダムがこれまで見たとのないようなやり方で陣頭指揮をとり始めました」

マリメッコの顔として、キルスティとコルヨネンは国賓を迎える対応にも関わった。ディナーに招かれ、大統領府官房とも連絡を取り、独立記念日の式典などにも招かれるようになった。母国と外国のありとあらゆるところを歩いているようなものだ。もう休日や平日どころか、夜も昼もなく働いていた。コルヨネンは、キルスティの年齢でここまでどっぷりと仕事に打ち込める人間がいるということに驚いた。

その分、他者への要求も厳しくなる。マリメッコでは、ぐうたらするといった風潮はなく、ショップで見かけるのと同じく社内の雰囲気も非常にカラフルだった。

「調子のいい日は、キルスティは真っ白でユーモアのセンスも抜群なんです。一方でダークな部分も併せ持っています。そういう時は注意する必要がありました。キルスティが不機嫌な時には、実にいろんな言葉を浴びせられましたね」

「謝罪はキルスティのトレードマークじゃなかった。自分で決めたことには満足なので、私たちに対しては思い通りにならない場合、はっきりそれを伝えられたものです。でも決して自分に甘いわけではなく、自他ともに仕事にはとても厳しい人でした」とコルヨネンは振り返る。

キルスティのそばに寄ることができるのは愛犬たちだけだった。キルスティは週に一回、愛犬をシャンプーし、ブラッシングをしてやっていた。犬たちは立ち疲れると、タオルの上に寝そべり、キルスティに体を洗わせるのだ。信頼できる隣人が犬たちの散歩を買って出てくれていた。一度隣人と、黒い犬がどちらのことをより気に入っているかで口論をしたことさえある。二人は犬にそれを決めさせることにした。道の真ん中に犬を待たせ、それぞれ自分の家に走って戻った。犬は女二人が家に戻るのを待ち、彫像のように微動だにせず、あたかもこう言っているかのようだった。「私がどちらを好きかなんて教えるつもりはありませんよ！」

リーッタ・コルヨネンは犬を獣医に連れて行く羽目になったこともある。愛犬が、キルスティのドイツ出張中に病気になったのだ。犬は、キルスティが駆けつけるのを待たずに死んでしまった。その後、キルスティは犬を飼おうとはしなかった。ダイダロスも、タリスマンもキルスティの自宅庭に埋葬された。

とある新年の日、キルスティは友人たちを自宅に招いた。仲の良い友人、アッリ・シュヴァンオヤが隣に座っていた。招待客の一人はインド人の男性だった。彼が女性たちに手相で運勢を見てあげようと言い出した。

シュヴァンオヤの手を見て、男性は「この人はまず頭で考える」と言った。キルスティの手を見た男性は、「この手には理性のかけらもない」と断言し、キルスティはそれを聞いて喜んだ。常に心の眼で物事を見たいと思っていたからだ。

「誰もそんなことでビジネスができるわけはないと思っている。信じなくても結構よ、これは私の理論であって、私の経営の仕方なのだから」とキルスティは言っていた。

もし顧客が店舗で店員の態度が悪かったという手紙をキルスティに書いたとしたら、キルスティはそれをコピーして全社員に向けて貼り出し、こういう時はどうするべきだったかを考えさせた。

「私は売って売って、売りますよ！　さぁ！——というのはサービスじゃないわ。逆にお客を不機嫌ににらみつけるのも違う。フィンランド人にとって買い物は高いものなの。だから使ってくれる一マルカにだってその対価を還元しなくては」

これまで続いてきた灰色の年月の後、マリメッコでは直感で動く、いわばエモーショナル経営の時代が始まっていた。キルスティがのろしを上げるビジネス理論には、以前のアメア社の経営陣が赤面するような文字が踊る。わくわくする気持ち、肯定感、希望、尊敬、日々の幸せといった具合だ。言葉はさらに続く。真実を尊び、良心を持ち、美しさを愛で、感謝をし、相手を気にかけること、そして自律。キルスティ自身が自律の権化のようなものだった。毎朝五時に起床し、エアロバイクかスイミングをこなし、誰よりも早く七時には出勤している。キルスティがジャガーで出勤中、エスポーからヘルシンキの橋の辺りでマッティ・カヴェトヴオに電話をし、彼はキルスティに叩き起こされることもままあった。

「ねぇちょっと思いついたんだけど、こういうアイディアどうかしら……」

キルスティが尊敬するココ・シャネルも、時計やカレンダーに縛られず直感で動いたという。キルスティは朝の通勤時、ハンドルを握りながら感謝の歌を歌う。これほど楽しめる仕事があり、周りにあふれる真実、知識や皆の信頼で胸がいっぱいになるのだ。会社の駐車場に着くと、一日中ここで飛び回れる気がする。

他の社員は八時頃にぼつぼつと出勤し、一杯目のコーヒーを注いでそれぞれのデスクに向かう頃、社内アナウンスで呼び出しがかかる。「広報部長コルヨネン、パーッカネンの部屋へ！」

一日の始まりだ。一九九〇年代初め頃は、二十四時間年中無休という言い方はフィンランドでは存在しなかった。しかしすでにその頃、キルスティが舵を切るたびにマリメッコ社員の生活は休みなく影響されることとなった。「もちろん人間、休暇や自由時間は必要よ。でもだからといって、仕事中に寝ていいということじゃないわ。誰か、私がストレスをためているところを見たことがある？」

キルスティは今こそ、人生がすべて思い通りだという気がしていた。

スウェーデン語系フィンランド人向けの『フフヴドスタッズ・ブラーデット』紙の取材では、キルスティはマリメッコを三年で株式上場させると宣言した。

「失敗したらトンブクトゥ行きの片道切符を買うわ」


キルスティは社員を仲間として扱い、社員の立場に立つ人間だった。しかし時に労働法で保証されている社員の権利についての記述について、労使側と衝突することもある。ある年の決算は黒字でいい結果が出せた。キルスティは、こんなにうまくいって皆はなんというかしら、と軽口をたたいた。横からヘリナ・ウォティラがため息をついて、縫子さんたちがもっといい待遇を望んでいると口をはさんだ。

翌日は由緒あるホテル・カンプにて決算発表だったが、キルスティは朝からずっと機嫌が悪いままだった。

「一睡もできなかったわ。もう会社も売却よ！」

誰もキルスティが会社、そして社員の面倒を見ていないと責めることはできないだろう。

協同労務法においては、経営陣から組合担当者への連絡は余裕を持って実施するものとする、と書かれているため、人事部長は定期的な会合を計画した。

第一回目の製造委員会との会議では、議題などそっちのけでキルスティは自分が話したいことだけに終始した。組合側の担当者が議題についてはどうかと質問したところ、キルスティは気を悪くして、「こういう会議は今日が最初で最後よ」と言い捨てた。

彼女は根っからの経営者マインドの持ち主だが、社員にとっても公平な扱いをし、偉ぶることはなかった。しかし、物事の進め方は「彼女のやり方で」なければならなかった点が楽ではないのだが、多くの者がキルスティのスタイルを気に入っていた。いわゆるあたたかい母鳥タイプではないが、これほどまでに自分らしさを捨てない人もいない。

一度ウォティラはプリントの受注が少ないと伝えに行った。

「クレート&バレルからも注文が入らないんです、自宅待機の警告を出した方がいいでしょうか」

マリメッコでは時に一時解雇の警告が出されることもあったが、多くが状況の改善によって取り消された。キルスティは多くの場合、何が悪かったのかと原因究明するよりは分かりやすい標的を探すため、役付きの者がやり玉にあがることは多かった。

エサ・サーリネンにとって、マリメッコのショップに足を踏み入れる時の顧客体験はまるでドラマのようだと評した。

「キルスティは深いところで平等と民主主義と人に価値を置く人だから、マリメッコの店舗での体験もそこは譲りたくなかったはずだ」

　多くの人間がそれには反対した。企業経営者はこんなやり方はしない！　来店者にケーキを配るなんて、会社経営はそんなものではない！　サーリネンに言わせると、こうした一風変わったやり方がマリメッコに道を開き、人々の心の中にマリメッコが戻ってきたのだという。キルスティは広告をやっていた経験から、どんな商品がフィンランド人の心をつかむのかよく分かっていた。「やさしくマイルド」や「とってもしなやか」シャンプーの頃からそうだった。

　キルスティはフィンランド人の心理や心象風景をよく把握していた。サーリネンは、キルスティのやり方が決して人に取り入るいやらしさではなく、マリメッコが如何にフィンランド人の心を震わせるかを深い理解に基づいて行なったアプローチだと分析していた。

　キルスティがマリメッコ社長に就任して半年後、何年も大赤字が続いてきた会社の貸借対照表ではほんの少しの黒字、百九十七マルカまで持ち直した。やっと水面に顔を出せたようなものだ。それでも溺れそうだったことを思えば大きな勝利である。

　一九九二年の五月、キルスティはポルヴォー市にあるハイッコのスパのマナーハウスにて社員に対して謝恩会を催した。哲学者エサ・サーリネンと医師ヘイモ・ランギンヴァイニオが登壇し、リーダーシップ哲学と今で言う社員のウェルビーイング、心身の健康維持についてスピーチをした。キルスティの遠い親戚にあたる歌手で女優のリトヴァ・オクサネンが歌で皆を楽しませた。

空に太陽が出ている。キルスティはマリメッコのレトロ柄を次々と世に出す作業を始めたばかりだ。

「一九六〇年代は世界中で流行してるわ、マリメッコはその黄金時代を世界に知らしめなくては！」キルスティは言った。

もうすぐ母ヘルミが家の前に植えた花が世界中で開花するだろう。数年後、誰もがウニッコ柄に溺れそうなほどに。

負けず嫌い

ヨルマ・オッリラは長年の間、キルスティにとって企業経営者としてのロールモデルであった。オッリラがキルスティの経営理念に接したのは一九九二年の春、キルスティはマリメッコにおける最初の冬を乗り切った後で、彼はと言えば当時携帯電話で一世を風靡したノキアの社長に就任したばかりだった。

エスコ・アホ首相が率いるフィンランド政府は三月二十四日、ヘルシンキのハナサーリ島にて政府主導の経済セミナーを開催した。テーマは「フィンランドのカムバック」である。最も注目された登壇者はキルスティであった。彼女は手持ちの紙を見ながら話したが、すべての聴衆を魅了し、オッリラもそのうちの一人だった。女性の企業経営者はまだ珍しかった頃だ。

「まず喋り方がよかった。彼女は、社員を巻き込むのはリーダーシップだと言ったんです。一方、会社は幼稚園じゃない。企業だ。そして企業の目的は成功することだと。誰も言いたくても言葉にできなかったことを言ってのけた、それが聞いていてとても爽快でした」

オッリラはキルスティに話しかけた。

「彼女の言っていることは、私がもっと大規模なノキアでやりたいと思っていたことと共鳴していました。そして二人とも試行錯誤の真っ最中だった。

あの最初の出会い以降、私たちは会うたびにどうやったら社員を巻き込めるか、何が必要か、厳しさも必要だけれど聞く力や相手への配慮も必要だった話をしてきました」

キルスティは負けず嫌いの権化で、それを隠そうともしなかった。ヨルマ・オッリラはフィンランドで最も影響がある経営者として毎年選ばれるほどだった。しかし二〇〇五年、IROリサーチ社が実施した調査で、キルスティがオッリラを超えて一位に輝いた。これはキルスティにとっても忘れられない出来事で、二人の間でも何度か話題になり、そのたびにキルスティは満足げな表情を浮かべていたものだ。

「じゃあ試してみましょうよ」とキルスティは誰にでも挑戦を厭わなかった。できるものなら追い越してみろ、というわけだ。一九九八年の企業経営に関するビジネス雑誌の調査で、国内の力ある女性経営者をランキングし、キルスティは二位につけた。アンケートでは十人の仕事ができる女性経営者を答える形式となっていた。

一位は百五十二ポイント獲得したフィンランド中央銀行の頭取、シルッカ・ハマライネンで、彼女については「欧州中央銀行にフィンランドの女性パワーを送り込みたいところだ。冷静で相手に信頼と尊敬の念を起こさせる、典型的なリーダーでコイヴィスト元大統領のお気に入り。優秀でどこに出しても恥ずかしくない経営者で、欧州でも説明は不要。同じ社民党の閣僚が起こした事件で関わりがあり名声に傷がつく」

一位と二位の差はたった五ポイントであった。「廃墟と化していた企業を立て直し成功へ導いた。ランキングの常連で良い部下を持つ。年老いても強さがある。結果を出し、常に戦う姿勢を見せる。周囲の声を取り上げる経営スタイルを信奉。伝説、業界の指導者、素晴らしいビジョンと勇敢さ。独立心旺盛。変化の経営。クリエイティブな組織を率いることにかけて右に出る者はいない」

「キルスティが手をつけた、マリメッコを底辺から成功する企業へとのし上げる事業は尊敬に値する。アメア社の前任がまったくできなかったことを手品のごとくやってのけた。どこかから突然現れた女性が、短期の間にここまでの結果を出したのである」と経済研究所の調査部長ハンヌ・イルカスが考察した。

ヨルマ・オッリラは、キルスティは負けるのが嫌なだけだと言う。

「負けず嫌いというのはすべての成功する企業経営者に共通する素質だ。そうじゃないという者は物知らずにすぎない。ただ、キルスティの競争意識の背後には、彼女の寛大な心と共感力が働いているけどね」

オッリラは、キルスティのフェミニズムにはこれっぽっちもネガティブなところがないと評する。キルスティは、もっと様々なリーダーの座に女性が就くべきだと考え、彼女たちを支援したいと思っていた。なぜならせっかく努力しても報われていない女性が多すぎると思っていたからだ。

オッリラによると、キルスティは家族のこともきっちりこなす女性を尊敬しているという。

「キルスティのフェミニズムは、女性が自分の居場所を仕事を通じて社会でもしっかり築いていくことにある。女性を不当に扱う風潮が生まれないようにね。女性のライフステージで、正しいタイミングで支援が必要だ。特に家族ができ、子どもが生まれる時期はそれが顕著になる。やる気さえあれば、いろいろな支援で会社も歩み寄れる」

「キルスティは、正しい相手をきちんと評価することは忘れない。そこに役割は無関係だ」とオッツリラは評する。

一九九二年夏、キルスティはヘルシンキの中心地、エスプラナディ公園通りにて最初のマリメッコ・ファッションショーを催した。このためにヘルシンキ市から許可を取るためのやり取りはかなり面倒であったが、最後にキルスティが市長のカリ・ラハカモに電話し、開催が実現した。しかし、かなり細かい禁止事項のリストが送られてくることになった。一つの例は、マリメッコがこのファッションショーを宣伝してはならないというものである。

「私たちが公園に植えられている花々を踏みにじるとでも思ったんでしょうよ。禁止事項のリストが来るのが遅れて助かったわ！」とキルスティはため息をついた。

公園通りには三十メートル長のステージが設営され、横断幕には大きなロゴが踊り、公園通りの両方の入り口に立てられ人目を引いていた。キルスティはもう禁止事項のリストを見直す気にはとてもではないが、なれなかった。

エスプラナディ公園は興奮した聴衆であふれかえった。ショーの後、百名余りの人々が次々とキルスティのところにやってきて、さわやかな真夏の屋外で、これがどれほど素晴らしいイベントだったかを口々に告げにやってきた。こうして夏のファッションショーは以後ずっと続けられている夏の風物詩となった。そして毎年、雨に降られたためしがない。早朝には雨雲が空に広がっているのにショーが始まる昼前にはすっきりと青空が広がり、輝く太陽が雨雲を押しやってしまうのである。

「キルスティは神様のご加護があるわね」と母ヘルミであれば、満足げに言うだろう。

キルスティはファッションショーに、よりエンターテインメント性を求めた。モデルだけでなく、ダンサーや有名人も起用した。公園通りの屋外のショーに加え、スウェーデン語劇場やフィンランディアホール、国立オペラ劇場でも実施されるようになった。

キルスティはマリメッコが自らも服を求め、自宅のインテリアに愛用しているようなアルマーニやシャネル、ヴェルサーチといったような世界的なブランドになればと夢見ていた。キルスティはいつも美しいエレガントな装いに身を包んでいたが、友人たちは、すでにクローゼットはいっぱいなのにキルスティが飽きることなく黒いドレスや服をどんどん買い込むのを目を丸くして眺めていた。

マリメッコを買収してから、キルスティはエサ・サーリネンにマリメッコの社員向けに講義をし、社員の雰囲気をぐっと盛り上げセッションをして欲しいと願っていた。そうすることで下向きの社内の雰囲気のてこ入れをし、トップダウンではなく誰もが同じ方向に向かって力を合わせられるようにしたいと考えたのだ。そうすることで社員が将来に希望を持ち、出すアイディアや新しい組織を作り上げる部分でもそれぞれ主体性を持たせたかった。

「自分がそういう雰囲気を作り上げる人間でいたいのだけど、私も気分屋で昨日はご機嫌ななめ、今日はマザーテレサみたいなものだから。エサ・サーリネンが全体の雰囲気をまとめ上げてくれたら助かるわ」とキルスティは言った。

サーリネンの講演は定期的に開催されたわけでも、それほど頻繁だったわけでもなかったが、キルスティは非常に大切な機会ととらえていた。一つには、サーリネンがキルスティのマリメッコでのリーダーシップを信じていたことがあるかもしれない。二人はしばしば、朝食を兼ねてポリッジの皿を囲んで打ち合わせをした。

「さぁ朝のポリッジを哲学者さんへ。若い人はこの大皿一杯で足りるかどうかは分からないけど、あら、オーツよりもライスポリッジの方がいいのね、分かったわ。落としバターもどうぞ」

といった具合である。キルスティのオフィスはマリメッコ本社の三階に上がってすぐ左にあった。壁にはアルミ・ラティアの肖像画があり、左にデスクが置かれている。キルスティとサーリネンはここに対面ではなく角に九十度の角度で座った。

キルスティはポリッジにバターを落とし、父についてしゃべり始めた。会話はリーダーシップやテキスタイル、またはアパレル企業とはあまり関係なく、主に人生についての話題が多かった。この二人の打ち合わせは定期的で、それに加えてサーリネンは内部の打ち合わせに同席することもあった。

「キルスティのやり方は、周りの会話を全然聞いていないようなふりをして突然どこかのディテールに飛びついてすごく興奮した様子で反応するんだ。『それって素敵じゃない!』でも自分の年齢を盾(たて)にして『この年だから、すべてに興味を持っている必要なんかないのよ』という言い方をすることもあったけどね。そしてキルスティは、素知らぬ顔をしてすべてをきちんと把握していたということがわかる」とサーリネンは振り返る。

キルスティは皆が息の詰まらない組織を望んでいたが、決定権は自分が持ちたがった。サーリネンによると、キルスティにはこれと決めた数人の中心的なスタッフがいた。そのうちの一人、ヒルッカ・ラヒカイネンはマリメッコのクリエイティブ・ディレクターで、決して偉ぶることなく結果をきっちりと出してくる人物だった。キルスティは、自分のスタイル感覚を信じていたが、ラヒカイネンの意見も尊重した。

キルスティの意思決定をよく物語っているのは、一度サーリネンとの会話で、キテーの縫製工場が話題に上った時のことだ。

「あなたあそこに素晴らしい工場があることを知らなかったの？」キルスティが尋ねた。

「行ったことあるんですか？」とサーリネンが聞くと、「ないのよ。すごく行きにくいところにあるんですもの」

「じゃ二人でバットマンとキャットウーマンみたいな感じで視察に行くっていうのはどうだい？」

「なんて素敵なアイディア！」キルスティはすぐに乗ってきた。「どうせあそこまで行くなら、あなたに社員を対象にした最高の講演をしてもらわなくちゃ。他の拠点からも社員が来られるようにしましょう。どうせならファッションショーも開催して、キテーの自治体にもこれまでの感謝をしたいわね。キテーで大きなマリメッコ・デーをやりましょう！」

そしてこれらすべてが実現した。

キルスティのロジックはすべてがこの調子で進んでいくのだ。リーダーシップにおいても特に感情の大切さを強調する。彼女自身がその権化でもあった。マリメッコを経営していく中で、その強烈なリーダーシップが周りに大変な状況を作り出したこともあるだろう、とサーリネンは推測する。

一九九二年八月、エサ・サーリネンは雑誌『アンナ』向けにキルスティをインタビューした。なんと七ページもの特集である。ペッカ・ヤルヴェライネンが撮影した写真ではキルスティとサーリネンがまるで恋人同士のように座っているシーンがある。二人の膝は触れそうなほどに近い。キルスティは珍しく、アスファルト色に近いグレーの服を着ている。サーリネンは光沢のあるグレーで家具のテキスタイルを思わせる布地のスーツを着て、ヒョウ柄の靴を履いている。

「新生マリメッコは成功すれば売上の何倍分もフィンランド人の国民感情を盛り上げてくれるだろう。そのことをマリメッコの社員も、私たちもよく知っている。運命が刻一刻と時を刻む。破滅か、それとも希望か」サーリネンのペンは進む。

キルスティはキテーの工場は従業員全員でフル稼働しており、「アパレル製造の新しい拠点も探しています」と言った。

ヘルットニエミのプリント工場は目標値を四十％上回る稼働率だった。

「外部からの注文も多いんです。イケアもうちでプリントをしていますしね。店舗はすべて売上も黒字だし、総売上もアップしています」

キルスティは、アメリカへの二週間の出張から戻ったばかりで、ニューヨークに大きなショールームを十月にオープンすることも明かした。サーリネンは、ライセンス契約自体は目新しいことではなくアメリカにはそうした企業が山ほどあると書いた。

「でもあそこまで行ってフィンランドのことをちゃんと説明した人はほとんどいなかった。今回は全部の店舗を訪れて、私自身のことも説明し、ビジョンも語ったの。二週間かなり勉強をさせられたシーンもあったわ。アメリカのエージェントが、最初のプレゼンの後にこれじゃダメだと言ったのよ。自分を小さく見せすぎる、それじゃアメリカではうまくいかないと。相手に要求しなさいと」

キルスティは、謙虚すぎたと認めた。

「おとなしすぎたようね。あまり大がかりに宣伝するのはよくないと思ったのよ。フィンランド人の気質もそうじゃない？　謙虚さが尊ばれるから。顧客の意見を聞き、サービスをする。でも自分を低く見せても新しいところへは進出できない。特に北米では」

キルスティは、マリメッコがいつの日かドイツのヒューゴ・ボスのような大きな存在感あるブランドになれたらと夢見ていた。しかしフィンランドの法制度は何かしようとするたびに前に立ちはだかる。

「組合の威力で、残業禁止やあれこれの従業員の権利がもう邪魔で仕方がない。今度労働大臣のイハライネンに会ってなんとかしてほしいと伝えるつもりよ。受注が立て込む時に仕事をたくさんした方が、皆のためになると思わない？」キルスティは心底そう思っていた。

キルスティは、国を救うのは中小企業だと考えていた。従業員全員が仕事の全体を把握していてお互いの顔が見えている商売だ。例えばキルスティがウォメナ社でやっていたように。そのくらいの規模であれば、序列だのといった無駄なプライドや分業の進みすぎで仕事が惰性になることはない。

「自分の会社で目指したい方向がはっきりしていれば、やっていることに意味が生まれる。忙しければ徹夜したってつらくない。それが労働者の権利ときたら。最初の一時間で五十％の賃上げの要求が始まって、それが百％になり二百％になり、そんなことをしていたらしまいに（コストが上がりすぎて）誰にも仕事がなくなってしまうじゃないの」

キルスティが来てからの七カ月、従業員にとってはかなり大変であっただろうと認めている。

「ここでは百四十四名の社員全員が自分を投げ出してこれまでの溝や空白を埋めてくれたの。私たちを止めることはできないという証明だと思うわ」

キルスティはこの調子でいけば、一年後には輸出の数字もどんどんよくなると見込んでいた。

「かつてアルミがやってのけたような、マリメッコを昔のように花開かせることができるかどうかは分からない。アルミは本当に人を惹きつける力があり、偉大な人で、何かをやらせたら超一流だった。私自身はまだまだ勉強中」と珍しく謙虚に考えている。

キルスティは、特に外国の顧客に評判がいい石本藤雄や、マイヤ・イソラのデザインに絶大な信頼を置いており、イソラは大輪の花を咲かせたわね、と言ったりした。

「やはりオリジナリティなのよ。イギリスやチベットのパターンを真似するだけじゃだめなの。自分の国から、湧き出るものを凝縮していかなくては。フィンランド人らしさで、セールスポイントになるものは何かしら。伝統工芸の白樺の樹皮じゃなくたっていい。何か私たちらしいものよ」

キルスティは有名なデザイナー、ステファン・リンドフォルスと話をして、彼が旗艦店のエスプラナーディ公園に面したショップのインテリアをリニューアルすると決めた。

「きっと素晴らしいものになるわ！」

また、シンプルな削ぎ落したデザインが美しく、どこか深いところでフィンランドらしさがあると考えた。

「アルヴァ・アアルトのスツールやリーサ・スヴァントのドレスをマリメッコに取り入れたいのよ。世界で最もシンプルで偉大な美しさと一目で分かるアイコニックなものね」

ただ明確なラインとは言いつつも、色遊びを捨てたわけではない。
「晩秋の紅葉、オーロラの色合い、木立ちに垣間見える野原、これらはマリメッコが大事にじっくりと育てたい背景となるものなのよ」

キルスティはビジネスにも自分の個性を押し出していった。逆に彼女からすると、多くの企業が味気ない、顔の見えない商売をしているという。キルスティは造船業のマサ・ヤーズ創立者で社長でもあるマルティン・サーリカンガスを信奉していた。キルスティは彼が自由で自分らしさを前面に出すことにも躊躇（ちゅうちょ）しないことから、「行動のヒーロー」と評していた。

他にも、キルスティが尊敬していたのは、自分の家の管理人、友人のインテリアショップ、フンクティオを経営するアッリ・シュヴァノヤ、作曲家のヘイッキ・サルマントらであった。
「アッリ・シュヴァノヤのことは人間としても本当に尊敬しているの。彼女のビジョンもね。デザインだけじゃなく、アッリ自身が意識していない部分でも多くを学んだわ。あんなに素晴らしい才能を持っているのにとても謙虚なのよ」

一九九三年、マリメッコは九百五十万マルカ、つまり百五十万ユーロの利益を出した。

キルスティだけでなく社員全員が震え上がったのは、一九九五年、経済紙『カウッパレヘティ』が三月一日号でマリメッコが破滅寸前だと書いたことだ。「マリメッコは百万マルカ単位で赤字を出している、成功していると書かれていた企業の決算は実は千万マルカも悪化した」という攻撃的な記事だった。ヘルットニエミにある本社では、社員たちはキルスティが風のようにやってきてエレベータで三階の自室へこもったのをちらりと見たのみだったが、皆がキルスティに心からのエールを送りたい、と真っ白なボクシンググローブと白バラの花束をサプライズで贈った。皆が感極まっていた。

「あの時、最後までキルスティを受け入れていなかった人たちも彼女がボスだ、この人しかいない、と心に決めたのが伝わり、感動的な場面でした。会社が一丸となるとはこういうことなのだと実感したんです」当時ストアマネジャーとして勤めていたピーア・ロッシは語る。

キルスティは翌日の『ヘルシンギン・サノマット』紙にて『カウッパレヘティ』の記事を訂正した。他のメディアもこぞってこのやり取りを書き立て、紙面を割いた。最後には、掲載誌『カウッパレヘティ』の編集長ラウリ・ヘルヴェ自らがコラムで次のように書くに至った。

「失業者の増加と不況のどん底という時期にあって、どんな論調で経営者について書くかにもっと注意を払うべきだった」

経済紙『タロウスエラマ』は、マリメッコが収支ではプラスマイナスゼロの結果を出しているが、会社の利益率はパーッカネンが指揮をとり始めてから根本的に変わった、しかしまだランクで言うと企業の経営としては許容範囲内、つまりまだ素晴らしいところまではいっていないと評した。

一九九七年、マリメッコの利益率はかなり向上し、資本回収比率（投資した金額から得られる利益）は十％以上となった。

仲間は見捨てない

キルスティのお気に入りだったモデルは、例えばアンゲリカ・カッリオ、ヴェラ・ヨルダノヴァ、ミレッラ・コウッリアス、そしてビルギッタ・オウナップといった顔ぶれだった。皆、ダークヘアの若い女性モデルでそれぞれ個性的だ。ひょっとしたらキルスティは彼女たちの中に自分を見出していたのかもしれない。

全国を巡回するファッションショーは、関わる者にとってかなりハードなものだった。

担当者に選ばれることは名誉だと言われてはいたが、まずその仕事量が尋常ではない。巡業に出る者たちは東北部のスルカヴァの工場へ五時間ほどのドライブの後たどり着き、山小屋のようなところで寝泊まりし、翌朝少し北のサヴォンリンナへ向かった。行く先々でファッションショーをこなし、まるで人気のロックバンドのコンサート巡業だ。

ヤーッコ・ペルトマキとキルスティの協力は一九九二年、マリメッコの仕事が発端だ。企業招待客向けのイベントを企画したのが始まりである。そして定期的にファッションショーで各地を回るようになってからは、町から町へ、ペルトマキの三菱パジェロで旅が続いた。パジェロが引くトレーラーには、ステージの足場、ショーで使う服が下げられたラック、様々なものが詰め込まれた。キルスティは助手席に、リーッタ・コルヨネンは後部座席に陣取っていた。

多い時には年間百六十カ所ものイベントをこなしたこともある。二〇〇七年にヤーッコが計算したところ、それまでの間に計二千三百回のイベントをこなしたことになり、スケールはモデル二名の小規模なものから、ハートウォール・アリーナ（ヘルシンキ最大のイベント会場）を貸し切ったものや、毎夏のエスプラナーディ公園の野外ファッションショーまで規模も内容も実に多彩だった。巡業をする時も皆ができることをやり、イベントの成功へ力を尽くした。ペルトマキはイベントの照明や音響を引き受け、キルスティはその場の雰囲気を盛り上げる手腕にかけては右に出る者はいない。キルスティ自身、腕まくりをしてすべてに関わり、手本を示した。

「十人のうち九人の社長がやるように、キルスティも別のやり方を選ぶということもできたはずです」とペルトマキは言う。

移動中は様々な人生相談が繰り広げられた。気心が知れるとお互い会話のツッコミも増え、何を言っても面白い。イベント会場のショッピングセンターで、キルスティがベンチに座っていると、人々が彼女を取り巻いてお喋りにも花が咲いた。キルスティが加わると、垣根が取り払われ、他人が近寄りやすくなるようだ。「皆の心が一つだとまるで仲間でピクニックや旅行に出ているようだった。仕事というよりはこれがライフスタイルだとすら感じられたものです」とヤーッコ・ペルトマキは当時を思い出す。

スポーツ観戦が大好きなキルスティのために、世界選手権などの結果は休憩時に知る必要があった。移動中も観戦ができるよう、当時まだ高価だった車載用テレビを設置する羽目になった。

ドライブの最長記録は、一九九六年五月に南ドイツのブレーメンからトレーラーを引きながら北ドイツまで縦断した旅だった。キルスティはヤーッコの隣に十二時間座り通しである。

「疲れるという言葉を知らないようで、他の人物ならマリメッコの復活劇ももう少し穏やかで退屈なストーリーになったかもしれない。名の知れた企業の社長でありながら、このような草の根レベルで行動しながら数百人を食わせるという人は見たことがない」

ファッションショーでは、キルスティはしばしばヤーッコのそばで音響担当のスペースに座っていた。社長なのだから最前列に座ってもよさそうなものだ。

「あれがキルスティらしいところなんですよ」とペルトマキは言う。

世間ではマリメッコで働いていることがステイタスとなってきた。キルスティは誰とでも会話を楽しめる性質で、どんどんキルスティのファンが増えていった。ドイツではデュッセルドルフでアパレル業界の重要な見本市が年に二度開催されている。八月、キルスティはフランスから直接ドイツに飛んだ。見本市会場で、ファッションショーは狭苦しい暑い場所でノンストップ開催されていた。

「こうした見本市では、毎回どんな間違いが起こるかとひやひやし通しでした。ショーのために注文した花が雰囲気に合わないからと新たに注文し直したりはしょっちゅうでした。細かいところにとことんこだわるのも実にキルスティらしい点でした」デザイナー、ミカ・ピーライネンはいう。

キルスティに言わせると、こうした見本市への出張は社員への慰安旅行であり、かたや実際に参加する社員は疲労困憊していた。

リーッタ・コルヨネンはキルスティのお気に入りモデルともなったビルギッタ・レイノネン（旧姓オウナップ）をショー向けに見つけてきた張本人だった。そこから、キルスティがマリメッコから引退するまで実に三十五年も続いたオウナップの長いマリメッコでのキャリアが始まった。

オウナップはフィンランド服飾業界合同のショーから、マリメッコのクリスマス、デュッセルドルフ、国内の店舗で開催されるイベントと大小様々なファッションショーに出演し、後半にはモデルのショーの間の演出や振付も担当するようになった。

どんなに小さな地方のファッションショーであっても、キルスティがモデルと一緒に出かけないことはなかった。キルスティは代理店を大切にしており、それを実践していたのである。南西部カウットゥアの小さなショッピングセンター、ウィルヘルミーナの店舗には往年の歌手カトリ・ヘレナを店舗二十五周年記念に呼ぶほど力を入れた。ショー開始の少し前、目的地へ向かいながら「森しかないじゃないの！」とキルスティは辺りを見回して呆れていたが、現地に到着して百名以上の客がすでに待っているのを見ると考えを改めた。このような田舎では、マリメッコのファッションショーは大きなイベントなのだ。キルスティは店舗のディスプレイとスタッフのサービス精神にも気をよくした。ショーが終わった後、バックステージには誰もがキルスティに話しかける機会を持つことができた。マリメッコ側では、ステージ、照明、出演モデルとすべてを用意して移動していて慣れたものだ。ショーも大成功であった。地元紙『アラサタクンタ』はトップページをすべてマリメッコのショーに割いた。

リーッタ・コルヨネンは、カウットゥアでの雰囲気とその盛り上がりが本当に素晴らしかったと述べている。

「初めてあそこに行った時、本当に道中は家一軒も見かけなかったんです。だから野原の鳥たちにショーを見せることになるのかしらねって冗談を言っていたくらいで。現地に到着したら大勢の観客が待ち受けていて、嬉しい驚きでした」

カウットゥアのファッションショーは毎年五月の花の日（その昔フィンランド国歌が初めて紹介された日、五月十三日の国旗掲揚日）に開催されていた。メーリ・ティッカとマルヤッタ・ペルットゥの姉妹は、キルスティがマリメッコを買収したというニュースに沸き立った。キルスティがマリメッコの指揮をとっていた時代、ウィルヘルミーナの店舗にとって、売上の三分の一以上をマリメッコ製品が占めていた。ショーの日は特に売り上げがよい。よく売れたのはニット製品、ボーダーのシャツ、サマードレス、チュニックといった身につけやすい夏向けの製品だった。インテリア関連の人気も根強い。

「キルスティからは大きな激励の言葉をもらいました」メーリ・ティッカが言う。

「私たちは、このサタクンタ地方全体にマリメッコをアピールしてきましたから」

中北部にあるピュハヤルヴィの見本市では、キルスティはこれほど多くの人がマリメッコを身にまとっているのを見たことがないと断言した。世界中で人気のブランドのショーで見かける風景だ。例えばグッチのショーにグッチを、ディオールのショーにはディオールの装いで参加するように、マリメッコのショーにマリメッコを多くの人が身につけたのである。地方の森の真ん中で、最先端のファッションショーの雰囲気が盛り上がった。有名なモデルやミスの称号を持つ出演者たちもキルスティに加え、客寄せに大きく貢献している。

「キルスティはコレクションの構成、製品、製造について本当に知識が豊富でしたし、私たち売り手の声もよく聞いてくれました。ショーの日に翌年のコレクション展開について希望を出したりもしました」

テーブルはご馳走であふれている。マリメッコチームは他の街からカウットゥアまでコーヒーでしのぎ、到着後に空腹を満たすことができた。

「食事中も冗談が飛び交って、キルスティはその会話の指揮者のようなものでした。テーブルを囲んでいる人たちのプライベートも聞き出すのが上手でした」とオウナップは言う。「私たちもキルスティがどんな小さな村のイベントであろうとも全力投球するので一緒に盛り上げたいと思っていました。ですから普段ならやらないようなこともキルスティに倣ってやっていました」

報酬も悪くなかった。巡業は春と秋に数十回あり、食事付きだった。しかしキルスティに隠れ彼女たちはこっそりたばこを吸っていた。

オウナップは北東部の街、カヤーニ出身でキルスティと一緒にいる時、地元のカイヌー弁を喋った。キルスティは喜んで自分の出身地サーリヤルヴィの方言を喋り始め、オウナップとキルスティは二人で気兼ねなく笑える罪もないユーモアを話しては笑い合った。テーマが食であろうが、ファッションであろうが言葉の応酬は止まらない。片方が話し始めるともう片方がそれを受けて続ける。チビのカッレ（フィンランドでチビのカッレと言うと、ちょっと間の抜けた、下品なジョークや小噺を意味する）が絡む冗談が特に人気で、オウナップは話の中でその相手役にされることが多かった。

「先生が性教育をしました。カッレが挙手して、『先生、僕はもう体験しました！』先生はそんな破廉恥な発言をするなんて、とカッレを教室から放り出しました。教室の入り口でカッレが振り返って『ビルギッタもです！』と告げ口したのです」

キルスティはこの話に何度も大笑いした。そして『ビルギッタもね！』とさらに爆笑する。

メッセセンターのファッションショーは多い時で五千人の観客を集めた。日中にショーを二度開催する。成功するとチーム全員の高揚感は言葉にしがたいほどだった。逆にちょっとしたこと、例えばステージ音楽のチョイスが少しでもキルスティの気分に合わないと、キルスティの感想をたっぷり聞かされる羽目になった。


ヘルシンキ市庁舎ではメディアと招待客向けにファッションイベントも開催したし、ストックホルムへも年に一度はイベントで出かけた。キルスティは部下たちとともにエコノミークラスに搭乗した。それはドイツ行きでも、コペンハーゲン行きでも変わらなかった。ラップランドへバスで行く時にも当然のように同じバスに乗り込んだ。特別扱いを好まず、グループの一員でいたがったのだ。ショーが終わってからは真っ暗な夜道を車でひた走りながら、全員でカトリ・ヘレナのヒット曲『私に星空を』を合唱しつつ帰路についた。

一度、ユバスキュラ近郊で店舗関連のイベントがあった。キルスティを含め、関係者全員がアイスホッケーのファンで、ちょうどそのイベントの前後はフィンランドにとって非常に大事な試合があった。キルスティはユバスキュラからヘルシンキへ戻る途中のラハティ市にあるセウラフオネ・ホテルのスウィートルームを予約し、チーム全員が一番大きなテレビ画面から試合を観戦できるようにした。二時間半もの間、皆で声を限りにフィンランドを応援し、ルームサービスでピザを注文し、たらふく飲み食いしたのだった。「選手たちを猫に見立てて『子猫ちゃん、頑張れ！』と叫んでいたの」

こういう楽しみを持ちながらも、皆が仕事のモラルはきちんと守った。時に、モデルにダブル・ブッキングが発生することがあった。そんな時には、モデル同士で、優先順位を考え、結局マリメッコへの忠誠心は変わることはなかった。

「キルスティは、いつもそれを自分の選択だと言っていました」

キルスティは、気分屋であろうが、意志の強い相手を好んだ。そんなきっかけで、アーティストのミーナ・アッキユルッカはマリメッコへ新しい柄をデザインすることになった。ファッションショーでは、アッキユルッカがデザインした柄のウェディングドレスをオウナップがまとうことになった。バックステージでいかにミーナが私の周りをうろうろしてどうドレスを着るかを見ていたのかを面白おかしく話した。

他の関係者は軒並み、長いトレーンに足を取られることとなった。

キルスティはほとんど休みを取らなかったが、七月はフランスで過ごすことが多かった。その間いつものファッションショーチームはマリメッコのコレクションを三年にわたり中西部のセイナヨキにて、タンゴ・ミュージック・フェスティバルに合わせて実施していた。キルスティは田舎の商業施設王、ヴェサ・ケスキネンとも気が合った。彼女は、「素朴で温かい田舎者だが、骨の髄まで商売人」といったタイプと実にウマが合うのである。

時に盛り上がると出演者のふるまいが行きすぎることもあったようだ。ファッションショーには大人数が詰めかけていた。モデルには、今はハリウッド映画にも出演するヤスペル・パーッコネン、甘いマスクで有名な俳優ミッコ・レッピランピがいた。彼らのデビュー作となったサスペンス映画、『ヴァレス』がちょうど公開になったばかりで人だかりとなったのだ。ミッコ・レッピランピはステージで振付に入っていないのに後方転回を決めた。

マリメッコは国内外で一年に百五十回はファッションショーをどこかで実施していた。キルスティは時には十八時間のフライトから戻って直接会場へやってくることもあった。

当時は、特に日本とアメリカ向けの輸出が絶好調であった。ヒラリー・クリントンは非常に人気があったし、彼女をなんとか店舗のオープニングに招待しようという努力もなされた。

ショーのバックステージはモデルの名札が付けられた衣装のラックと段ボール箱であふれていたし、舞台裏では、七十名もの人間が動き回っていた。モデル、スタイリスト、イベント主催者、脚本家、プランナーとアシスタントたち、振付担当といった具合だ。モデルが二十四名いるとすれば、一人が一時間の間に身につける衣装は五着から九着となるため、着替える時間は一分刻みである。ショーの間に百六十着の衣装を観客に見せるのだ。

モデルたちの体形はヨーロッパサイズの36~38であった。世界で当時流行っていた拒食症にしか見えない痩せすぎのモデルはマリメッコでは当初から使っていなかった。それどころか、マリメッコのショーに出演するモデルたちはよく食べる。クッキーにペプシコーラ、ブドウやデニッシュといった菓子パンまで。ショーの合間にランチも出される。音楽は力強いリズム感の曲が好まれた。

「しっかり歩いて!　女性らしい、美しい歩き方よ!」コルヨネンが軍曹のように指導する。「クロスカントリースキーをやってるんじゃないのよ!」

コルヨネンの額に冷や汗が流れる。今回もどうなることやら、無事に終了できるだろうか?　キルスティが音楽のボリュームを下げるように指示している。ビニールカバーの下に、本番用の黒いサテン地を敷き詰めたステージが見える。最初の客たちがそこにスパークリングワインのグラスを置き始め、キルスティの気持ちはかき乱された。あんなところにグラスを置いたら輪じみの跡がついちゃうじゃないの……

ショーが終わってから、キルスティとコルヨネンは客たちの間を縫って感想を聞いて回った。夜九時を回ってからやっとキルスティはラインストーンが散りばめられたピンヒールを脱いだ。さすがのキルスティもこの靴で一日中立ち続けるのはこたえたようだ。皮が黒くなってしまったバナナと、生温かくなったサンドイッチは彼女のハンドバッグの中ですでに夕食の用をなさなくなっていた。

キルスティの目はキラキラと輝いている。キルスティの目を見れば、付き合いの長い者はキルスティのご機嫌をすぐ知ることができたし、その視線で人を立ち止まらせることもできた。彼女のあふれるエネルギーの源は皆の理解をとうに超えていた。疲れていてもきちんと一人一人の相手をするのである。

「小さな村のイータおばあちゃんが話しかけに来たってちゃんと彼女の話し相手をするのよ」とオウナップは評した。

ファッションショーの後、キルスティはいつも皆より遅れてバックステージにたどり着いた。

「あのままにしておけないじゃない、あの人たちが私に言いたいことがあったのだもの。

私が弱くなって、杖をつかなくちゃいけない日が来たらもうだめね。老後なんて考えたくもないわね」とキルスティはひとりごちた。

自分ではまだまだ若いつもりでいた。キルスティの自宅には家事代行のサービスを頼んであった。一度キルスティは、自宅で飲み物などの空き瓶を三袋分集めて分別し、自分で集積所まで持って行こうと思っていた。「そしたらあのお年寄りが持って行かなくて済むじゃない？」と考えたところで、通いのお手伝いさんが自分より二十歳は若いことに気づいた。

一度キルスティは帰宅途中、警察に車を停められたことがあった。

「スピード違反でしたよ」

「だからどうだというのかしら？　残業でくたくたなの。私がフィンランドを救うのよ」とキルスティは訴えた。

「それでも法律は法律です。スピード違反はだめですよ」

「法律？　私はそんなに重大な罪を犯したのかしら？　あと犬が待ってるのよ。散歩に連れて行ってやらないと」

そしてキルスティは罰金すらまぬかれたのであった。警察ですら無理ならば、誰が彼女を止めることはできない。

創造性の指揮者

デザインミュージアムの展示会担当ハリー・キヴィリンナは、キルスティが指揮をとり始めてからのマリメッコの変化は早かったという。

「フィンランド全体のアパレル業界が瀕死の状態で、海外に輸出されるものなんてほとんどなかった。国際化はキルスティがこの業界に入ってから始まったようなものだ。そして品ぞろえは同じなのに皆が店に押しかけるようになった。それ以前は全然商品が動いていなかったのに。商品展開は幅広いのにサイズの展開が少なく、お客は、本当はサイズ40なのにサイズ38の服を着たがったりね。」

当時はマイヤ・イソラのデザインした柄はインテリア商品には使われていたが、服はまだだった。ウニッコ柄の服は一九六〇年代には存在すらしていなかったのである。

一九八〇年代のテントのようなゆったりしたワンピースのシルエットがぐっとタイトに身体の線に沿ったものになった。同時に会社のイメージも、顧客層も若返っていった。レトロが若者にも受けた時代だ。年配の顧客には、それらの商品が自らの青春時代を思い起こさせて人気となった。

「キルスティは沈みかけた船の救世主みたいなものだった。皆がまだ立て直せるという希望を持ったんだ。アメア社には、そこまで会社が沈没しないように維持してくれたのは感謝だな」とハリー・キヴィリンナは言う。

キルスティがデザイナーを採用する方法はこれがまた独特だった。

いつもその時の気分で、直感を信じて決めてくるのだ。

デザイナーのユッカ・リンタラは人生の間に一度だけ占い師に見てもらったことがある。占い師はリンタラの周りに近いうちに黒い女が現れるだろうと言い、それがきっかけで人生が変わると予言した。ユッカ・リンタラと彼のパートナー、マッティ・ヴァスケライネンは一九九一年の夏休みをパリはシテ島のアーティスト・レジデンスで過ごした。彼はファッションデザイナー協会ムスの会長も兼任しており、ちょうどショー向けに「カレワラのベリー」というシリーズのコレクションを準備中で、布地はパリから仕入れたところだった。

これらの写真をキルスティはフィンランドへ向から機内誌で読みながら、稲妻の速さで持ち前の決断を下したのである。コレクションはカラフルで異国的だった。名前がフィンランドの歴史と、郷愁そして自然を思い起こさせる。マーケティングの観点からしても完璧だった。

リンタラの友人、ヨルマ・ケウルライネンが、キルスティが会いたがっていると電話してきた。キルスティとリンタラは一度会ったことがある。ミックマックというアパレルブランドの店舗オープニングイベントで、ブランドのオーナーであるエイラ・サロヴァーラがすれ違いざまに二人を引き合わせたのだった。

「彼女はマーケティングですごく腕利きなのよ」とサロヴァーラは当時キルスティを紹介している。

キルスティはアンネ・ムッロとともに、ヘルシンキのタルッカアンプヤ通りにあるリンタラのアトリエに到着した。二人とも、つばの広い黒い帽子をかぶっている。キルスティは、そうして「カルヤラ地方のベリー」コレクションをマリメッコが買い上げることを決めた。これが新生マリメッコの最初の高級ラインとなり、国民のアイデンティティをもメッセージとして伝えるものとなった。

コレクションは、国民的文学をもじって「七人の姉妹」として発表されることとなった(アレクシス・キヴィの『森の兄弟』のこと。七人の荒くれ兄弟が荒野を駆け回る物語)。モデルとなったのは、当時女性初の国会議長を務めていたリーッタ・ウオスカイネン、女優のエイヤ・ヴィルパス、走り幅跳びの選手リンガ・ロポ、経済学者のレニータ・アイリスト、歌手のソニヤ・ルンメらなどである。マリメッコの古株社員たちは、この大がかりな宣伝に苦言を呈した。こんなことをやってうまくいくのか、と疑う向きも多かった。しかしこれが十七年続いたリンタラとキルスティのコラボレーションの始まりであった。

　コンスタントに仕事の依頼があったわけではないが、リンタラはマリメッコに対してデザインを提供し続けた。

「キルスティはすべての物事に自分の意見を述べることが多かった。確固たる自分のスタイルを確立していたし、視野も広かった。フィンランドのアパレル業界にとって、コレクションをデザイナーの名前のもとに作り始めたのは、本当に大きな意味があった。そしてコレクションがどのように見えるかという部分がキルスティの範疇（はんちゅう）だった」

　リンタラは幅広いデザインを展開していった。麻素材を使ったチェックのコレクションは売上的にも大成功だった。スポーツ・コレクションや、バスルーム関連の商品もリンタラが担当した。また、一点もののブランケットとして、プリント工場にやってきて手描きで絵を描いたこともある。マリメッコのファッションショーには、リンタラはその時々のテーマに沿ってこれもフィナーレに登場するモデルに着せる一点もののドレスを何度もデザインした。

「こうした仕事のお陰で、自分の能力を向上させることができましたし、縫い子たちとの協力関係も築くことができました。ショーではいつも、観客がどんな新しい作品が最後に出てくるのか、楽しみにしているのが伝わったものです」

一九九一年秋、マリメッコのクリスマスショーがヘルシンキのアイス・アリーナで開催された。マッティ・ヴァスケライネンはフィナーレの回に照明とクリスタルで銀色のそりをデコレーションし、キャットウォークも鳥かご用の金網から二十五メートルものコットンと電飾が入った雪の灯ろうで飾っていた。モデルのビルギッタがそのそりに乗って雪の女王としてステージに登場した際は、観客からは感嘆のため息がもれた。

こうして、イブニングドレスのデザインと言えばユッカ・リンタラという押しも押されぬ一流デザイナーの評判が出来上がっていった。一九九〇年代半ばから、毎年十二月のフィンランド独立記念日に催される大統領邸の記念レセプションにおいても、国内のデザイナーによるイブニングドレスへの評価が高くなっていった。一九九六年、リンタラは大統領邸の独立記念日の式典向けに、その年全国起業家協会賞を受賞したカイヤ・ポュスティに最初の印象的なドレスをデザインすることとなった。

そのドレスを着こなしたポュスティは女性誌で、今年度の記念式典の女王と称された。ドレスの上半身は金色の豪華な刺繍がほどこされ、華やかな赤いボリュームのあるスカートは厚みのあるシルク素材であった。動くとちらりと見える白い裏地が、男性の燕尾服から白いウェストコートがぎりぎり見える長さのお洒落を連想させる。

「イブニングドレスをデザインする仕事は、かなりの集中力を要しましたが、私の仕事への評価を高めてくれました」

多い時には同じ独立記念日の式典にて二十名の女性がユッカ・リンタラの作品を身につけていたことすらあった。キルスティのためにも、リンタラは十着以上のドレスをデザインしている。

フィンランドの有名なジュエリーブランド、ティッランデルのジュエリー・コレクションに、リンタラは白鳥をモチーフにした美しいネックレス、ブローチ、リングのセットをデザインした。キルスティもこのセットを所有しているが、特にリングを気に入り日常的に身につけていた。美しく尊い形へのオマージュだ。

「キルスティはアーティストとしての僕をよく理解してくれました。二人で話をする時に、何度もヒントをもらったことがありますし、それらが自分の仕事の土台となっています。誰しもアドバイザーは必要です」

リンタラにとって、キルスティがマリメッコを去ってからも彼女の重要性は変わらなかった。

リンタラは、同じ会社にずっとい続けることは、自分の道を探すうえで妨げになると考えていた。リンタラのこれまでで最も楽しい思い出は、キルスティのマリメッコ時代に素晴らしいコレクションをデザインする機会を与えられ、それを世に出し、売上にも貢献したことだったという。

「ヘルシンキのオペラハウスで僕のコレクションを発表した時は、あまり売れないかもしれない、と言ったんですよ」

「キルスティは、デザイナーと、アーティストの核となる部分を分かっていました。アーティストの価値を上げてやれば、会社のためにもプラスに働くとね。彼女は、様々なデザイナーたちの隠れた才能をうまく引き出すのがうまかった。デザイナーにとってもそれを形にできるのはこの上ない幸せです。」

リンタラにとって、キルスティは先を見通す人間そのものだった。

「彼女のビジネスセンスは、アイディアに終わらせずそれをお金に換える錬金術にあった。繊細な感覚を備え、様々な人間に価値を見出すことができる。相手をやる気にさせ、衝動的で直感に従い、迷いがない」

「彼女は創造性の指揮者のようなものです。どうやったら彼女のように、いろんな人の奥底に隠れた美点や才能を掘り出し、しかもそれを売れるものにしていけるのか。キルスティはフィンランドの国そのものをマーケティングしたんですよ」

軍隊の方がキルスティの下よりよっぽど楽よ

「あなたは何座なの?」とキルスティが二十四歳のラハティ・デザイン専門学校から卒業したばかりのミカ・ピーライネンに聞いた。ピーライネンは質問に驚きつつも「いて座です」と答えた。

「あら、そうなのね。私の前の夫もいて座だったのよ。私はうお座。いて座とうお座は相性がいいのよね」と言いながら、キルスティはピーライネンの「ミルクしぼりの少女」コレクションを眺め、カラーの花があるのを認めた。

「いつどこで生まれたの?」

「一九六九年、ユバスキュラです」

「まぁ。その年は私はウォメナを創立したんだったわね。あと私はサーリヤルヴィ出身なのよ」キルスティは続ける。「このコレクションいいじゃない。あとカラーの花も好きよ。いいわ。雇ってあげる」キルスティはそう言った。一九九四年のことであった。

ミカ・ピーライネンは後になって、この時の会話が図らずも非常にキルスティらしいやり方だったことに気づいた。直感を信じ、無名かつ初対面の若いデザイナーをその場で採用したのだ。

ピーライネンには本当にツキがあった。キルスティはツキや偶然のもたらすものについても信用していたからだ。これまでにも多くの才能あるデザイナーが面接を受けてそれでもはねつけられていたのだ。ピーライネンとキルスティは実際にウマが合ったし、彼にとって面接の途中ですでに採用結果が分かるというスピード感が非常に興味深かった。

「あまり多くを期待せずに、流れに任せるとこうなるのだと分かりました。出会いはかなり濃い経験で、キルスティが本当に直感に任せ、恐れず物事を決めるということが面白かったですね。夏至祭の後に入社して、私は長い間、最も若い社員の一人でした」

ピーライネンがマリメッコに入社した頃、専属デザイナーはヤーナ・パルッキラ、ユッカ・リンタラ、そしてニット製品をデザインしていたマルヤ・スナがいた。その後、リトヴァ・ファッラ、マッティ・セッパネン、そして年の終わりにサム—ユッシ・コスキも入ってきた。入ってもすぐに消えていくデザイナーもいた。多くのデザイナーがすぐ名刺と自分のアトリエを希望した。

ミカ・ピーライネンは自分に任された仕事は、なんでもやり遂げるものなのだと早い段階で悟った。時々自分はデザイナーではなく広告代理店にいるのではと勘違いしそうになったほどだ。キャッチコピーは社内で考えた。キルスティは指示を出すのも早い。ピーライネンは、服の撮影コーディネートを任され、カメラマンとモデルも手配することになった。キルスティは出来上がった写真にご満悦だった。

ピーライネンの「ミルクしぼりの少女」からシリーズを作ることにした。売り出しは翌年春だ。

テレビコマーシャルも打つ話があったが、カリ・ミエッティネンはそんな金はないと言う。問題は商品群が膨れ上がっていくことだった。

そうして、マリメッコでは分厚い商品カタログが制作されるようになった。その予算に、ピーライネンはモデル、スタジオと機器レンタルの費用を全部収めようとしていたのだ。予算オーバーしそうになるとピーライネンは各所に電話し、値下げ交渉をしなくてはならなかった。交渉がうまくいくと、キルスティは少なくとも何らかのコストダウンができたと満足するのだ。

「かなり細かい仕事でしたね」

キルスティはまた日当や他の細かな支出に関しても厳しかった。ピーライネンはキルスティの打つ広告や、最大日刊紙の一面の広告費を思い浮かべため息をついたが、決定権はキルスティが握っている。

一例として、ピーライネンはキルスティとともに日本へ出張したことがあった。一緒にタクシーに乗って移動するが、日本でタクシーは安くはない。ピーライネンは助手席に座った。

「あなたが払っておいてね、助手席に座ってるんだから」とキルスティに言われ、支払った領収書をフィンランドに戻ってから出張費として請求した。その領収書を見たキルスティから、社内アナウンスでピーライネンは即刻社長室に来るように！　という呼び出しがかかる。

「このタクシーの領収書はどういうことなの？」とキルスティが問い詰める。

ピーライネンは、同じ車に乗っていたじゃないですかと懐柔しようとする。

「嘘でしょ！」ピーライネンはそこで、キルスティのやり方を悟った。彼女が嘘つきだと言う時は、何を言っても勝ち目はない。

「あれはキルスティ流のゲーム、コメディみたいなものでした。ずっと後になって、彼女との仕事はチェスをやっているようなものだったんだなと分かってきたんです。心理ゲームが常に進行しているのはその場では分からない。後になってああ、そういうことだったのかと気づく」ピーライネンは思い返す。

マリメッコでは、社内アナウンスでその時々用事がある社員が呼び出される習慣があった。呼び出しがかかるとたとえどんな大事なフィッティングをしていたとしても、即キルスティの部屋へ駆けつけなくてはならない。すると仕事は終わらず、夜にやるか翌日にやり直すのが常だった。なぜなら一度呼び出されると一時間や二時間で済まないことも多かったからである。

「もし呼ばれたのにすぐ上がっていかなかったらどうなることか……」

社内呼び出しはしょっちゅうあった。もし複数の人間が同時に呼ばれることがあれば、それはもうすぐ何かが起こる予兆でもあった。それが何なのかは行ってみるまではまったく分からない。こっぴどく叱られるか、話し相手を求めているだけなのか。


キルスティの部屋は、もともとサウナに続く休憩室だった。サウナそのものには、キルスティの会社用の帽子コレクションがずらりと並ぶ。ピーライネンにとって、キルスティは一九八〇年代のソープオペラ代表作、『ダイナスティ』に出演していたジョーン・コリンズを彷彿(ほうふつ)とさせる存在だった。ゴージャスな雰囲気やガラスのテーブル好きなところがまさにそうだ。キルスティのよく身につけるスーツと同じく、マリメッコのスタイルとはまったくかけ離れている。

「キルスティと二人で話していると、田舎出身の内面がひょっこり顔を出すことがありましたね。ただ他人が目にするのは、彼女の表の顔、きらびやかな分かりやすい部分でした」

フランスにある別荘、高価なブランド服、金銀の調度品の輝きが人々の眼を惑わせる。キルスティが新たに自宅を建てている時、しまった、サウナに木製のベンチを取り付けてしまったわ、大理石じゃなくちゃ、と文句を言っていたことがあった。インテリア用のファブリックではクリスマスには金銀のプリントを刷らなくてはならなかった。ニット製品も同様だ。

キルスティはフォックスファーも山ほど所有していた。動物と、毛皮製品への愛情はキルスティにとっては両立するのである。マリメッコには伝説があった。キルスティが白いベレー帽をかぶっている時は危険だから、近寄ってはならないというものだ。まさにそんな日にミカ・ピーライネンはどうしてもキルスティと話さなくてはならない用件があったので、恐る恐る部屋をのぞき、入ってもいいかと尋ねたところ、キルスティは笑い出した。

「あれもキルスティ独特のジョークで、面白がって、我々を試していたようですね」

毎年夏の終わりには、キルスティは高級食材であるザリガニを堪能していた。オフィスのデスクには箱いっぱいのザリガニが届けられている。キルスティは爪が長いのでザリガニの殻を取り除くのはなかなか大変で、誰かをお喋り相手に呼ぶことがよくあった。しかしザリガニを食べるのは彼女だけである。

また朝食には彼女はよく茹で卵を食べていた。茹で卵の場合には、その時々で白い百合の花が香る部屋で社員にも勧めることはあった。長いガラスのテーブルの後ろには大きな観葉植物があり、壁際には本があった。キルスティは他の社員と一緒に最初の集団が到着する十時半頃、社員食堂で昼食をとるのが常だった。このやり方は、ノキアに君臨したヨルマ・オッリラから学んだ習慣だ。

縫製部門では、キルスティのジャンフランコ・フェレやその他一流ブランドの服をお直しするのも仕事の一つであった。染み抜きをしてくれと言われることもある。そこで働くシニッカはキルスティの部屋に呼ばれることもしばしばだった。ファクトリーショップで働く、サヴォ地方の方言を話すマルヤ・ペソネンはキルスティの個人的な用事を引き受けていた。掃除や服などを一手に管理していたのである。社員の時間がキルスティの様々な身辺の用事に消えていくのだが、それも仕事の一環であった。

「次のシーズンのための試作品を縫っていても、キルスティのジャケットのお直しが舞い込んできたりすると、キルスティの服を最優先で仕上げることになりました。それが普通だったんです」

ピーライネンとコスキはキルスティの日々の服装コーディネートも担当していた。山のようにある服の中からキルスティが今日は何を着ようかと考えるのを手伝うのである。

「キルスティは仕事の面では社交的でしたが、本当は一匹狼でした。プライベートではテレビやスポーツ観戦を一人で楽しんでいることが多かったですしね」

もし日中にフィンランドにとって大事なアイスホッケーの試合が開催されるようなことがあれば、同類のスポーツ好きをキルスティの部屋に呼んで試合観戦となることも多かった。その他は女性らしさのかたまりであるのに、スポーツ狂であるところは、キルスティの男性的な一面を示していたと言ってもいい。スポーツ観戦で日々のストレスを発散していたとも言えるだろう。

「キルスティはいつもフランスでの休暇中に百キロメートル泳いだと言っていましたが、どんな一流水泳選手だって三週間で百キロメートル泳ぎ切ることはできません。キルスティは物事を大げさに話すことが多かったですし、売上などの数字もかなり盛って話すことがしばしばありました。何事も百五十%には上乗せしていましたね」

社員の給与に関しては細かかったが、成果が出ると部下たちに還元したいと考えるのが常だった。細かいところではしまり屋なのだが、大きなところでは気前がいい。社員も細かいことで文句は言わなかった。なぜならキルスティが取り上げる点にはそれなりに根拠があったからだ。同様にキルスティも他人が細かいことを言うのは許さなかった。

「フィンランドの軍隊の方がキルスティにしごかれるよりずっと楽ね」と言われていたものだ。

ウォメナ時代の信頼するグラフィックデザイナー、ロルフ・クリスチャンソンはマリメッコでも仕事をした。自室も与えられていた。ピーライネンはロルフの部屋に広告レイアウトを運び、キルスティの部屋と何往復もすることになった。ロルフがキルスティの部屋に行きたがらなかったからだ。白衣はもうマリメッコ時代には着なくなっていた。キルスティとロルフの関係は、丁寧かつ信頼関係に裏付けされたものだった。

マリメッコでは、一週間どころか一日の間に物事ががらっと変わることは日常茶飯事だ。その台風の目はだいたいがキルスティだった。ピーライネンはしばしば花屋から各所の花瓶に活ける花類も仕入れに行かなくてはならなかった。そして金曜日には週末に枯れてしまう前に、従業員たちでそれらを分け合うのだった。

「花の卸売りの請求額はかなりのものでしたね」ピーライネンは振り返る。

キルスティはそこまで意識していないのだった。一個の茹で卵の値段を考えることはあっても、カタログ費用やファッションショーに湯水のように消える費用は気にしない。コレクションはマリメッコ本社のホールでもショーで紹介され、コレクションに関する打ち合わせでは、店舗スタッフが参加することもあった。打ち合わせでは、実際に製造に回すデザインとそうでないデザインを決めていった。キルスティにはお気に入りのデザイナーがいたが、顔ぶれはころころと変わった。デザイナーはだいたい、五人のモデルに製造に持ち込みたいデザインを着せてアピールをする。

「その売り込みの仕事のお陰で、アメリカ人のゲストに対してもコレクションを売り込むスキルが身につきました」

ピーライネンは、だいたい最後の順番で自分の作品を紹介することができて満足していた。しかしキルスティが何を気に入るかはその時の気分でまったく異なる。

「本社ホールで社員にデザインを見せている時、キルスティの感想はその時々でぱっと思い浮かんだものでした。モデルが着て歩いたデザインをお気に召して興奮することもありました。何かが気に入ると、子どものようにそれがはっきりと態度に出るんです」

その時の雰囲気は、スペイン人の映画監督ペドロ・アルモドバルの作品『神経衰弱ぎりぎりの女たち』さながらであった。

「皆が感情をむき出しにしていて、ヒステリックに泣く者もいれば、ゲラゲラ笑う者もいてそれらすべてがいっしょくたになったような一種異様な場でした。雰囲気に飲まれてデザインの決定をしていたようなものです。もし今の時代にキルスティのようなボスがいたら、ソーシャルネットワークで炎上必至だったことでしょう。ああ、面白い時代でしたよ!」

余計なことに口を出さず、言われたことをやる

キルスティがマリメッコを買収した当時、デザイナーのリトヴァ・ファッラは他の人間と同様、広告代理店のボスだった女性がアパレル会社を経営してどうにかなるものかと思っていた。ファッラがキルスティに出会ったのは一九九七年だ。スミルノフ・ファッションコンペの審査員として二人とも参加していたのだ。仕事が終わり、同じ時間にホテル・トルニ（ヘルシンキ中心部にある見晴らしのいいホテル）の上階から帰宅の途についた。タクシーを待っている間に、キルスティは、うちに仕事に来ない？ とファッラを誘ったのである。驚いたファッラは、じゃあ話し合いをしましょうと答えた。ファッラはキルスティが社交辞令を言っているだけで、本気だとは思っていなかった。

二週間ほど経ってキルスティがファッラに電話をしてきた。実際にファッラがマリメッコを訪れた時も彼らはまだ半信半疑だった。何より彼女は、プリントやコットンワンピースのデザインをするようなタイプではない。念のため、マリメッコのアパレル製品がどこでどのように作られているかの事前調査もしっかりと行なった。

「私がいろいろと質問してばかりで、すぐに首を縦に振らなかったので、キルスティは苛ついているようでした。キルスティは私にプリントをデザインさせたいのではなく、新生

マリメッコを求めていました。私がP．T．A．グループ（当時のアパレル大手企業）にデザインしたアヴェニュー・コレクションのようなものをね。マリメッコからは現代の女性用のスマートできれいなビジネス・ラインが欠けていましたから」

ファッラには、マリメッコが立体的で身体にぴったり合うブレザーやズボンを作れるとは思えなかった。しかしリトヴァには古くから一緒にやってきた優秀なパタンナー、レーナ・キンヌネンという懐刀（ふところがたな）がいた。

「伸（の）るか反（そ）るかでした。もし私を雇いたいなら、レーナも一緒でないとだめだと伝えたんです」

ファッラはP．T．A．グループにアヴェニュー・コレクションを六年間デザイン提供していた。

「決まりきったものしかできなくなってしまう前に場所を変えようと思っていたんです。金塊を積まれたって、気持ちがこもっていなかったらコレクションをデザインするなんてできません」

ファッラはキルスティが差し出す契約書にサインし、さっそく秋から翌一九九八年冬用のコレクションをデザインし始めた。最初はかなりの困難が付きまとった。

「マリメッコの社員が入れ替わり立ち替わり私のところにやってきて、『ちょっと、あなたがやってるのはマリメッコじゃないわ』と言いに来たのです。いいかげん頭に来て、そのうちの一人には『そんなこと分かってるわよ！　これまでと違う、新しいマリメッコのためにやっているんだから！』と言い返したりもしました」

誰もキルスティのアイディアがうまくいくとは思っていなかった。ファッラも、パタンナーも要求が厳しい。

「社内で一番腕のいい縫い子をお願いしました。根気のある完璧主義の人をね。かなり戦いましたよ。皆が上のキルスティの部屋に行って、ファッラは何をやっても満足しないって告げ口するんですから」

キルスティはファッラのアトリエにやってきて大声で不満をぶちまけ、ハイヒールで行ったり来たり歩き回った。

「テニスの試合でボールが行き交う時みたいに私はそれを見ていました。間にキルスティに何か言おうとしましたが、キルスティは譲らずまた最初へ話を戻すんです。やっとキルスティが静かになったので、私はここに残る必要はないと言ったんです。まだ二カ月も経っていないし、このまま辞めたって構わないと」

キルスティはヒールの音を響かせて部屋から出て行った。

「しばらくの間、辞めた後どうしようかと考えていました」

　三十分後、キルスティが戻ってきた。

「私だってここにいる必要はないわ。辞めたっていい。でもね、もしあなたが残ってくれたら嬉しいのだけど」とキルスティは言った。

　彼女たちは抱き合い、二人は友人となった。それ以降、キルスティは何があってもファッラのやることに口を出すことはなくなり、物事もスムーズに進み始めた。ファッラの希望通りに進むようになったのだ。

「ちゃんと成果が出せると分かると、口を出されることはなくなりました。キルスティは自分の頭で考えてベストを尽くしなさいとよく言っていました。コレクションの中でもう五センチすそが長い方がいいんじゃないかといったような細かいことは一切言いませんでした。私のデザインが売上に貢献していると分かったので、社内で批判してくる人たちからも私を守ってくれました」

　マリメッコが、ファッラがデザインしたような服を自社で縫製できないと分かると、キルスティはわざわざそのためだけにキテーの工場をそっくり買い取った。

「以前はそこではカラフルな財布やバッグといった布小物を作っていました。私たちはキテーまで行って、縫い子たちに手取り足取り縫製を教えたのです。全員にとって素晴らしいスタートでしたし、いい仕事をしてくれました。それまではせいぜいTシャツなどしか縫っていなかった場所でジャケットという立体的な難しい服をやるようになったのですから」

ファッラはオフィスで働く女性用のコレクションをデザインしていたが、自分ではそれが成功するとは思っていなかった。また、社内の誰も、キルスティ以外はうまくいかないと思っていた。

「もちろん、雇い主がやれと言えばそれに従うし、誰かがとんでもないことを考えて、スーツコレクションを作りたいと言えば、そのように物事が進むのだわ」とファッラは考えた。

コレクションは最初あまり受けがよくなかった。人々はコレクションを見て、いったいこれは何なのだろうと息を飲んだ。サイズは小さめで、売上もなかなか伸びない。二シーズンほど経って、ファッラは、マリメッコから誰もこうした服を買うことに慣れていないのではないかという気がしてきた。輸出担当からも、バイヤーが手を出さない、世界中で誰もマリメッコにこんなイメージを求めていないというコメントが返ってくる。

一九九九～二〇〇〇年の冬、ファッラはコレクションを多少カジュアル路線に変更した。冬服には、フェルト素材や伸縮性のあるジャージー素材を含む異素材のトップスも多く取り入れ、女性らしいデザインやカットソー素材の商品を増やした。この変化が好意的に受け入れられ、ファッラはクビにならずに済んだ。

「コレクション名はリトヴァ・ファッラ・コレクションでした。それを見て他のデザイナーたちもコレクションに自分の名前を付けたいと順繰りにキルスティに直談判するようになったんです。キルスティはそういうところは太っ腹ですから皆の希望通りになりました。私には反対する理由はまったくありませんしね」


ファッラ自身は、多くの高品質の素材を取り入れた。ウールとポリウレタンやポリエステルの混紡、日本製のアセテート、カシミア、モヘア、アンゴラなどを好んで用いた。

「いい生地を思い通りに調達できるのは素晴らしかったです。いまだに、あなたのデザインした服はまったく傷まずに着られると言ってくるお客さんがいるほどです。いいものにはそれなりのコストがかかるし、値段に反映されるのも自然なことだと思います」

キルスティは、コレクションについての感想はまったく述べなかった。ただ、「ファッラ、いいじゃないの」と言うにとどめた。

「彼女は、私のコレクションを特に気に入ってはいなかったと思います。キルスティの好みはヤーナ・パルッキラやユッカ・リンタラのようなドラマチックなコレクションでしたから。私がデザインしたのは、一般受けする、売りやすいコレクションでした」

リトヴァ・ファッラは、高いという評判がつくようになった。マリメッコが高いのではない。ファッラのデザインが高いという風に。

「そのイメージが今でも私を守ってくれています。誰も私が安い服を作るとは思っていないようですから」

キルスティに、ファッラの服が高いと文句を言うと、キルスティは安物買いの銭失いという例を引き合いに出してため息をついた。

キルスティもワンピースだけ作っている方が楽だと考えていたが、時代が変わってきたのだ。女性も社会進出をし、改まった場にふさわしい装いが求められるようになってきているのだ。スポーツ用のウィンドブレーカーや家用のゆったりした服ばかり着ているわけにもいかない。

「私が手がける仕事は、やる価値があると思うものだけなのよ。無理やり仕事を作ってもものにはならないわ」とキルスティは言った。

キルスティに大統領邸の独立記念日式典の招待状が届き、最初は赤いドレスを着ようと考えた。

「でもマスコミはきっとパーッカネンは消防車のようだとでも書くんじゃないかしら？」

リトヴァ・ファッラは、キルスティのことを要求の厳しいビジョンを持った指導者だと言う。他の誰も見ていない景色をキルスティは見ている。「どんな突拍子もないアイディアを彼女が提案しても、それが最後にはうまくいくんです。そういうことが重なると、周囲もキルスティに言われた通りにあれこれと状況を整え、皆で同じ目標へ向かっていくようになりました」

こうしてマリメッコ・ファミリーが、そして強い結束が生まれた。古株も、新入りも、ベテランも若者も知恵を出し合ったのである。何かが成功すると皆で集まって祝い、ケーキやコーヒーが社員にふるまわれた。キルスティはできる限り社員の面倒を見て、クリスマスパーティでは全社員を前に、大家族にするように話しかけた。

キルスティは有名人だ。一九九八年、タブロイド紙『イルタレヘティ』が独身の億万長者特集を組んだ。五位はエンターテインメント業界に君臨するスペデ・パサネンで、一九九七年には三百万マルカの年収と百万マルカの資産だと報じた。歌手のヤリ・シッランパーやマルコ・ビューストロムも銀行口座は潤っていると言われていた。キルスティはその中でも群を抜いていた。

「マリメッコのオーナー社長であるキルスティ・パーッカネンは人生を仕事につぎ込み、この地位と富を築いた。パーッカネンの昨年の収入は二百九十六万六千百四マルカ、資産総額は九百五十万マルカである」

時々カリ・ミエッティネンが本社にやってくる。彼が廊下を歩くとすぐ誰が来たか分かったものだ。早足で廊下を進み、上着のすそをはためかせながら財務部長の部屋へまっすぐ進む。

「キルスティとカリは名コンビでした。キルスティは突拍子もないアイディアを出す天才で、カリはいつもお金を第一に考えていました。カリが提案することが気に入らないと、キルスティは『会社の所有者は私なのよ、口出ししないでちょうだい』とカリを黙らせていたものです」

ただそうはいっても、家に戻って頭を冷やし、落ち着いてからやはりカリの言うことが正しいと自分の意見を改めることもあった。

「彼らはまるで昼と夜のようでしたね」とリトヴァ・ファッラは言う。

一度リトヴァはキルスティの部屋にいて、ミエッティネンが部屋に入ってきたために部屋を出るタイミングを逃したことがある。入って来るなりミエッティネンは会社の金遣いの荒さについて行ったり来たりしながら話し続けた。

「私に対して一言もないんですよ、『リトヴァ、ちょっと外してくれるかい?』だとかそういうことも。ミエッティネンが後ろに立っているので部屋を出られずじまいでした」

ミエッティネンは某プロジェクトにお金がかかりすぎていると苦言を言い、キルスティは思いつくままに言い返し、激しい言葉の応酬が始まった。リトヴァはどうなることかとハラハラしていたが、キルスティが拳（こぶし）をテーブルに打ち付けて、ミエッティネンが部屋を出て行った。

「キルスティの勝ちでした」

ファッラ自身はキルスティと言い争いをしたことは一度もなく、またその勇気もなかった。キルスティのカリスマがあまりに強くファッラさえ黙らせたとも言える。

「ですが、私が自分の意見を曲げてデザインをすることもありませんでした。ひょっとしたら、お互いを尊重し、遠慮をしていたのかもしれませんね」

リトヴァ・ファッラはフリーランスのデザイナーではあったが、キルスティはリトヴァをアート・ディレクターに任命し、他のデザイナーたちのお守りをするように言いつけた。半年後、ファッラはもうこの仕事はしたくないと宣言することになった。

「やりたくなかったし、楽しい仕事でもありませんでしたから」

ファッラによると、誰かの陰口を言うことはマリメッコではかなり稀だったという。

「デザイナーたちは皆協力し合っていました。皆それぞれのスタイルを確立していましたから。ユッカ・リンタラ、ヤーナ・パルッキラ、マルヤ・スナといった面々は自分のコレクションをデザインしていました。私たちはそれぞれ相手のことを妬(ねた)んではいましたが、彼らのことを悪く言ったりすることはありませんでした」

ファッラは、自身が他のデザイナーより優遇されていたのではと感じていた。

「私はコレクションのために海外へも撮影を許されていました。ユハ・レウナネンとキラ・グルシュコフと一緒にね。サハラ砂漠にまで行ったこともあります。そこでの撮影許可を取ることはかなり面倒だったのですけれど。キルスティが一日中電話につきっきりでフィンランドの領事館にかけ合ってくれ、無事にチュニジアでの撮影を敢行することができました。」

ファッラは「砂」へのこだわりを認めている。

「夏のファッションショーで、ヘルシンキのヒエタラハティ湾のビーチにベドウィン族のようなテントを設営したいとアイディアを出したら、キルスティが皆のハイヒールが砂に埋もれてしまうわねと言いましたっけ。あと一度真冬に、エスプラナディ公園通りでこれまたテントを設営して、温かいクリスマスのホットワインを提供しようと言ったんです。その日はマイナス二十度の寒い日で、キルスティはファッラのテント狂はもうおしまいよ！　とそれで終止符を打たれてしまいました」

キルスティ自身のアイディアは突飛なものが多く、周りの者は振り回され、誰もがそんなことはうまくいくはずがないと思うのだが、それらがことごとくサクセス・ストーリーとなる。どれほど高みを見ているのだろう。アーティスト寄りのデザイナーでさえそんなことをしても大丈夫かと思うほどだった。しかしトップはキルスティである。従うしかない。例えば、マリメッコでスポーツ・コレクションを始めようというアイディアがあった。ファッラはそんなものがうまくいくはずがないと思っていた。メンズ向けのデザイナーであるマッティ・セッパネンも同意見だった。

「私のチームメンバーも絶対無理だと言っていましたが、上からの指示ですからね……そしてスポーツ・コレクションは成功しました」

大規模なファッションショーでは、ファッラはキルスティがこれでもかと予算をつぎ込むのを見て仰天した。彼女は、アーティストやダンサーを雇う必要が本当にあるのか？とつい聞いてしまったことがある。それに対して、金は天下の回りものなのだから、と言われておしまいとなった。

「余計なことに口を出さず、言われたことをやるということを学びました」

キルスティがオフィスに出勤し二階にやってくると、社員はそわそわしたものだ。キルスティに話しかけていいものだろうか？　同時にこんなすごい社長が自分たちを率いてくれているのだというどうしようもない誇らしさが湧き上がってくる。

「女性が十二センチのピンヒールを履いて眼の前に現れたら、それだけで相手を見上げるような気分になるものです。相手への尊敬はその人から発せられるカリスマ性によります。キルスティは親しみやすいタイプではなかったかもしれませんが、逆に私たちが彼女に比べて地味すぎたのかもしれません」とファッラは言う。

「キルスティに、私はあなたの掃除婦に見えるかもね、と言ったこともあります。金髪ですっぴん（フィンランド女性に多い外見）。私が今ここで辞めたら、どこに行くところがあるだろう？　とも思いましたし、キルスティと同じドアから出入りしていいものか、何度か本気で考えたものでした」同僚とは、明日出勤したら自分のデスクがあるかしらと自嘲気味に冗談を言い合うこともあった。キルスティの機嫌がころころ変わるからだ。

「マリメッコでの年月は、様々な人との出会いも含め、私にとって大きな社会勉強の場となりました。人間としても背伸びをしたし、そして少しずつ成長せざるを得ませんでした。最高の素材を使ってデザインをさせてもらえ、面白い仕事ができました。精神的に得られたものも多かったです」

　マリメッコ時代の後に、キルスティがファッラと出会った時には、昔を思い出して笑い合った。うまくいっている時にはよく二人で「うまくいってるわね、そのまま直進よ！」

と言い合っていたものだった。キルスティは小柄な身体に似合わず力が強くファッラの肩をよくどやしたものだった。ファッラはいつも「青あざができちゃうからやめて！」と答えていたという。

目指す方向は一つだけ

光は見えている。しかしその松明（たいまつ）を掲げる者は一人でいる時、なかなかつらいものだ。キルスティは泣いていた。一人で、周りをマリメッコのタサライタ（マリメッコでの定番ストライプの商品名）のように彼女を囲む鳥かごの中で。黒と灰色の縦縞の灰色は晩秋の十月、畑を掘り返すと現れるべったりした泥混じりのあの色だ。草木が枯れ、新たな芽吹きはいつになるか分からない。

キルスティは柵の中に閉じ込められたようにさめざめと泣く。柵の外に出られないように誰かが閂（かんぬき）を差したのだ。しかし彼女にも、それが自分だったのか他人だったのかは分からないのだった。

ずっと泣いていると、染めがまだらになってしまった布のロールで部屋が敷き詰められたように見えてくる。彼女は部屋を行ったり来たりして巻きがほどけていく布をさらに引きずっていく。どうしよう。もうすぐ布地がドアの隙間から外へ転がり出て、他の者たちにも彼女の不安と苦悩が本当はどれほど深いか知られてしまうかもしれない。

母の名を、そして自ら遠ざけた夫のヨルマのことを大声で呼びたかった。しかし大切な存在だった二人はもう数十年の間、自分のそばにはいない。叫びを飲み込み、両手で顔を覆う。朝、あれほど注意深く引いた黒いアイラインが頬にまだらな模様を成している。

この夢を実現するには、私はあまりに年老いてしまってはいないだろうか？

周りの皆が正しくて、彼女が愛を捨てて仕事を選んだのは間違いだったというのだろうか？　仕事だけが、そばにいて欲しいと思えた対象だった。その目を覗き込み、朝のコーヒーを一緒に飲み、夜は手に手を取っていたい。仕事だけが夢中になれて、取り憑かれたようになれる唯一の対象だったのだ。

恋はやってきては去って行った。彼女も後を追うことはしなかった。誰か友人は残っているだろうか？　キルスティの頑固なこだわりや、スポットライトを浴びるこの生活や成功に耐えてくれるだろうか？

自分以外で誰がキルスティを信じてくれるだろうか？　そしてマリメッコがなくなったらどうすればいいのか。でも愛情はもうどこにもありはしない。傷つきやすい本心を守る薄布を引き裂かれるような思いだ。誰ももう慰めてくれはしない。誰も、彼女をか弱い慰めるべき人間とは思わないのだから。これまでも自分の足でしっかりと立ち、自分ですべてを決め、その結果も引き受けてきた。犬たちも先に逝ってしまった。彼らのやわらかい毛皮に顔をうずめることもできない。

子どもの頃に何の心配事もなく家の裏にあったランネヴェシ湖で泳いだ時、泡立つ水に消えていったように、このまとわりつく気持ちをすっきりと流してしまえればいいのに。

まったく色が見えてこない。世界が暗い。

彼女は鏡を見ずに、顔をぬぐい、目の前のやり残した仕事の書類を取り上げる。前に進まなくては。

そして電話が鳴り響いた。ブティック、デッラ・マルガのマルガレータ・アイットコスキだった。

「素敵な新作シャネルの靴が入荷したわよ」とアイッタコスキが言う。

「あらいいじゃない。すぐ見に行くわ」キルスティは電話を切った。

キルスティは調理済みのザリガニを箱に詰め、銀の燭台を二本ほど持って行った。デッラ・マルガの一般客は入れない裏部屋で、キャンドルがいい雰囲気を醸(かも)し出してくれるだろう。素敵な新しい靴を買うといつも気分が上がる。新品の靴を眺めれば心配事など吹き飛ぶのだから。

「愛はもっと大きなもので、単に男女間の関係だけを表すものじゃないのよ。愛は宇宙なんだわ」とキルスティは後に述べている。

トリノ・スパゲティじゃなくちゃ！

デザイナーのミンナ・ケメッル＝クゥトヴォネンのキルスティに対する印象はだいたいにおいて好意的だが、それなりにいろいろなことがあった。

「キルスティは、反対意見もちゃんと根拠があれば聞く耳を持っていました。私は、自分が言いたいことがある時にしか口を開きません。だからキルスティも私が物申す時は聞いてくれました」

「ミンナ、あなたっていつも締めの言葉を言おうとするのね！」とキルスティは一度ケメッル＝クゥトヴォネンに言ったこともある。

キルスティは口だけの人間を好まなかったから、述べた意見にはきちんと行動と結果が伴わなくてはならなかった。

「これくらいできるでしょ」とキルスティが言えば、もう従うほかはない。

生半可な気持ちではとてもキルスティについていけない。うまくいかせるためには、腕まくりをし全力で取り組まなくてはならなかった。そして何度も、指示された方が自分で解釈し、キルスティが意味したのとは違うものになることもあった。そうした時は、最初からやり直しとなる。

キルスティは、ティモ・サルパネヴァ（世界的に有名なフィンランド人工芸デザイナー）の美しい食器シリーズ「スオミ」を大統領タルヤ・ハロネンに贈ろうとしていた。その中の一枚がパスタ皿である。

空で贈るわけにいかない。皿にパスタの袋を見繕ってアレンジすることになった。ケメッル＝クゥトヴォネンはストックマンデパートへ走った。棚から一番高級な乾燥パスタを選んで持ち帰ったのに、それがキルスティのお気に召さない。どこでだって買えるトリノ・スパゲティ（フィンランドで売られている割安なパスタブランドの商標。またフィンランドの日常でマカロニ・キャセロールも定番のメニューである）じゃなくちゃだめよ！国民食のマカロニと同じことよ！

「私の脳内では、大統領に贈るものだから最高の品でなくては、ということしか考えませんでした。でもキルスティは、お皿に載せるパスタの袋は、フィンランド人の誰もが普通に買うもの、それこそがフィンランドらしいと考えていたんです」

見えない努力の甲斐あって、素晴らしいギフトが出来上がった。ケメッル＝クゥトヴォネンにとって、この体験はキルスティの仕事哲学を体現したものとなった。地に足をつけ、誇りを持ち、見栄を張らないことが本質だと。

「どこのアパレルメーカーもボーダー柄のシャツは出しているわ。でもマリメッコが本物よ！」とキルスティはよく檄を飛ばしたものだった。キルスティの意味するところは、アンニカ・リマラのタサライタこそが本物で、他はただのコピーだということだ。

テキスタイル部門のプロダクト・マネジャーとして長く活躍したマルヤ・ヒンッカトゥラが定年退職することになり、キルスティはケメッル＝クゥトヴォネンに後任を頼んだ。

キルスティの時代に、マリメッコではほとんど役職は意味をなさなかった。やるべきことがあり、できる人材が仕事をこなしていく。それぞれの分野があり、担当が分かれる。時に内輪の冗談として、マリメッコ社内では「デザイナーがいて、社長がいて、『ほら、あの仕事してる人』の三種類の職種がある」と笑い話になっていた。

広告のパンチラインをキルスティと考えるのは楽しかった。キルスティは一度ケメッル＝クゥトヴォネンを突然ブレーンストーミングに呼び出したことがある。マイヤ・イソラのインテリア製品の柄をどうパンフレットにストーリーとして言語化するかというものだった。

「今この場で考えるなんて無理ですよ、ちょっと待ってください。デザイナーと話を詰めてきますから」とケメッル＝クゥトヴォネンは思ったままを口にした。

賑やかだった会議室が静まり返った。皆、今本当にキルスティに向かってケメッル＝クゥトヴォネンがそんなことはすぐには無理だと言ったのかと驚いたのだ。これまでは指をパチンと鳴らすスピード感でこういう問いに答えが得られることに慣れていたキルスティは、ケメッル＝クゥトヴォネンを長い間見つめた。

「あら。あなたはそういう風にやるのね」と言った。

しかしキルスティは機会を与えた。その場で即決しなくてもいい。結局、翌日には欲しかったストーリーが得られた。

ケメッル＝クゥトヴォネンはプランナーとしてだけではなく、マリメッコのエスプラナーディ公園通りと同じく中心地にあるケスクスカトゥ通りの店舗でも働いていた。ある年、社員の功績を表彰するイベントが国立オペラ劇場で催され、ケメッル＝クゥトヴォネンは売上への多大な貢献ということで金一封を受け取った。デザイナーは商業価値から離れた存在として扱われたが、プランナーの場合、セールスのスキルと商売の感覚を持ち合わせていなければ、自分のアイディアを通すことはできなかった。

キルスティは、マリメッコの組織内で、様々な部門の社員を違う角度から眺めていた。

ある時、マリメッコの周年記念イベントとして、現代美術館キアスマにて大きな展示を催すことになった。そのキュレーターとしてケメッル＝クゥトヴォネンがマリメッコ側の担当者として任命された。

キルスティと会話をしながらであれば、どんな突拍子もないアイディアでも夢でも実現できそうだと思えた。テキスタイルを見る側がより心躍る展示にしたり、面白いディスプレイを考案したり、柄の誕生秘話を伝えたりといった具合だ。心に残るキャンペーンの一つとして、ミンナ・ケメッル＝クゥトヴォネンは、エーロ・ヒュルッカがデザインした鉄製のオブジェの例を挙げている。

キルスティは、もし何かをやるならば、客にその変化がしっかり感じられなくてはだめだと言っていた。お客様が何を欲しがっているのか、望んでいるのかを常に考えなくては、と。ショーウィンドウは店舗に足を向けてしまうような魅力がなくてはならない。ビジョンを持つボスの言葉からは、まったく引退のいの字も感じられなかった。

一方で、キルスティは決して実現することのない、大規模なファッションショーや将来の素晴らしい夢を語ることもあった。

広告やレイアウトは日々の作業の中で切り貼りして書くというやり方で制作されていた。

ケメッル＝クゥトヴォネンは後にテーブルウェアシリーズ「オイヴァ」をデザインしたサミ・ルォッツァライネンとペアを組んで春のパンフレットを制作していた。キルスティが大まかな方向性について指示を出した段階のものである。ケメッル＝クゥトヴォネンは最初のレイアウトにどうも納得がいかず、写真をはがして並べ直した。そこにルォッツァライネンがやってきた。

「キルスティが作った最初の版はコピーを取ってあるのかい？」

「取ってないわよ」

キルスティは非常に記憶力がよかった。ケメッル＝クゥトヴォネンは新しいレイアウトに作り直して中身をキルスティに見せたところ、キルスティは首をかしげて言った。

「これじゃだめじゃない。最初の版はどこに行ったの？　そっちに戻しなさい」

ケメッル＝クゥトヴォネンはオリジナルを探すふりをしたが、ないものは仕方がない。自分が写真をはがしたことを白状した。もちろん散々叱られはしたが、ケメッル＝クゥトヴォネンはこれをトラウマにすることなく学びの機会とした。

キルスティとの会話は建設的だった。キルスティは、ケメッル＝クゥトヴォネンに厳しくするのは彼女にポテンシャルを見ているからだと言った。そう言われた時は、今でもケメッル＝クゥトヴォネンの胸に熱く残っている星のきらめきのような瞬間だった。キルスティは、もし途中に障害物が現れたら、そこでつまずくのではない、旅を続けるのだと教えた。要求の多い上司ではあったけれど、難しい状況でも成長できるようにしてくれたのだ。乗り越えられない柵はない。

派手なマーケティングやイメージ戦略のためにかなりの費用がつぎ込まれた。すべてのデザイナーのコレクション紹介カタログには光沢紙が使われた。店舗には毎日生花の香りが漂う。見栄えのするテーブルセッティングは、それを見た客がまさに自宅をこんな風にしたいと思わせる雰囲気が漂っていた。

一九九〇年代のマリメッコの商品群は、それぞれのデザイナーのコレクションが全体像を成していた。現在とはだいぶ様相が異なる。当時は、それぞれのデザイナーのカラーを前面に打ち出し、マリメッコのデザインを世界に知らしめよう！　という気運があった。

もしデザイナーの服が売れなければ、どうすれば売れるかという方法を考えることになった。そして広告を打つのだ。週末の売上がかんばしくなければ、遅くとも木曜には再度その商品の広告が掲載された。

キルスティは物が売れない時、地に足のついた物の見方ができた。株式会社としては、移動体通信事業者のソネラ株式を買うのに並んでいる人たちもいれば、マリメッコの場合はフィンランディア・ホールで実施されるファッションショーの入場券を買うための列が長すぎて店舗の前から次の角まで回ってしまうほどだった。

「とても素晴らしい宣伝になりました」

ミンナ・ケメッル＝クゥトヴォネンは、路面電車に座り、周りの乗客が毎年の夏はマリメッコのエスプラナーディ公園、そして冬はフィンランディア・ホールのファッションショーが風物詩になっているという会話を聞いた。それだけマリメッコが人々の生活に馴染んでいるということだ。

企業とは、誕生して、時代の息吹を取り込み、社会の出来事を反映する。女性の社会進出でファッションに要求される要素にも変化が現れ、キルスティのビジョンでそれが実現した。社会の変化はデザインやコレクションの中身にも変化をもたらした。コレクションにはスーツ、ダウンジャケット、ボーダーシャツの「タサライタ」、といった様々なスタイル、テイストの服が一度に紹介される。また、インテリア商品のシーツまでもがうまく工夫されて取り込まれ、どれも他の商品から浮くことなく調和したショーが展開された。例えばモデルがブランケットに巻いたシーツを抱いていたり、ケープのようにシーツを身体に巻き付けて登場したり、シーツを両手で持って走りながらカラフルな雲がたなびくように見せたりといった具合だ。

ショーの記憶は強烈に残らなくてはならない。キルスティはまるでどこかの政党のリーダーのように、観客の間を縫って歩き、話しかける。こうして観ている側の体験も受け身では終わらず気持ちの面でも刺激され、観客に一体感が生まれる。アルミ・ラティアの周りにはクリエイティブな人間が集まったが、キルスティはすべての国民を惹きつけたと言ってもいいかもしれない。

このような自分と対等の立場に立ってくれる相手をフィンランド人は評価するものだ。フィンランド人のメンタリティにも、もともとは裕福な家庭の出身でないキルスティが、自分の力でこの地位を築いたことが好意的に受け入れられていた。現代の福祉国家の理想にも合致するかもしれない。誰かを助ければそれが国に返ってくるのだ。

キルスティが広告業界から得た知恵の一つは、広告では赤いコートの写真を載せ、実際に売るのは黒いコートであるということだ、目立つものを宣伝し、身近で分かりやすいものを売る。もし赤いコートがなければ、本社のアトリエで広告撮影のためだけに一点作らせることもあった。

時にケメッル＝クゥトヴォネンは、私はこれ以上キャリアで上には行けないわ——なぜならヒールの高い靴を持っていないから、と冗談で言っていた。

「実際にはそうはなりませんでした」

一九九〇年代にはまだスニーカーなど職場に履いていくような時代ではなかった。ダークカラーのスーツが、自分が職場にふさわしい能力のある人材であるというメッセージを発し、真剣に取り組んでいるのだという態度の表明でもあった。一度、ケメッル＝クゥトヴォネンはその秋流行した洒落たニットの上にイエローとブラウンのトーンからなるボレロのジャケット、ワイドパンツ、そしてパリから買ったレースアップのショートブーツを履いていた。

「なんて恰好をしているの?」とキルスティがすぐに目を止め、不細工だわ、と言った。ケメッル＝クゥトヴォネンはまったく気にせず逆にその状況を楽しんだ。

「全然傷ついたりはしませんでした。その後も同じ恰好で出社したこともありますしね。キルスティは自分の意見も言いますが、他者の意見も尊重していました」

キルスティの経営や行動は忙しなく周りをうまく巻き込むものだったが、現代の多忙な働き方と比べることはあまり意味がないだろう。

「それでも人間は同じですね」ケメッル＝クゥトヴォネンは言う。「私たちには、愛情と、美しいものと温かさが必要なんです」

テキスタイル・デザイナー、エルヤ・ヒルヴィは一九九五年マリメッコにやってきた。そしてすぐ、キルスティ率いるマリメッコが社内文化も含めどれほど同業他社と違うかを見て取った。最初にヒルヴィがデザインしたテキスタイルは「レニー」と名付けられた。名前を付けるのは常にデザイナー自身だ。キルスティはその名前を気に入って、自分でも使い始めた。

一度キルスティは、マズローの欲求段階説に熱中して、考え込んでいたが突然叫んだ。

「人間は何が必要かしら？　バラよ！」

そして、古いテキスタイルデザインのアーカイブから、「ヴィヒキルース（ウェディングローズ）」が生まれた。ロマンチックなパステルカラーの花柄である。この柄は大ヒットとなった。またヒルヴィがデザインした「ムスタルース（黒いバラ）」はキルスティがいまだに注文する品でもある。アトリエではこれを使って長いテーブルクロスをギフト用にどんどん作った。ヒルヴィの作品である、「ルミマルヤ」や「パイヴァンタサーヤ」も人気が高く、定番商品となった。

こうして若いデザイナーはマリメッコに入った

時に直感が人を動かす。服飾デザイナーのサム―ユッシ・コスキはそう信じる。ひょっとしたら強い信念が彼とキルスティを結びつけ、今でも良き友人として続いているのかもしれない。

コスキは屋根裏部屋から手紙を見つけた。まだムーラメに住んでいた十五歳の高校生の時、キルスティに宛てて書いたものだ。ラハティの応用科学大学に入るずっと前である。

「読み返すと胸が熱くなりました。すでにあの頃、自分はマリメッコのデザイナーになると強く信じていたんです。」

一九九八年、ラハティで勉強しながらコスキはますます研修先もマリメッコしかないという思いを強くしていた。ビルに入ると、すでにエントランスホールにはいい香りが漂い、印象的な雰囲気だった。コレクション・コーディネータであるメリッサ・パーッカネン（キルスティの親戚ではない）が内部を案内する。コスキは時々キルスティが黒いいで立ちで風のように出入りするのを見たが、他のすべてが白で統一されていた。

コスキは二十三歳でマリメッコの夏季研修生（フィンランドは七月頃に一カ月の夏休みを取る社員が多いため、学生にとっては経験を積む絶好の機会）として無給で働くこととなった。

一度、食堂のテーブルに一人で座っていると、キルスティが向かいに座ったことがあった。コスキは緊張した。そうでなくてもキルスティは社内でマダムと呼ばれており、彼女が近づくと社員は整列しそうな勢いで仕事をテキパキとしているように見せるか、できるだけ気づかれないようにするかのどちらかだった。その時のコスキはできるだけ食べることに集中しようと無駄な努力をしたのだった。

キルスティがとある雑誌の取材を受けている時、コスキはレフ版（光を反射させる板）を持つことになった。キルスティは後ろでレフ版を持つコスキに冗談を言い、コスキは笑わずにはいられなかった。二人にはこの経験を通じて通じ合うものがあるという気もした。

ある時、ヘルシンキのヒエタニエミの砂浜にテントを設営しショーを開催することになった。砂浜に巨大な白いテントが持ち込まれており、トップモデルたちはスタンバイしている。突然大雨が降り出し、風も強くなった。テントの帆布が一部外れてはためいている。コスキは大きな安全ピンでそれを留めようとしていた。

気づくとキルスティが隣に立ち、コスキを手伝おうとしていた。真っ黒な洒落たパーティドレスとハイヒール姿である。二人で「私たちがマリメッコを支えてるのね！」と笑いながら作業を続けた。

コスキにとっては、自分が「私たち」と同じ範疇で語られたことがこの上なく嬉しかった。キルスティとすれ違うたびに、軽口をたたいたり挨拶をしたりといったことから、ちゃんと気づいてくれていると感じられたものだった。夏が終わり、コスキはキルスティの部屋へ挨拶しに行った。

「ちゃんと給与はもらったの？」キルスティが聞いた。

コスキはこれは無給の研修であったことを伝えると、キルスティはその場で人事担当者に電話した。

「三千マルカと税金を支払ってあげるわ！　いつでもうちに仕事しにいらっしゃい」

翌年の夏、コスキは緊張しながらまたマリメッコに連絡を取った。社交辞令を言う偉い人は多くいる。

二〇〇一年、コスキはラハティの応用科学大学を卒業した。

卒業制作で彼はほとんどすべてが黒い服のコレクションを制作し、自分でもその出来にかなり満足していた。ファッションショープロダクションマネジャーのシルパ・ロウカモに、コレクションをキルスティに見せたいのだがと聞くと、ロウカモはコスキがキルスティの秘書であるパイヴィ・サンタラに聞いてみては、と教えてくれた。

コスキは卒業制作コレクションを全部ヘルシンキへ運んだ。かなり緊張している。彼はすべての服をハンガーラックに吊るし、キルスティに見せる準備は整った。するとサンタラがやってきて、キルスティは今誰にも会いたくないと言っている、と伝えてきたのだった。

「ラハティからこれを全部持ってきたんですよ。三分でもいいんです、なんとかなりませんか」とコスキは食い下がる。

「今は誰も会えないと言ったら会えないのよ！」サンタラには取り付く島もなかった。

コスキはすごすごとすべての荷物を抱えてヘルシンキからラハティへ戻るほかはなかった。彼は仕事を探し、ヘルシンキのデザインミュージアムに職を得た。

二〇〇三年一月、スッセ・ロースからマリメッコのファッションショーを手伝ってくれないかとまた彼に連絡があった。ヘルシンキの由緒ある建物リタリフオネ（「騎士の部屋」という名前の重厚な石造りの建物）で開催されたものだ。キルスティはコスキのことを覚えていて、また軽口をたたいてきた。コスキは勇気を振り絞って、デザインミュージアムの館長マリアンネ・アーヴィから職を得たのと同じセリフをキルスティに投げてみた。

「やる気のある若者にマリメッコで仕事はありませんか？」

キルスティは一瞬考えてから、いつでもやる気がある若者には仕事があるわよ、と返事をした。企業のトップがこんなに簡単に仕事を約束してくれるのだ。他の人にも同じようにするのだろうか。

「キルスティが僕に仕事をくれると言ったんですが、誰のところに行けばいいですか？」

とマリメッコで人に聞くことになった。

彼はリトヴァ・ファッラとミカ・ピーライネンのアシスタントとして始めることになった。小さな部屋をアンニカ・ランタラと共同で使う。いつかキルスティに自分のデザインを見せたいという夢は胸に秘めたままだったが、直感がまだ待つべきだと告げている。

マリメッコには次から次に若いデザイナーがやってきては去って行った。彼らは自分のコレクションをデザインし、それが売り出されるのだが、長く続かない。コスキはそれを横から見ながら、自分なりの分析をしてみた。せっかくチャンスを与えられても、商品があまり売れないのだ。コスキは、いつか自分の作品を紹介する時には、絶対に皆が欲しいと思う、売れるものを作ろうと心に決め、じっと「その時」が来るのを待った。

キルスティは突然、コスキに部屋に来るようにと命令し、コスキがファッラのスポーツ・コレクションをデザインする手助けをしてほしいと指示した。コスキは喜んだ。やっとデザインできる！　しかしアイデアはすぐにしぼんでいった。

「マリメッコでは雰囲気はよかったんです。でも皆キルスティに気に入られたかった。関心を買うのに、スタッフの間でも競争が激しかったので、仕事がやりにくいことはよくありました。それを見ていて、もし自分がいつか意思決定をする立場になったら、若手の意見を聞いて背中を押してやろうと決めました」

　コスキは全国を回る地方でのファッションショーやイベントも手伝った。地方の人々が心待ちにしている人気のイベントだ。人々はキルスティを、そして人気モデルを見ようと詰めかけ、商品の売上も順調だった。ウニッコ柄のテーブルクロスは奪い合うように売れる。キルスティが到着すると場の雰囲気が静電気を帯びたようになるのだった。


サム＝ユッシ・コスキは仕事の合間に自分のデザインを続けており、これまでファッション商品に使われていないマリメッコのプリント柄がないかと探しているところだった。するとマイヤ・イソラの商品化されなかったデザインを古い記録から見つけ、それをコンピュータにスキャンして服にそのプリントを転写した。

　二〇〇四年の秋、キルスティはコスキの部屋を通り過ぎた。彼女が近づくとハイヒールの音が響くのですぐそれと分かる。誰もが緊張する一瞬だった。キルスティはあちこちの社員の部屋をひょいとのぞく癖があったからだ。コスキは一人で、キルスティと二言、三言言葉を交わした。

「そして今が自分のチャンスだと思ったんです。デザインを印刷してありましたから」

「そういえば、コレクションをデザインしてみたんです」とキルスティに告げた。

キルスティは忙しそうだった。

「見せてちょうだい」とキルスティは言った。

キルスティは少しの間コレクションを眺めた。

「ちょっと、素晴らしいじゃないの！」キルスティは叫んだ。「すぐに商品化に入らなきゃ！」

キルスティはデザイン画をひっつかんで持って行ってしまった。コスキは、キルスティがプロダクションの部門で叫んでいるのを聞いた「これをすぐ商品化してちょうだい！」

社内で、時々聞かれる言い回しがある。「またキルスティが何か気に入ったのね」

コスキは実際にプロセスがどう進むのかはさっぱり分からなかった。プロダクションマネジャーのシルパ・ロウカモは、この若造がものになるのかどうか、と考えているように見えた。コスキは、当時勤めていたベテランのパタンナーと、自分のデザインをパターンに起こしていくことになった。コスキは、ロウカモとパタンナーの目に火が付いた瞬間を覚えている。「これ、いいかもしれないわ！」

「クリスティーナ・イソラと一緒に小さなプリント柄をスキャンしました。手でその柄全体に色付けをして、リピート（総柄になるよう、一定の幅でデザインすること。送りとも言う）を制作しビスコース生地にプリントできる状態にしました」

「そしてその後、だんだん自分のコレクションをデザインできるようになりました。キルスティは毎回、どのデザイナーがそのコレクションにいくつの商品デザインをするか指示を出していました。私は毎シーズン大人用と子ども用のファッションをデザインさせてもらいました」

キルスティは一人でデザイン画をチェックした。デザイン画にKPというサインがあれば、それは商品化するというサインだった。キルスティは自分のテイストとセンスに自信がありましたから、すべてがスピーディで決定に迷いはなかったですね」

見せ物のようなものね

一九九七年に、買収時、アメア社が保証した年金に紐付けされていた貸付金の返済が終わった。これにより、マリメッコの利子付き貸付金の返済はすべて完了した。マリメッコはキルスティが舵取りを始めた最初の三年でこそ上場はしなかったが、キルスティは昔言ったようにトゥンブクトゥ行きの飛行機には乗らなかった。そして一九九八年頃になって会社の上場についてほのめかすようになった。キルスティによると、マリメッコは無借金経営で、営業利益の余剰分を経営資金に充てているという。

「私の借金も返済し終わったわ」と彼女は言っていた。

「男性にとっては肩書や黒塗りの車、スピーチや自分付きの秘書が大事みたいね。女性にとっては、いい仕事ができたらそれで十分なのよ」

スウェーデンの経済紙『ダーゲンス・インダストリ』は、英語版の記事において、もし上場が実現すればキルスティはフィンランドの上場企業で唯一の女性経営者になるだろうと報じた。

マリメッコの店舗は全部で二十八カ所あり、春にはストックホルム店をオープンした。翌春にはヘルシンキの目抜き通りのカンプ・ホテル横にすべてがマリメッコで占められたマリ・ハウスが、そしてエスプラナーディ公園通り南側の由緒あるサヴォイ・レストランがある建物にはコンセプトショップとしてマリメッコ初の女性向けビジネス・ファッションに特化した店舗も計画されていた。

一九九九年二月二日、タブロイド紙『イルタ・サノマット』に、「ヘルシンキ株式市場へようこそ！」と題してディーラーというペンネームで寄稿がなされた。

「マリメッコはこれまで他の大企業の影に隠れていた。ノキアに比べると総売上は五百七十分の一、利益は千二百四十分の一にすぎない。それでもフィンランド人にとってマリメッコは心のどこかにしっかりいすわっている存在だ。本当に上場するなら国を挙げて買うべきと言わないまでも、国民の多くが株式発行を心待ちにする出来事となるだろう。

フィンランドにはノキアやソネラ（民営化された旧電信電話公社で大企業の代表格）に加えて、フィンランドと言えば思い浮かべられるマリメッコのような小粒ながらも光る企業が存在している。キルスティ・パーッカネンはそうした企業を引っ張る戦士だ。彼女は、情熱が企業経営にもたらす効果を私たちに証明したのだ」

一九九九年春、マリメッコは新たに二千人の株主を獲得し、ヘルシンキ株式市場のIリスト（中規模の企業カテゴリー）に上場した。キルスティは依然として筆頭株主で、エレガントな社長室を「絶対手放さない」と公言していた。

上場はすなわち、組織の変化を意味し、キルスティも様々な準備をすることとなった。人生を手放す準備を始めなくてはと言いながらも、その決心はかなりつらいプロセスとなる。自分では意思決定権を維持したかったのだ。導入したいと考えていた企業戦略もいくつかあったが、それには資金が必要で私企業としては限界があった。現在は健全経営ができている企業であるが、世界に打って出るには少々の資金ではとても足りない。

フリーペーパー『シティ』のインタビューで、キルスティに株式公開で得た四千二百万マルカで何をするつもりかと質問をした。

「当座は保有しておきますが、企業発展に使うつもりです。私の持ち分が四千万で、マリメッコは千七百万ですね」

キルスティ自身も資金を必要としていた。エスポー市のトッペルンディ海水浴場の近くに、床面積三百平方メートル、三階建ての邸宅を建てようとしていたのだ。キルスティに言わせると、彼女が必要なちょうどいい「2DK」サイズということだった。

一階にはキッチンとリビング、プール、アロマサウナと普通のサウナがある。二階には寝室、そして上には温室兼キルスティの仕事部屋があった。キルスティの信頼する建築家、イルッカ・サロの設計だ。施工はこうしたオーダーメイドの住宅を手掛けることで有名な工務店アスコ・ムルトが請け負った。一九九七年、土地代は五百万マルカだった。キルスティはイルッカ・サロに、雑誌で見つけたマイアミの家の切り抜きを渡し、こんな感じでやってちょうだいと依頼した。その切り抜きの家は、海岸沿いに建ち、円柱が数多く使われていた。

「きっと私は柱に取り付かれているのね！　おそらく前世は、お金持ちの家の召使いか何かで、柱に恋したか何かだったと思うわよ。今度の家は三階建てで円柱が十四本あるのよ！」

キルスティはウォメナ時代にミュージシャンのセッポ・ホヴィと知り合う機会があった

ので、新しい家にグランドピアノを欲しいとホヴィにアドバイスを求めた。白いグランドピアノが欲しいという注文だった。ホヴィは製菓会社ファッツェルの子会社であるファッツェル・ミュージックへ赴いた。さらにキルスティは八十歳になった時に自分でピアノを弾いてテレビに映りたいというのだから、ピアノの教師も探さなくてはならない。ピアノ教師のセッポ・クーシストを手配し、さぁいつになったらテレビでキルスティの演奏が聴けるかとホヴィは楽しみに長い間待ち続けることとなった。お礼として、ホヴィは、ダークレッドの長いテーブルクロスを贈られ、それは彼らのサマーコテージのテーブルをいまだに飾っている。

キルスティは古い服を手放そうとしなかったので、新しい家には、無数の黒い服と、それ以上のハイヒールの靴箱を収納しても十分な広いクローゼットがあった。キルスティが信頼するアドバイザー、カリ・ミエッティネンはジャン・フランコ・フェレのブティックから送られてきたキルスティの請求書を見て目を回した。そして元広告業界の伝説が住むこの邸宅の玄関には、「広告はお断りです」と鉄製のプレートで書かれているのだった。

エサ・サーリネンとピプサ・パッラスヴェサは自宅で家族のお祝い事のため盛大なパーティを開いており、キルスティもゲストとして呼ばれていた。キルスティは、同じくゲストだった舞踏家・振付家のヨルマ・ウォティネンとどちらがより多くソーセージスープを食べられるかを競った。また年齢にもかかわらず、キルスティは疲れることを知らず、お酒は一滴も飲まないのにほろ酔い機嫌を上手に演出しつつ、一番最後に帰宅する客の一人となった。

「キルスティは金に取り憑かれたことは一度もないですよ」とエサ・サーリネンは言う。

「たとえ億万長者になったとしても、一般人の金銭感覚を失ったことは一度もなかった。そして彼女と相対する人はそれを敏感に感じ取っていました。人々は、キルスティが芸術家肌で、一風変わった行動をするのは仕方ないと受け入れていたんです」

アルミ・ラティア財団は一度クリエイティブ・コンペを開催したことがある。キルスティ、ヒルッカ・ラヒカイネン、そしてエサ・サーリネンが審査員として参加し、シーリンヤルヴィの小学校が優勝した。キルスティは自分の出身地方にそのニュースを直接伝えに行きたがった。

「往復にかかる時間を考えたら、企業の経営者の取る行動ではありませんが、典型的なキルスティらしい、草の根のレベルで行動をしたいという表れの一つでした。どんなタイプの人間とも等しく接することができました。プライベートは世捨て人のような一人で過ごす時間を確保し他人から身を守り、公の場面では何も見逃さないようアンテナを張り巡らせて、求められる役割をこなしていました」

サーリネンによると、キルスティは普通のフィンランド国民が投影するような自分に近い存在で、アルミ・ラティアや他の孤高の女性のリーダーとはまったく違うという。キルスティは、私たちのうちの一人でありながら、唯一の存在である自分らしさが突出しているのだ。アルミ・ラティアの冷たい視線からは誰も逃れることはできなかったと言われているが、アルミにはキルスティの大人の女性の魅力はなかっただろうとサーリネンは言う。


一九九九年、マリメッコは千五百四十万マルカの営業利益をあげ、前年比三十一％増であった。ファッション部門では八十％以上が北部キテーの工場で製造されており、プリントも自社工場比率は九十％以上だった。製品全体の五分の一は海外で製造されていた。

キルスティはこれまで情熱を傾けてきた仕事に対して、功績ある評価を得ることになった。マルッティ・アハティサーリ大統領よりキルスティに功績ある経営者に対して贈られる称号を受け取った。投資家たちはマリメッコに対して期待感を持っていた。キルスティは、周囲の期待も感じていたし、以前広告業界にいた経験から、マーケティングで何か大きな仕掛けをしないと物事が動かないということをよく分かっていた。いわば演出、大きな出し物のようなものだ。キルスティはまだまだ引退する気はなかった。友人のタルモ・

マンニの言葉を借りれば、年齢を意識すれば、自分で幕引きを決めてしまうようなものだ。

経済紙が二〇〇〇年最初の号で、キルスティのインタビューを掲載した。その中でキルスティに、電子商取引と通信販売がフィンランドで成功するか、アパレル業界への影響はどうかと聞いた。キルスティは昔ながらの実店舗がまだまだ生き残ると述べた。しかし、「でも若い人たちは違う受け取り方をするでしょうね」とも言っている。

動物が穴ぐらで寝られるように

ノスタルジーは大きな力を秘めている。キルスティはマリメッコの古い棚からレトロ柄を掘り出してほこりを叩き、復刻版として売り出していった。特に一九六四年に誕生したマイヤ・イソラのウニッコ柄は二〇〇〇年代始め頃、ありとあらゆるところに使われた。『ヘルシンギン・サノマット』紙の記者、リトヴァ・リーサ・スネルマンはレトロ柄がなぜここまで人気なのか、その理由は一九六〇年代の小さな学生用賃貸アパートにあると書いた。

「私は、ポリエステルのレースのカーテンをリビングに飾り、皺になりにくいクリンプ生地のワンピースをクロゼットにかけていた母とは違う世代だと思う。私はもっと勇敢で自由で、細かいことをうるさく言われるのが嫌いなのだ」

ウニッコの最初のブームは十年近く続き、オイルショック（一九七三年）で勢いを失った。第二のブームはどれくらい続くだろうか？ 研究者、アナ・ヌーティネンは第三の波が来るかもしれない、とウニッコ警報を出している。

キルスティの言葉に耳を傾けない者はいなかった。彼女は二〇〇〇年に中部フィンランドの日刊紙『ケスキスオマライネン』にて、ソネラ社の営業利益からすべての退役軍人に一万マルカずつ寄付するべきだと提案した。当時の財務大臣、サウリ・ニーニストは、国が保有するソネラ社の株式の売却を予定しており、決定後得られる百二十億マルカは国の借金返済に充てると提案したところだった。

キルスティは国の財政を健全化することは重要だとしながらも、文明国家は国のために戦った軍人を助けるべきだと言った。金額にすると、当時退役軍人は十五万人いたので十五億マルカである。

八月、マリメッコは毛皮商の店舗グルーンステインを買収した。当時の社長、ミルック・クッルベリは「これで落ち着いて経営に集中できます」と述べ、キルスティは「企業価値がこれまで一度も落ちたことがない会社を買収しました」と述べた。キルスティもグルーンステインの毛皮製品を持っていた。

十一月半ば、動物愛護団体はグルーンスタイン買収に関し、マリメッコ不買運動を世界中で展開しようと提案した。キルスティは激怒し、毛皮農場に反対しているし、販売する商品からはシープスキン以外の毛皮製品は品ぞろえから外すと発表した。

「マリメッコは倫理的な企業です」とキルスティは言った。

なぜマリメッコがグルーンスタインを買収したのかと言えば、同社の持つ海外市場への販売経路のためだけだと主張した。マリメッコもさらなる海外展開を目指しており、グルーンステインが持つフランス、ロシア、アメリカとの繋がりは大きな魅力だった。

「私は子どもの頃から夕べのお祈りで動物たちのことをいつも思っていました」とキルスティは説明する。

同時に、自分のモラルのためにも毛皮農家での動物の飼育環境をも調べたいと述べた。

二〇〇一年、マリメッコは創立五十周年を迎え、十一月にヘルシンキの大型施設ハートウォール・アリーナでショーが計画されつつあった。ショーは二回に分けて開催され、二万五千人が見物した。ステージ周辺には、八十ものテーブルやベッドがマリメッコの製品で飾られ、配置された。

十二月の大統領邸で毎年開催されるフィンランド独立記念日のレセプションでは、キルスティは退役軍人たちと雑談した。そのうちの一人、アンナ―リーサ・ウォルツァーはキルスティに最初で最後の大統領邸のパーティ出席だと話した。

「まぁなんてことでしょう！　ご主人の胸に飾られている勲章の数々を見ても、お二人をまたここにお招きするのは当然ではないですか？」と言い、この式典後は自宅に戻ったらジャガイモを茹でて食べるんですよ、と彼らに話した。


ミレニアムはうまくいきそうな幕開けとなった。マリメッコは三百三十万ユーロの純利益を上げた。急成長をさまたげたのはスウェーデンでのビジネスと設立五十周年にかけた費用であった。投資に使ったのは、八月、毛皮のグルーンスティン社の株式取得のためだ。

十二月にはキルスティは休息をとるためにフランスへ飛んだ。植民地にあるような立派な屋敷を思わせる白亜の邸宅はヤシの木に囲まれ、「カップ＝フェラの青の邸宅」と呼ばれニースの中心地に近い通りに位置するプールと円柱が何本もある家だ。

キルスティはクリスマスを大事にし、その準備も怠らず、心を込めていた。カトリック教会にてミサに参加し、フランス語の説教で分からない部分があっても敬虔（けいけん）に頭（こうべ）を垂れ、祈りを捧げる。フィンランドのクリスマス料理、キャンドルとデコレーションをニースの家に注文していた。キルスティはまた、その年の最もキリストを称える書籍の審査員も務めていたが、自分の倫理的なルールとして、他者の尊厳に加えて善、美しさと真実を挙げていた。

「もし誰かが上っつらだけの人間だとすればそれは遠くから見ても分かる。人間は過ちを犯す権利があり、それを悔い改めることができるのです」

とキルスティは聖書の会が発行する雑誌『御言葉』のインタビューに答えている。

「神様にはお祈りを捧げ、しばしば対話をしています。仕事の点でも、プライベートでも神は唯一の相談相手です。経営者であるがために、私はしばしば孤独です。他人に相談できないことが多いのです。神様には常に問いかけ、答えを得ることができます。私にとっての『内輪』の人なのです」

内輪、というところで彼女はアルミ・ラティアを暗に示していた。アルミには取り巻きが常に存在していた。キルスティには良い同僚は数多くいたけれど、同じような取り巻きはいなかった。いばらの道を一人で歩いていたのである。

ニースの別宅には、クリスマスツリーは何本も必要だった。キルスティは真っ白な飾りをふんだんにほどこし、ツリーの枝葉がほとんど見えなくなるほどだった。これらのツリーは、生まれた土地、ランネヴェシの雪深い森に生えるトウヒの木を思い起こさせた。

記念事業には自分で首根っこをつかまえて

二〇〇一年一月、素晴らしい出来事があった。キルスティはヘルシンキ芸術大学の名誉博士号を授与されることになったのである。九名のうちの一人だった。企業経営で名誉職に就いているクリステル・アールストロム、グラフィック・デザイナーのエリック・ブルーン、写真家ペンッティ・サンマルラハティらがいた。映画監督のアキ・カウリスマキはこの名誉を辞退した。なぜなら、同じ日にキルスティも博士号を授与されると知ったからである。

「毛皮の販売はビジネスで、残念ながら毛皮農業も同じです。私は選ばれた個人には恨みはありませんし、彼女のしぶとさを尊敬していますが、だからと言って事実は変わりません」とカウリスマキは芸術大学の学長イュルヨ・ソタマーに書いた。

「気分が悪いし、かなり傷つきました」とキルスティはフランスから、タブロイド紙のインタビューに答えた。

その年の初スキャンダル誕生である。二月になって、『ヘルシンギン・サノマット』紙の寄稿欄にて、カウリスマキは公に出回った噂を訂正した。

「パーッカネン女史に対してスポットライトを当てたいわけではありません。芸術大学は慌てふためいてフィンランド国内の小さなガラスのコップの水面に波風を立てあたかもそれが二人の個人間の争い、嵐であるかのように見えてしまった。そしてとある職業全体を非難することとなってしまった。あちこちに石が投げられ、皆が責められ、もともとの問題が忘れられてしまったのです」

一月末には、マリメッコはスカンディックホテルのボール・ルーム（ダンスホールにも使われる大広間）にて冬物コレクションのショーを開催した。歌手ヴェーティ・カッリオがフランク・シナトラの『マイ・ウェイ』を熱唱した。キルスティはいつものように、人々の中心ではなく、ホールの端からそっとショーを眺めていた。

「昨年一億九千六百万マルカの総売上をたたき出し、社員三百名を雇用する企業の経営者、黒い服と黒い髪、黒いボトルからゲストにスパークリングワインを注ぐ社長の能力は、知識と人間とお金と情熱のかけ合わせだ。感嘆するとしか言いようがない」と雑誌『ウーティスクッコ』にイッパというペンネームの記者は綴った。

その次は二月に、デザイナーのステファン・リンドフォルスが『ヘルシンギン・サノマット』紙にて「デザインはエリート主義の糞だ」と言い放った。リンドフォルスはアラビア（フィンランドの陶器ブランド）やマリメッコともコラボレーションをしていたので、当然キルスティもコメントを求められた。キルスティは『アームレヘティ』紙に「ステフアン・リンドフォルスは私の好きな人たちの一人ですし、彼個人に対して何も反感は抱いていませんが、このコメントは理解に苦しみました」と答えた。

株主たちにとってはマリメッコ、そしてその有能な経営者は非常に人気だった。同様に、動物愛護活動家たちはキルスティを大いに憎んだ。マリメッコの本社に侵入し、店舗にいすわったこともある。キルスティは身の安全のためにガードマンを雇う羽目になった。

三月のマリメッコの株主総会では、キルスティは凍りつきそうなエスプラナーディ公園北通りでデモをしている動物愛護活動家たちへ温かいスープを差し入れしあげたいと話した。株式売買のコラムニスト、エルッキ・シンッコは調子づいて経済紙にて次のように書いた。

「キツネの愛護を叫ぶ女性たちが次回エスプラナーディ公園北通りで集合したら、きっと公園では湯気の立つスープが大鍋からふるまわれていることだろう。その周囲には赤い頰をしたマリメッコの服に身を包んだ美しい女性たちがスープを差し出してくれるに違いない……マリメッコの経営は健全だ。ヘルシンキの上場企業でも最も配当金がいい企業の一社である。男にはマリメッコの経営はできない。過去の失敗でもう十分だ。キルスティ・パーッカネンは経営にあたり有能な女性陣を選び抜いた。少なくとも十一名。役員会のバランスはどうだろうか？　マリメッコの会長、カリ・ミエッティネンはかなり個性が強い。

ミエッティネンを抑え込むには、パーッカネンに加えもう一人くらい強い女性が必要だろう」

キルスティは、マリメッコがグルーンステインを売却するかどうかについては答えなかった。

「社員たちはもう十分おびえています。彼らはきちんと仕事をしているだけであって、ここで責められるべきではありません」

マリメッコは、製品が始まりの綿花畑から最後のごみ箱に捨てられるまで、ライフサイクル・マネジメントとして耐えうるものでありたいと願っていた。製造工程でできる限り倫理的、今で言うエシカルに進め、不確かな要素は排除するということだ。

「消費者の多くはまだこうした要求はそれほどしていません。ですが私たちは市場より早く動きたいと思っています。ビジネスの点だけでなく、モラルの問題です」

四月、中南部の日刊紙『ケスキスオマライネン』の意見欄に、読者の嘆願書が掲載された。

「キルスティ・パーッカネンへ　どうか私たちの世代に、可愛らしいマリメッコの夢をマリメッコのシャツを着て見続けさせてください。良心の呵責（かしゃく）に堪えることなく素敵な夢が見たいのです。キツネの赤毛の毛並みが波打つのは、自由に草原を駆け回っている時だけなのです――それが唯一の正しい環境だと信じます――私たちはマリメッコそのものです！」

「若い時は特に反抗したくなるものだと思います。もし私が犠牲になることで動物が救われるならそうしましょう」とキルスティは『シティ』紙のインタビューで述べた。

北部の日刊紙『カレヴァ』では、「あまり煽動（せんどう）に乗せられないようにしようと思っています。マウノ・コイヴィスト大統領のようにね（動じないことで知られていた）」

「私はこの人生、ずっと正直にモラルを持って仕事をしてきました。グルーンステインは八十年間、普通に営業ができていたのに、私が買収した途端、デモ隊が私に攻撃の矛先を向けてくるとはね」

「私の努力が認められないなら、もうフィンランドから去ろうかと思います」と吐き出した。

四月には恒例の得意客向けフレンズ・セールが五日間開催された。ヘルットニエミのファクトリーショップ前には五百メートルもの行列ができた。店内では、人々は額に汗を浮かべながら互いに押し合いへし合いの大盛況だ。ベビーカーを押しながらの客も多い。キルスティは端から見ていることはせず、買い物の袋詰めを自ら手伝った。時々ベビーカーの幼児に手を振り、もう少し大きい子どもにはジュースをふるまう。

「もうあなたほどの立場だったら少しは楽な働き方をしてもいいのでは？」と一人の女性客がキルスティを心配した。

キルスティは七十二歳だ。休みなく働いていた。五十周年と、スキャンダルやマスコミに書き立てられる出来事で疲れてもいた。

「世界には二種類の人間がいます。仕事をする人、仕事に生きる人。ストレスは感じません。寝つきはいつもいいし、不眠で困ったり食欲をなくしたことはありません」と自分では言っていた。

しかしひそかに、溜まる疲れを感じるようになっていた。

「そういう時は自分で自分の首根っこをつかまえて前進するものよ」と自らを叱咤激励した。毎朝のビタミン剤、早朝五時十五分から一時間のウォーキング、寒中水泳でクロールといった厳しい自己管理を続けていた。

「体調管理に高いテニスやゴルフのレッスンは不要です。限界を感じる時もあるけれど、自分の伸びしろを信じてもう少し先を目指すべきだと思っています」

鉄の女は、自分のテリトリーをしっかり守っていることに満足していた。

「毎回タブロイド紙に違うボーイフレンドと腕を組んでいるところを撮られるような生活だったらもっと疲れ果てていたでしょうね。若い頃と違って、最近は彼氏候補の列もとんと見かけないけれど」と言い、百五歳まで生きるつもりだと公言した。

五月十七日、マリメッコの記念展示がヘルシンキのデザインミュージアムで始まった。単に時系列で歴史を振り返るものではない。過去と現在がどう結びついているかを見せるものだった。ウニッコ柄はプリント機械がフル回転しても間に合わないくらいの人気だった。

「もしショーウィンドウにジンジャークッキーを飾っていれば、必ず『あのクッキーはどこで買えるんですか』と聞かれるほどでした」企画部長だったヒルッカ・ラヒカイネンはトミー・タベルマンとトゥイヤ・ヴオリの二人によって著された記念社史の中で振り返る。

「マリメッコは日常使いできるものですが、日常に埋もれることはありません」とキルスティは高らかに言った。

「私はこの会社を十年率いてきました。その間、たくさんの学びを得ています。素晴らしい社員がどれほど価値があるものか。それ以上大切なものはありません」とキルスティはスピーチで述べた。

「人材こそが沈みかけていた船をまた水面へ引き上げてくれた力です。これは私の人生の中でも最も原点を思い出させてくれた事実でした」

展示では二十六名のアーティスト作品が展示されていた。

「三分の一はアルミ・ラティアが見つけ出したデザイナーたちです。私は敗者として去るわけではありません。次の人がやりやすいようにしておくつもりです」とキルスティは述べた。

『心と命』と題した記念展示のゲストとして、当時初の女性大統領でもあったタルヤ・ハロネン大統領、そしてマリメッコの初期デザイナーであったリーッタ・インモネン、ヴオッコ・ヌルメスニエミ、そしてミカ・ハッキネンの母、アイラ・ハッキネン、アルミ・ラティアの息子リストマッティ・ラティアと当時の妻アヌ・サーギム、アハティサーリ元大統領夫人エーヴァ・アハティサーリ、最初は記者として、そして女性政治家として活躍したキュッリッキ・ヴィロライネンといった錚々たる顔ぶれが招かれた。

「マリメッコは人生を謳歌する、ということの感嘆符だ」とエサ・サーリネンが哲学的に表現する。

五十周年記念として、ヴオッコ・ヌルメスニエミが一九五三年にデザインしたストライプのシャツ「ヨカポイカ」の新色が五十色、そしてミカ・ピーライネンのややスレンダーなアレンジが加わった「ヨカポイカ」シャツが発売された。展示はあちこちでメディアに取り上げられ、大成功を収めた。日刊紙『カレヴァ』では、カイス・ミッコラが「この夏のファッションとして、モノトーンはあちこちで見かける。しかしパーッカネンが率いるこの会社が白と黒を使うとまったく普段見かけるものとは違う付加価値が生まれるようだ」と褒めそやした。

「真っ白な花に囲まれた海原(うなばら)とスパイシーな香りに包まれたエリアを抜け、ミュージアムの上の階へと歩を進める。四つあるそれぞれの小展示室へ向かっていくと、『不思議の国のアリス』のように巨大なグラフィックの世界に迷い込んだかのようだ――この展示は、マリメッコを愛用してきた中年のフィンランド人の郷愁に訴えかけるだけのものでも、ただ過去を懐かしく振り返るものでもないのは明白だ」

キルスティは常に前を向いていた。

「マリメッコは生きた組織です。ここにはそれぞれ感情を持った人々が常に動き回り働いています。だからこそ、このミュージアムでの企画も化石のような展示にはしたくありませんでした」

毎年夏に開催される、エスプラナーディ公園通りのファッションショーは六月四日に催された。この日は、フィンランド国防軍の国旗掲揚日でもある。キルスティは、そのお祝に花を添えられると微笑んだ。

経済紙『タロウスエラマ』において、フィンランド企業の経営者のうち、国のイメージに貢献したのは誰かという調査が実施された。一位は文句ない票数を獲得したノキアのヨルマ・オッリラ、次に製紙業のＵＰＭキュンメネ社のユハ・ニエメラ、サンポ銀行のビョルン・ワールルース、キルスティは四位につけ、大手電力会社フォルトゥムのミカエル・リリウス、エルコテック社のアンッティ・ピーッポ、ノルデア銀行のヴェサ・ヴァイニオ、そしてストゥーラ・エンソのユッカ・ハルマラといった面々をあっさり抜いていた。

二〇〇二年、マリメッコの株価は一年で三倍に上昇していた。ウニッコ柄や他の定番人気商品が企業の売上を二年以上も支えていたのだ。キルスティが買収時に支払った一マルカが十年で十一ユーロに化けた。そしてキルスティは依然全株式の三分の一を所有している。

「マリメッコはアパレル産業の輝ける星である。キルスティ・パーッカネンはアパレル産業全体をコンサルティングするべきだ」と経済紙『タロウスエラマ』が書くほどだった。「他の企業との大きな差は、上層部の取り組み方にある。パーッカネンはマリメッコにやってきてすぐ、会社全体で一緒に物事に取り組むという新風を巻き起こした」

国内の同業者であるオリマッティラ発のヴィルケやノキア発（ノキアはもともと町の名前）のナンソはすでにマリメッコの敵ではなかった。クオピオのＰ．Ｔ．Ａ．グループは倒産し、ラハティのLファッショングループは小売りビジネスを拡大して大幅な赤字となっていた。

マリメッコの強みは世界のアパレル産業の中でも際立つ個性と品質だった。マリメッコに思い入れがあるから買う客が多い。ライセンス商品には際限がなかった。携帯電話、パソコンのマウスや、パームレスト、テレビまでマリメッコの柄で飾られたものが発売されたのだった。

「引退なんかしないわよ」

キルスティ、ヘリナ・ウォテティラ、シルパ・ロウカモの三人は、マリメッコの株価について賭けをしたことがあった。キルスティは、もし株価が十五ユーロを超えたならウォティラとロウカモの二人をニースに招待すると約束した。そして実際にそうなった。毎日株価が上昇していたのだ。

キルスティ、ウォティラ、そしてロウカモはマリメッコのベルリンで開催されたファッションショーの後、週末を過ごすためにニースへと飛んだ。このためにキルスティは完璧に準備を整えていた。空港からオープンカーで髪の毛をなびかせながら別荘へ移動する……という計画でいた。

キルスティ自身のベンツのオープンカーはメンテナンス中で、週末を前に修理屋も普通なら閉まっているのだが、彼女たちが到着すると、ちゃんとキーは所定の場所に置かれていた。しかし荷物を積み込んで、いざ車にエンジンをかけようとしても、車はうんともすんとも言わない。急遽キルスティの友人に助けを求め、小さなフィアットに荷物とともにぎゅうぎゅうに押し込まれて目的地に到着した。髪の毛は風になびかずじまいである。

この最初のつまずきを除いては、素晴らしい週末となった。三人は毎日キルスティの別荘にあるプールのそばで水着でくつろぎ、カジノに行き、行ったレストランのメニューにはそもそも値段は書かれていなかった。

「賭けに勝ったから、私たちはその賞品をもらったんです。こんな扱いをしてもらってキルスティをけちだとはとても言えません！」


二〇〇三年春、キルスティはなんと別荘の階段から転落してしまった。運のいいことに、その時医者で作家のニーナ・バナルジー・ロウヒラが滞在していたので、キルスティを救急へ連れて行ってくれた。キルスティは膝の手術をすることになり、整形外科のイルッカ・トゥリコウラが執刀医となった。

手術をしたというのにキルスティは出勤していた。

二〇〇四年一月、マリメッコの株価は一年で百三十五％上昇していた。三年の間に株価は実に六倍になっていたのだ。キルスティの会社、ワークアイディア社は百三十万ユーロの配当金を受け取っていた。ウニッコ柄の勢いはとどまるところを知らなかった。キルスティの持ち株の総額は二千九百万ユーロであった。マリメッコがイッタラのガラス工場を買い取るのではと取り沙汰されたのもこの頃だ。

「そんなお金はありません。もし大統領に電話して、ヴァルトラ社（国営企業だった機械製造業でトラクター部門が当時アメリカ企業に売却された）に想定されたようなトラクター事業救済資金のようなものが私たちにもあるのなら話は別ですけどね。」とキルスティは皮肉めいた軽口をたたいた。

マリメッコの総売上は七十六％がフィンランド国内からであった。フィンランド人の消費者はマリメッコの土台となる存在だが、輸出もてこ入れしなくてはならなかった。その年の秋、ヘルットニエミの本社工場にて、新たなテキスタイルプリンターに大きな設備投資をした。プリントの品質もしっかりしたものでなくては話にならない。

その年の終わりに、キルスティはグルーンステインを手放すことに決めた。動物たちは好きなところで寝ころべばいいし、キツネは森を駆ければいいのだ。

「動物愛護団体の女性たちが本社に乗り込んできた時がキルスティに心を決めさせたきっかけとなったんです。キルスティはそれをかなり深刻に受け止めていました。当時はまだ、今よりはやり方もそこまで過激ではありませんでしたけどね」とミカ・ピーライネンは言う。

キルスティは動物を愛してはいたが、素敵な毛皮を愛する心も同時に存在していたのである。

二〇〇五年、マリメッコはドバイ、レイキャビクなど海外に新たに四カ所のコンセプトショップをオープンした。三年連続で十点満点の企業でもあった。そのコンセプトは人間の五感と同じように機能していた。どこかが調子が悪いと、体の他の部分でバランスが保たれるといった具合である。

キルスティの仕事の仕方は、母のヘルミがトゥーマラの家でテーブルのがたつく足をきれいに打ちそろえた空き缶で直すのと同じで、マリメッコの穴を埋めていくようなものだった。

二〇〇六年の初め、マリメッコ製品の小売りと卸売が三菱商事と株式会社ルックに移譲されることになった。日本行きの出張は同行した者にはとても楽しい機会で、ミカ・ピーライネンもその一人だった。彼はキルスティのために通訳と、荷物運びを買って出て、専任アシスタントそのものだった。

キルスティは疲れるということを知らない。朝のフライトで東京に到着した。三菱のエージェントとともにそのまま会議で交渉が始まる。その後スーツケースをホテルへ運び、そのままショッピングへ繰り出した。

マリメッコのボスは買い物が大好きだ。滞在中のスケジュールも、キルスティが買い物する時間を二時間は買い物できるようにという配慮のもとに組まれた。

休憩など皆無である。他の同行者は少しの間だけでも東京観光を間に挟もうとしていたが、キルスティは、ダナ・キャランのブティックへ直行した。キルスティの無尽蔵のエネルギーはそばで見ている者にも信じられないほどだった。

最初のエージェントであったエム・アールトから三菱商事に相手が変わる際、旧エージェント側と会食の席が設けられたのは映画『Ｋｉｌｌ　Ｂｉｌｌ』で有名になった西麻布の権八（ごんぱち）であった。日本側の参加者は全員男性で、対するマリメッコ側はミカ・ピーライネン以外はすべて女性である。

マリメッコの一行にとっては、長い夜となった。次々と料理が運ばれてくる。最後には日本側の参加者たちは皆いい気分に酔っぱらって取引終了を残念がった。長旅の後でかなり疲れていたはずだが、キルスティはこの会食もスマートにこなした。翌朝になってもまだ前夜の会食を皆で笑い話にできるほどの思い出となった。

こうした出張ではホテルの朝食の席には、早めに着いておく方がいい。なぜならキルスティは誰が遅刻するか、何を食べているかまでしっかり目を光らせているからだ。キルスティの時間に正確なこと、仕事のモラルは、生まれ育った環境からくるものだった。農家では早起きが当たり前で、文句を言う暇があったら働くのだ。

キルスティは一緒に旅するのに楽しい相手だった。道中、男性の話はまったくと言っていいほど出てこない。それにも増して犬たちの話は尽きない。キルスティはエコノミークラスを使ったが、ホテルの部屋は清潔で居心地のいい部屋でなくては満足しなかった。もしそういう部屋がなければ、違うホテルを探す羽目になった。

キルスティはニューヨークを愛し、毎回セントラルパークの横にあるプラザホテルに滞在した。東京でのお気に入りはホテルオークラ、パリではプラザ・アテネが定宿(じょうやど)だった。ニューヨークの高級デパート、サックス・フィフス・アヴェニューでは売り子全員がキルスティを上客と認識していたものだ。

ニューヨークでは、マリメッコのガラ・イベントも催され、その際にはヴオッコ・ヌルメスニエミ、アンニカ・リマラ、リストマッティ・ラティアらが出席した。ヴォッコとアンニカが同じ部屋にいると、雰囲気がぴりっと引き締まるようだった。

二〇〇六年には、マリメッコの海外店舗が全部で十七店オープンし、そのうち日本には八店舗、目指すところは全国十六店舗であった。

キルスティはあちこちで世界を股にかける女性を演出していたが、日本からの顧客グループが本社を訪れた時に、いつもの倉庫番の青年がガラガラと荷台を押しながらキルスティに「よぅ！」といかにも気軽な様子で挨拶していったのは来客の目を白黒させた。どこの企業で、倉庫番が経営者にそんな気軽な挨拶ができるだろうか？　同じ青年はキルスティにいつも気の利いた自作の詩を書いて贈っていた。

社員の誰かが勤続周年を迎えると、キルスティは必ず何らかのお祝いをした。社員全員を一堂に集め、大きなケーキとコーヒーがふるまわれる。キルスティがメモから、その人物の功績や人となりを読み上げていく。最後にやっと名前を明かし、当人は頬を染めて前に進み出て、キルスティからティモ・サルパネヴァの大きなメタルプレートを受け取るのだった。キルスティのこの遊び心に毎回人々は喜んで翻弄されたものだった。

現代美術館キアスマにおける『Ａｒｓ０６』展にデザイン・マリメッコも参加すること

になった。ミンナ・ケメル＝クゥトヴォネンのキュレーションである。ここだけでなく世界中へ巡回することも決まった。キルスティは、後任は誰かと聞かれたり、引退をほのめかされるようになった。その質問をされない時には、キルスティはまだまだ続投する意志があると自信満々に公言していた。その年の終わり、経済紙『タロウスエラマ』の取材で、キルスティは「自分ではかなり丸くなったと思っていますが、言い換えるとちょっとやそっとじゃびくともしないと同じですね」と言っていた。

「私は、デザインをするなら売れるものを、とデザイナーに教育してきました。もちろんクリエイティブであることの自由は尊重しますが、義務も当然付いてきます」

二〇〇七年一月、キルスティはマイアミへ飛び、新しい店舗をオープンした。同時にボストンにも、新規店舗が開店するタイミングで、そのままワシントンとオーランドにも出張した。国内の売上は停滞していたが、ヘルシンキのカンッピ・ショッピングセンターと、中南部のイデアパーク内にオープンした二カ所の大型店舗のお陰でそこまでのダメージは受けずに済みそうだった。

翌春のヘルシンキ上場企業数は百三十六社。そのうち女性社長を戴くのは四社しかない。キルスティに加え、雑貨小売りチェーンのティーマリ社にはクリスティーナ・イッリ、毛皮生産業のピルッコ・ランタネン・ケルヴィネン、基盤製造のアスポコンプ社ではマイヤ・リーサ・フリーマンといった顔ぶれである。上層部に一番女性が多いのはマリメッコであった。家庭の買い物でも、女性が八十%の決定権を持つのに、企業の経営者層や役員会で女性は十一%しかいない。キルスティとマリメッコは先例として、多くの女性への道を開いた。

アパレル産業の景気はバラ色とはとても言えなかった。ポラ社はラッペーンランタの町にある工場での製造をすでに停止していたし、ナンソ社と紳士服のトゥロ・テイラー社は社員のリストラを始めていた。それでも経済紙『タロウスエラマ』は、マリメッコの経営状態に十点満点をつけていた。

「八十歳になろうかというキルスティ・パーッカネンはアパレル業界全体を牽引している。マリメッコを若返らせながらも、パーッカネン自身が企業の大きなリスクでもある。同じレベルで将来のビジョンを描ける後継者をどこかから見つける必要があるだろう」

年次報告書では、企業は五つの成功要因を挙げる。時代に合ったビジネスアイディア、強いブランド力、明確な製品コンセプト、企業活動の柔軟性、創造性を推進する企業文化といったところだ。マリメッコが成功した要素はノキアと同じものがいくつもあった。急成長と自己資本比率の増加（自己資本に対し生み出された利益の指標で会社の収益性を見るポイントとなる)、海外展開、ブランド、そして強いリーダーシップである。六番目の要素は年次報告書には書かれていないが、マリメッコの場合、キルスティの存在は欠かせない。

「この成長曲線は、草の根レベルの顧客第一の粘り強い取り組みなくして実現しませんでした。あの頃にソーシャルメディアがあったら、キルスティはそれを駆使していたでしょう」ストアマネジャーのピーア・ロッシは言う。

「魔法使いみたいよね」と社内でもしばしば囁かれていた。

マリメッコが牽引するレトロブームは世界に広がっていった。アメリカのクリントン大統領の娘、チェルシーはウニッコ柄のワンピースで公の場に出たり、モナコのカロリーヌ公女は娘のシャルロッテとともにパリのマリメッコストアのウィンドウを楽しそうに眺めているところが写真に撮られたりした。一世を風靡したアメリカのドラマシリーズ『セックス・アンド・ザ・シティ』のサラ・ジェシカ・パーカーがマリメッコの服をいろいろな場面で使い始めたことも大きかった。

そのドラマのシーンで、キャリー役を演じたパーカーがマリメッコのチューリップ柄のサマーワンピースを着たり、ドラマで映る部屋のインテリアにマイヤ・イソラのタンツ柄を使ったり、結婚式前のイベントでテーブルクロスに青と黒のウニッコ柄を使ったりと露出がぐんと上がったのだ。

キルスティはすべてのきっかけをうまくパフォーマンスとして利用することに長けていた。アメリカ発のインテリア雑貨ブランド、クレート&バレルがシカゴで四十周年を迎えた際のことだ。キルスティは、マイヤ・イソラのデザインした柄をすべて白黒で連続させてロールに印刷させた。他の招待客は何らかの贈答品を持参し、短い祝辞を述べたが、マリメッコはデパートの屋上から布を垂れ幕のように吊り下げ、全員がマリメッコの柄を目にすることとなった。

二〇〇七年までに、マリメッコの総売上は五倍になり、純利益は二百倍となった。企業の市場価値は上場直後と比較すると実に七倍だ。上場企業の中でも最も成長株とされる銘柄の一つだった。黒字経営で、株主に対する配当金もかなりよかった。社員にとっても安定した職場で、働きたい企業の一つにあげられる。

ウォメナ時代から知っている、ファストファッションのH&Mで働くキルシ・ライッコネンとは、キルスティは高級ショッピングセンター、カンプ・ギャラリーの役員会で顔を合わせる間柄だった。キルスティはライッコネンをマーケティング開発部長としてマリメッコへ誘ったこともある。二人が力を合わせて、「H&M Loves Marimekko」というコラボ商品群も実現した。一定の柄をライセンス契約し、二十七カ国で売り出されることとなったのだ。二〇〇七年、マリメッコはこれまでとまったく違う市場での露出を実現し、知名度を上げることになった。

マリメッコ社内では皆がこのアイディアを喜んだわけではなかった。価値観がまったく異なる二社のコラボである。キルスティは決まり文句を使った。

「素晴らしいじゃないの、さぁ前へ進むのよ！」

数週間でH＆Mとの交渉もまとまった。キルシ・ライッコネンは日本の店舗への訪問に同行することになったが、キルスティより先に日本入りしていた。

「日本の店舗スタッフがキルスティを見た時の感動と言ったら！　何人もの頬を涙が伝うのが見えました。キルスティがそばにいるだけで心が揺り動かされるんです。皆が彼女の真価を認めていたようでした」

その頃、ブラジルでF1のレースが開催されていた。キルスティはレース状況を知りたくて仕方がない。ちなみに、キルシは、キミ・ライッコネンとは親戚でもなんでもない。しかし往路のフライト中、キャビンアテンダントは試合状況を調べなくてはならなくなった。

「すみませんが、私たちの同行者にキルシ・ライッコネンがいるんです、F1の試合状況はどんな具合でしょうか？」とうまく同行者の名前を利用したのだった。

日本に着いて寝る前には、ライッコネンがキルスティから頼まれたのは、「もし夜中に勝負が決まって、キミがワールドチャンピオンになったらすぐ私を起こすのよ！」

夜中二時頃に勝敗が決し、朝からお祝いモードとなった。フィンランドの工場に電話がかけられ、急いでクールなキミのイメージでもある、ホッキョクグマのモチーフでシーツを作りキミとイェンニ夫妻に贈ることとなった。キルスティは何かを思いついたらすぐに行動に移さないと収まらないのだ。

十月四日、経済日刊紙『カウッパレヘティ』オンライン版は、パーッカネンがフィンランド国内で「求婚者」を探していると報道した。翌日同紙の記事では、「マリメッコの社長、パーッカネンはまたうまいことやってくれた。昨日のインタビューがロイターに掲載された正午から三分過ぎにはマリメッコの株価は数分で一、二％上昇した。インタビューの公開から二時間後、株価は十四・五ユーロにまで上がった。八月末には、パーッカネンは似たようなことをしている。ラジオ出演時に、アメリカ市場で発表することがあると述べた時も株価が上がった。証券取引所の情報が出るまでの間に十％も上昇したのである」

毎年大統領邸で催される、独立記念日のレセプションにて、キミ・ライッコネンとキルスティが一緒に座り、キミがキルスティに何かを囁いているのを目撃したカメラマンたちは興奮して次々にフラッシュを焚いた。俳優で司会業でも人気のミッコ・レッピランピが二人に赤いドリンクが入ったグラスを差し出す。

「二人で何をお話しされていたんですか？」記者たちは興味津々で尋ねた。

キルスティもキミもどちらも内容を明かさなかった。実際には、

「あいつらは、ぼくらが酔っぱらってもう立てないんだと思ってる。ただここに座っているだけなのにさ」とキミはキルスティの耳に囁いたのだった。

ちなみに、グラスに入っていたのはラズベリー・ジュースである。

「いつもキミは悪い方に取られるのね」とキルスティは残念がった。

「キミがハンドルを握る限りはＦ１を応援するわ。彼が引退したらもう観戦しないの」とキルスティは憧れのドライバーについて述べている。

キルスティはロックスター

キルスティのマリメッコ時代は三つに分けられるだろう。初期の手探りの時期、そして描いたシナリオ通りに物事が動き、組織図などあってないようなものだった時期、その後

長く続いた、急成長で利益も出し続けた時期である。その間、様々な試みや失敗も経験している。

最後の数年は、社内でも大きな疑問符がいつもどこかに漂っているようだった。いつまでキルスティは続けるつもりなのだろう。どんなに子どもの頃の通知表にはぶら下がり運動は十点満点と書かれ、母ヘルミも太鼓判を押す少女だったとしてもだ。キルスティ自身も、後を誰に譲るべきか、考えることがあった。候補者が現れることはあっても、周囲はやはり誰にもキルスティの代わりは務まらないとなってしまうのだ。

しかし、マリメッコは誰に売却されるのだろうか？　キルスティは、アメリカやスウェーデンの相手と交渉をしているとほのめかした。同じ頃、財務上の数字が少しずつ悪化し始め、売上もこれまでのように上々とは言えなくなってきた。新たな、長期的に成長できる市場を開拓しなくてはならない。

奇抜なアイディアはいくつも出された。しかしどれもきちんとした根拠に基づくものではなかったし、輸出も努力の結果がうまく反映されない。国内市場は飽和状態だ。これ以上店舗をオープンしてもブランドの価値が下がるだけだろう。

社内の雰囲気はよかったが、誰もが、キルスティがいつまで続けるのかを思案しているような状態だ。遠くに見える暗雲をどうしのぐかが見えてこない。

キルスティが退任する前の最後の年について、ミカ・ピーライネンは居心地がよかったと表現する。

「キルスティは本当にリラックスしていました。私のコレクションには百八十点もの商品があって、カラーバリエーションも五から六色はありました。それでもキルスティはもっとやればいいじゃないと言うんです。かなり上機嫌でした」

当時、ピーライネンとサム―ユッシ・コスキは、キルスティの息子たちのようであった。

「この頃はどんな小さなことでも笑いにしてしまうほどキルスティの気分はいわゆる『ハイ』な状態になっていました。秘書のパイヴィ・サンタラがきちんとスーツ姿で部屋に入ってきて真面目（まじめ）な話をしようとしているのに、私たちが笑い転げているのを見てびっくりしていたものです」

そして八月、キルスティの退陣が公表された。

二〇〇五年、ミカ・イハムオティラはサンポ銀行の頭取で四十歳であった。彼の家柄は申し分ない。父はヘルシンキ大学の前学長、リスト・イハムオティラ、母はテキスタイルアーティストのクリスティーナ・イハムオティラである。叔父のヤーッコ・イハムオティラは石油化学企業ネステ社で長くトップを務めた人物だ。

イハムオティラは、銀行の事業を新たな分野に広げたいと考えていた。顧客をあっと言わせ、堅苦しい仕事をもっと楽しくしたい。

「どうして銀行のカードはこんなにつまらないデザインなんだろう？」と考えていた。

「なぜもっと絵画やフィンランドの伝説の人物を使ったりできないのか」

マーケティング部長がその考えに同調し、マリメッコのウニッコ柄を銀行のカードにプリントしてはどうか、その交渉をしてもらえないかとイハムオティラに提案した。

「もちろんだ」イハムオティラは言い、「キルスティに会いに行ってみるよ」とその場で答えた。

彼のアシスタントがキルスティに電話をし、キルスティとは翌日に会う約束をした。マリメッコの本社で、イハムオティラは伝説の経営者の部屋へとエレベータを上った。ここに来たのは初めてだ。大理石の床が美しい仕事部屋に入る。部屋全体が、香りまでもがキルスティを体現している。

マリメッコのボスは、真っ白な花束の後ろに、ドラマチックなドレスを着て座っていた。壁からはアルミ・ラティアの肖像がこちらを見つめている。イハムオティラは、今こそ銀行のビジネスにマリメッコを巻き込むタイミングだと思っていた。今までの銀行のイメージを覆したい。どうにか温かさと喜びを感じる組織にしたい。その考えをキルスティに示した時、キルスティが微笑んだ。

「やりましょう」とキルスティは言った。

決定までに十秒もかからなかった。同じような即決の瞬間を、イハムオティラはその後も体験することになる。打ち合わせは一時間ほどで終わった。

「信じられない人だ。すごい女性だ」とイハムオティラは思った。

協力先ということで、キルスティはイハムオティラをその年のフィンランディア・ホールで開催されたマリメッコのファッションショーに招待した。

イハムオティラはそこで、キルスティがマリメッコのためにどれほど尽くしてきたかをその目で見ることになった。彼女は、マリメッコをお洒落に敏感なフィンランド人女性の関心を引き、仕事で身につける服を探す女性客を新たに取り込み、若く才能あるデザイナーたちを雇用し、ここまで魅力的なブランドに生まれ変わらせたのだ。イハムオティラは、キルスティの底力を思った。生ける伝説となったキルスティがマリメッコを率い、彼女らしさが体現された企業へと導き、何千人ものフィンランド人を自分のセンスとビジョンで惹きつけてやまない。

二〇〇六年八月、ミカ・イハムオティラはサンポ銀行の頭取室にて、自らの博士論文の指導教官と電話で話し、その後は経済学者ベングト・ホルムストロムと国際経済について電話で話していたところだった。突然イハムオティラの意識が遠のいた。次の記憶は、救急車の中で彼の名前と生年月日を聞かれているところだった。彼はてんかんの発作を起こしたのだ。電話の向こうで、ホルムストロムはイハムオティラの足がガタガタと床を蹴ったのを聞き、何かがおかしいとイハムオティラのアシスタントに電話をしたのだ。イハムオティラは発作を起こしているところを発見され、即刻病院へ搬送され、脳に腫瘍が発見されたのだった。四人の小さな子どもがいる父親にとっては大きなショックだ。手術は二〇〇六年秋に行なわれた。

二〇〇七年一月、イハムオティラは上司にあたる会長のビョルン・ワールルースに、大手術のリハビリを兼ね、仕事から少し離れたいと伝えた。半年間の休暇中、執筆や熟考を重ねた結果、このまま銀行やお定まりの国際企業のトップとして終わりたくないという考えに至った。どうせやるならもっと意義のあることがしたい。頭脳だけを使うのではなく、心底打ち込める仕事だ。心に温めていたのは、フィンランドや北欧の消費者ブランドを育ててみたいという思いだった。彼は一、二社と買収の可能性について交渉も始めていた。それらの企業は、うまくいけば国際的な成功も見込め、先駆者となる可能性を十分秘めていた。二〇〇七年の夏、サマーコテージにいる時に、自分が欲しいのは実はマリメッコだとイハムオティラは悟った。

彼は健康だった。病気と手術のリハビリを経て精神的にもこれまでよりずっと強靭だ。九月八日、彼は黒いファミリー用のワンボックスカーをマリメッコ本社の駐車場に停めた。キルスティのジャガーとはまったく正反対の印象だ。イハムオティラは交渉時に緊張するようなタイプではなかったが、今まさに緊張していることを自覚していた。

「キルスティは僕を部屋から放り出すかもしれないな」という考えが頭をよぎる。

前回と同じエレベータで三階に上がり、同じ大理石の床が輝く白い百合の花と香りに囲まれた黒服のキルスティと対峙する。イハムオティラにも、今後のマリメッコがどうなっていくかという直感があった。ファストファッションに左右されない、長く使えてタイムレスなファッションハウス。喜びに満ちて欺瞞ではない、本物だけが得ることができるブランドを、目いっぱい色や柄を大きく使うものにしたい。

イハムオティラは、キルスティに見せるために小さなファイルを持参していた。世界的に有名なファッションやインテリア雑誌から切り抜いた今後のマリメッコを示唆するイメージを選んだ。それらを見せながら、キルスティに自分がマリメッコをどうしていきたいかを説明した。彼自身には、キルスティがマリメッコを手放したいかどうかといったことはまったく関知せず話を持ちかけたことになる。

「あの若い人はなんの話があるのかしら?」とイハムオティラの訪問前、キルスティは役員会会長で自分の右腕でもあるカリ・ミエッティネンに相談した。

「ひょっとしてマリメッコを買い受けたいんじゃないか?」とミエッティネンにはピンときた。

キルスティはマリメッコを手放すということについて、この一年以上考えていた。買い手というよりも彼女の後を続けてくれる人間だ。キルスティがこれまでやってきたのと同じように情熱と関心を持って大切に会社を扱ってくれる人がいい。これまでも買収の話は数多く持ち込まれてきた。海外からの問い合わせに関しては、キルスティは相手に会おうともしなかった。

イハムオティラは、キルスティが自分のビジョンをまったく気に入らないかもしれないと迷ったが、リスクを取ることにした。放り出されても構わないじゃないか、そして一時間半の間、喋り続けた。ファイルの切り抜きを見せ、マリメッコについての考えを述べ、オンラインでの販売について、新規店舗について、ソーシャルメディアについて語った。

キルスティはじっと耳を傾け、関心を持った。自分の考えとイハムオティラの考えがかけ離れていても、気分を害することはなかった。彼が喋り終えると、キルスティは一言だけ喋った。

「ミカ、あなたにマリメッコを任せるわ」

イハムオティラは目をしばたいた。今なんと言ったんだ？

自分を部屋から叩き出すんじゃないのか？

「彼はちょっと頼りなさげな様子で立っていました。天気の話をしたかしらね。そして彼は言ったの。マリメッコを買いたいと。彼は自分で絵を描くわけではないけれど、芸術にも造詣が深い。あなたにマリメッコを売るわと言ったのよ」と後日キルスティは表現した。

何年もの間、マリメッコを買収したいという希望者がキルスティに近づいていた。多くが女性経営者で、キルスティの仕事を続けたがっていた。キルスティからすると、それまでの候補者には、そこまで確固たるビジョンも視点もないと感じていた。一方、イハムオティラは、物事はそれほど単純ではないと分かっていた。そうして具体的な交渉に話は進んだ。キルスティとイハムオティラは、ブランドについて、企業の方向性について、そしてカリ・ミエッティネンは財務面についての話をした。

キルスティは、次に会う時、由緒あるカンプホテルの個室で美味しい魚のスープを食べようと提案し、その会食では二人はその当時のマリメッコについてかなり突っ込んだ話もした。キルスティは個室に備えつけのプロジェクターにマリメッコ商品のスライドを投影した。彼らはコレクションを最初から最後まで通しで確認し、イハムオティラは、自分の感覚で、これは残したい、これは継続しない方がいいと意見を述べた。ほとんどビジネスの話しかしなかった。

イハムオティラが驚いたことに、キルスティは多くの彼の意見に同調した。ならばなぜその変革を実施しなかったのか。おそらく、ずっと彼女を信じてきた顧客を裏切りたくなかったのだろうと想像してみた。

その次に、イハムオティラはカリ・ミエッティネンのヘルシンキの港近いカタヤノッカにある自宅で会うことになった。彼らは会社の事業戦略を一通り話し合い、製造部門の業務改善と成長見込みなどを話したのちに、初めて買収価格の具体的な話へと入った。

イハムオティラがキルスティの持ち株をいくらで買い取るかということだ。イハムオティラは話し合いから好感触を受けた。彼はミエッティネンを個性的だが、頭脳明晰で優秀な人間と受け取った。

その訪問の後、キルスティは、イハムオティラを自宅に招待した。マリメッコのブランド、存在意義、会社の精神について、続きを話すためだ。この訪問はイハムオティラにとって、忘れられない体験の一つとなった。イハムオティラは、キルスティが白い花と黒い服が好きなことを知っていた。だからこそ、彼はマリメッコの新しいイメージとして、オレンジやブルーの花を入れた大きな花束を手土産に持参した。

エスポーのキルスティの自宅に到着し、ブザーを鳴らす。

ゲートが開き、女主人が黒いドレスを着て自ら出迎えてくれた。邸内では、ポップミュージックが鳴り響いている。

イハムオティラは、これはデートだと強く感じていた。そして相手がこの女性だというのはまるでシュールレアリスムの中の出来事のようで素晴らしい感覚だった。彼はオレンジとブルーのブーケを手に、キルスティに近づいた。彼は女性誌を読んだことがなかったので、キルスティの自宅インテリアがどんなものだかまったく想像もつかなかった。

そこは、まさにキルスティそのものだった。向かって左側にはグランドピアノがあり、その上には二頭のアフガンハウンドの大きな写真が飾られている。色彩は白と黒で統一されていた。持ってきたブーケはまったく雰囲気にそぐわない。しかし、彼は気持ちを奮い立たせた。いや、これは彼の考えるこれからのマリメッコだ。

「まぁ素敵」とキルスティは言って、ブーケを花瓶に活け、彼を中へ案内した。

彼らはヴェルサーチのカップからコーヒーを飲んだ。そしてブザーがまた鳴った。

「あら今度は誰かしら?」とキルスティは何も知らないような顔をして言った。

ドアの後ろには、ケータリングでザリガニを届けに来た男性が立っていた。

「まぁありがとう。これは素敵なサプライズね」と女主人は言って、トーストを準備し始めた。そして彼らは二人でザリガニを食べた。この夕べは、イハムオティラが考えていたよりもずっと長く続いた。彼はキルスティがお酒を飲まないことを知らず、ザリガニにつきもののシュナップス（強い蒸留酒）はどこか？　と聞いてしまった。

「うちに何かあったかしら、探してみなくちゃ」とキルスティは言い、どこかからボトルを探してきてグラスに注いだ。ゲストの彼は、注がれたのが水だったのかどうか問いただす勇気はもうなかった。

音楽が流れ、男と女は向かい合って食事をしている。彼らの間には二世代分の年齢差があった。しかしイハムオティラは、自分より年配の人と座っている気がしなかった。「なんて楽しいんだろう」と彼は考えていた。

一晩中、周囲にはなんとも言えない期待感と静電気のようなものが漂っていた。これはキルスティと一緒にいる男性だけが感じるものだ。二人はザリガニを食べ、人生について語り合った。キルスティはイハムオティラの家族や子どもたち、仕事についていろいろと尋ね、代わりに自分のサーリヤルヴィの出自や、ウォメナ時代の話をした。友人同士の夕食そのものであった。この食事体験の後、イハムオティラは、キルスティと意見を共有できたと思った。二人とも、提案された数字を吟味し、会社の将来を考えている。キルスティは、イハムオティラがこれまで考えたことがない視点からマリメッコを理解できるように手引きしてくれた。

「私には自分の格言があるの。あなたにはいつも感情を持つもう一人の人間がいるとね。感情を扱うのは簡単じゃないわ」

買収条件についてイハムオティラはカリ・ミエッティネンの自宅で話し合った。彼らは、イハムオティラがキルスティの持ち株である二十%を半分に分け、一定の価格で買い取ることで合意した。二〇〇八年の年末に、彼は残りの十%を買い取る権利を手にすることになった。

「今十%を買い取り、一年後に残りの十%を買うのは火を見るより明らかだ」とその時のイハムオティラは考えていた。

後日、イハムオティラはキルスティがこの売買についてどう思うか、ノキアの社長であった友人のヨルマ・オッリラにもアドバイスを求めていたことを知った。

オッリラは、自分には、キルスティとイハムオティラの両者が本当にその売買を心から欲していることが重要だ、それしか言えないと言ったようだ。後になって、イハムオティラはそのアドバイスがどれほど正しかったかを身に染みて感じることとなった。マリメッコはただの企業ではない。シンボルなのだ。そこには社長として数字とにらめっこするためだけに就任するのでは意味がない。燃えるような情熱が必要だった。

イハムオティラが、記者会見はどこでやろうか、と尋ねたところ、キルスティは答えた。

「カンプに決まってるわ」

「いやだめだ！」とイハムオティラは考えた。「カンプ・ホテルはクリスタルのシャンデリアの豪奢な雰囲気が新しいマリメッコのメッセージにはまったく合わないじゃないか」

彼は、カンプ・ギャラリーの店舗で開催するのはどうか、と提案した。

「あなたの言う通りね、ミカ」とキルスティはすぐに引いた。自分は最初からカンプ・ギャラリーの店舗しかない、と考えていたとしても黙っていた。

市場に対して、カリ・ミエッティネンがしたためたプレスリリースが届いた。ミカ・イハムオティラがキルスティから八十万四千株を、同時に年金運用会社ヴァルマから三％を買い受け、二〇〇八年二月一日より社長に就任するという内容だった。

十月三十一日、記者会見の直前、キルスティとイハムオティラはカンプホテルのブラッスリーレストランで落ち合い、一緒にエスプラナーディ公園通りを歩き、店舗へ向かった。

二人でエスカレータを並んで降り十三時半、店舗が人で満員なのを見た。テレビ局や十数名の記者たちが詰めかけている。

「そんなにおおごとなのだろうか」と二人とも考えた。

「あそこから女王が来るぞ、見ろ！」と誰かが叫ぶ。

キルスティとイハムオティラは、マイヤ・イソラが一九六六年にデザインした「カイヴォ」柄のテキスタイルを背に並んで座った。キルスティはこれまでの自分の仕事について話し、なぜイハムオティラが後任にふさわしいのかを告げた。

「世界で最もふさわしい後継者を見つけたと思っています」

キルスティは誇らしげに言った。

イハムオティラは、マリメッコはフィンランド人の心の中で最も大きな企業だと強調した。そしてアルミ・ラティアが十四歳の時日記に綴った詩を朗読した。

取材に来たすべてのメディアがイハムオティラの服装について記事にした。ブルーベリー色のベルベットのジャケットに、少しくたびれたジーンズと白いシャツ。ネクタイの代わりにゆったりと巻いたストライプのマフラー。紐靴の代わりにショートブーツを履いている。キルスティは隣で黒いいで立ちだった。

「ハイファイブをしよう！」とイハムオティラが提案し、二人は手を打ち合わせた。

「愛するシンボルを次のしっかりした手に引き渡します。私を信じてください」とキルスティは言った。

イハムオティラは親指を立てて見せた。

マリメッコを買い取る前、ミカ・イハムオティラはマリメッコの本社内を見て回った。「彼のことはダンスケ銀行の誰々、としか紹介されませんでした。ヒッピーかと思いました」とミカ・ピーライネンは振り返る。

キルスティはピーライネンとシルパ・ロウカモを自室に呼び、「とあるファッションを愛する人が彼ら二人のコレクションを見て、素晴らしいと言っていた、しかしピーライネンのリンゴ柄は安売りスーパーのアンッティラで売っているものに見える」と言っていたと伝えた。ピーライネンはロウカモと、いったい誰がそんなことを言っているのだろうと話し合った。

「私たちは普段なら勘がいい方でした。だから発表を聞いて、なんで気づかなかったんだと地団太を踏みました。それにキルスティは、次に何が起こるのかということはすぐ教えてくれましたしね。というよりは、黙っておけない性分だったとも言えますが」

八月、社員全員がアナウンスで一階に集められた。この出来事は記憶に残るものとなったが、聴いていた多くの社員には伝えたかったことがぼやけてしまったかもしれない。キルスティは落ち着きがなく、声が震えており、ピーライネンに対して二度も「ミカ、こっちを見ないでちょうだい」と言ったほどだった。

二〇〇七年秋、サム―ユッシ・コスキは、来年はマリメッコを辞めてフィレンツェに服飾の勉強をしに行くと告げた。これを伝えるのは勇気が必要だった。

「キルスティはよく、自分は両親に愛情の借りがあると言っていました。私も同じようにキルスティに借りがありました。何ができるかを証明するチャンスをくれたのですから」

しかしキルスティはいつも勉強したいという者には前向きだった。キルスティがイハムオティラと別れの挨拶をしに来た時、コスキはすでに私物を箱に詰め終わっていたところだった。イハムオティラは、コスキにアート・ディレクターにならないかと誘い、コスキは大いに心が揺れた。しかしイタリアに行く決心はすでについていた。

次の年の夏、コスキはニースにキルスティを訪ねた。そしてやはりマリメッコに戻ってアート・ディレクターになるべきだろうかと悩んでいることを打ち明けた。

「やめた方がいいわ！　あなたはデザイナーじゃないの、デリケートなんだから！」とキルスティは言い放った。

コスキは自分を押し通し、結局マリメッコでアート・ディレクターを一年間務めた。

キルスティとサム＝ユッシ・コスキは今では年に何回か電話し、互いに行き来するようになっている。友人として何でも話せる仲だ。

「私たちの関係は特別なんです。お互いを理解し合って、しかもその友情は美しい形をしている。キルスティほど、私をあんなに屈託なく笑い転げさせられる人はいません」とコスキはキルスティのことを表現している。

コスキからすると、キルスティは白黒はっきりした人間だ。真ん中でうろうろすることはない。本人にも同じ厳しさが向けられている。自分が満足するまで物事を投げ出さないのだ。

このような人間はどんどん前へ進むし、社会でも階段を上っていく。しかし、極限まで自分を追い詰めることもあり得るので注意が必要だ。

「今までいろいろな話を一緒にしてきました。自分の家族についてのデリケートな話も教えてくれましたし、人間性についての話も深く掘り下げたことがあります。また自分の恵まれなかった出自を、会社の発展のために公にするという犠牲も払っています。もちろん、もっとも傷つきやすい内側の部分までは明かしていないでしょうが、そういう選択をし、すべてをさらけ出すということはそれほど簡単なことではありません」

「気がついたらもう去り際だったのよ」

全国日刊紙『ヘルシンギン・サノマット』はその翌日、「まさにマリメッコのような手本がフィンランド人にとって必要だった。顧客が喜んで支払う付加価値がある商品なら、フィンランドで製造拠点を維持する意味がある。お手本の力は大きい」

アルマ・メディア（大手メディア）のカトゥヤ・ボクスベリは同日、「フィンランドは最もカリスマ性のある、そして最も成功した経営者の一人、パーッカネンを失った。イハムオティラがその穴を埋めてくれることを願おう。なぜならそうした人物の数はあまりに少ないのだから」と書いた。

二週間後、ラハティの店舗で、キルスティはバックルームに逃げ込むことになった。顧客と話していて、突然涙がこみ上げてきたのだ。バックルームでは、フィッシュ・サンドイッチの香りが漂っていた。

「皆本当に優しいのよ！」とキルスティは涙を拭いた。

キルスティは六十年以上働いてきただろうか。

南部フィンランドの新聞がキルスティへのインタビューで、自伝を出版する話はないのか、と尋ねた。

「何度も依頼がありました。これまでは断ってきましたが、やっぱり書くかもしれませんね。本の中で、若い人を勇気づけたいんです。もし私が小さい頃から恵まれた生活をしていたら、ここまでは来ていないだろうとね」

東ハメ地方新聞の記者、レーナ・ヨハンソンはコラムで不思議な体験を共有した。タイトルは「キルスティたちの力の源」とあり、キルスティのようなパワーウーマンのエネルギーの源はなんなのか、そのエネルギーはどのように作用するのか、一緒にいる人にはどんな影響があるのかを書き、次のように読者に問うている。

「あなたは今まで生きてきた中で、一緒にいると力が湧いてくる人と会ったことがありますか？　できるなら、そういう人の近くに身を置くようにするといいですよ」

どちらかというと、そばにいるとエネルギーを吸い取られると感じるような人の方がずっと多いのではないだろうか？　ひょっとしたら、自分のやりたいことに本当に集中して何か大きなことを成し遂げる人には、周囲の人にその余剰エネルギーを与える余裕があるのかもしれない。

キルスティは二月一日までは形式上の社長として残っていた。ミカ・イハムオティラは小さな部屋に座って、五十人ほどのマリメッコ社員と面談していた。主にデザイナーと鍵を握るポジションに就いている者たちだ。彼の注意を引いたのは、ブロンドの若い女性で

ＰＲ課長を務めていたアラフフタ＝カスコで、いい人材だと思った。キルスティもイハムオティラ以前にそのことに気づいていた。

イハムオティラは、上層部を集め、ユッカ・リンタラやヤーナ・パルッキラといった数名の名の知られたマリメッコ・デザイナーとの契約を打ち切った。イハムオティラは、マリメッコからビジネス向けのダークスーツをなくそうとしていたのだ。

イハムオティラ自身は、マリメッコが今新しいギタリストを探そうとしているバンドのようなものだと表現していた。バンドメンバーがどれほど有能でも、新しいサウンドやテーマに合わなければうまくいかない。キルスティとイハムオティラはソファコーナーに座り、デザイナーは一人ずつ自分のコレクションを紹介しにやってきた。ミカ・ピーライネンとサム―ユッシ・コスキのコレクションは、イハムオティラは、これは絶対に進めると断言した。

「ミカ、はっきりものが言えて素晴らしいわ」とキルスティは褒めた。

キルスティ自身も、社長交代による変化が目に見えなくてはならないと知っていた。社員たちは最初どうなることかとおびえていたが、特に若手の社員たちは、新しい方向性こそが正しいと感じていた。

キルスティは背筋をまっすぐ伸ばして立っていた。もう涙は流さないし、落ち着かない様子も見せない。これがマリメッコの進むべき一番良い道だというにとどめた。イハムオティラの意思決定にも口を挟まず、新しいトップに場所を譲り、失敗も経験できるようにした。

キルスティはマリメッコのすべての決定に関わってきた。社員がキルスティの部屋に入る時、何らかの答えを胸に抱いて部屋から出るのが常だった。そして今度は、イハムオティラが「なんてことだ！　君たちは僕にボタンの色まで決めて欲しいのかい？」といううめき声に慣れなくてはならなかった。

キルスティは一歩下がり、自分が痛みを感じないように身を守っているように見えた。しかしもちろん何もかもがつらい。単にボタン一個の話ではない。ラウッタサーリ島の橋の辺り――以前同じ場所からマッティ・カヴェトヴオを早朝に電話で叩き起こしたこともある同じ場所だ――を運転しながら、キルスティは涙が流れるに任せた。

カーステレオからはカリ・タピオの歌声が流れている。

「ここに、大海原が生まれるほどの涙を流す人々がいる」黒いジャガーの座席には、これまでの年月にどれほどの涙がしみ込んだことだろう？

十六年だ。その間夜も昼もなくキルスティはすべてをマリメッコに捧げてきた。彼女の愛情であり、彼女のすべてだ。ついに自分の腕に抱くことができず、用意したベビー服は新品のままゴミ箱に捨てることになった、我が子の身代わりのようなものだ。そういえば十六歳の時、彼女自身も世界へ乗り出したのだった。今度は育てた子どもを手放さなくてはならない。時に厳しく、時に温かく抱きしめながら育ててきたのに。もう手放しても大丈夫だと、かつて父と母が自分を世界へ旅立たせてくれたように手を放してやらなくてはならない。

これからキルスティは身を引き、どこか隅の方から物語の続きを眺めることになる。しかしその物語は、すでに自分の物語ではないのだった。キルスティには、突然、出演者から舞台の小道具のオブジェ役になり、壊れ物のように扱われるなんて我慢のならないことだった。

公には、キルスティは自分の感情を正直に言葉にしていた。

「これからどうなることやら、多くの人を溺れさせたアルコールとはこれまでまったくお付き合いがなかったから私が突然大酒を飲むようになるとは思えませんしね」

彼女は、一流のスポーツ選手たちのことを思った。彼らの多くが引退後、空っぽになることを。

「仕事中にデスクで倒れて死ぬのもいいわね」と半分本気で語っていた。

最後のクリスマス時期に開催されるファッションショーでは、キルスティは感情をおさえることができなかった。泣いて、しゃくり上げる。しかし皆の目から隠れた場所で、これまでと同じように泣いた。同じく十二月、マリメッコのインテリア関連のテキスタイル商品を最後に発表した。

「森から海の深みへと入っていくのです」と自然にインスピレーションを得た柄を説明し、自分は泣いていないと言い張った。

彼女はもう決めたのだ。そしてミカ・イハムオティラを持ち上げる。

「彼のことを誇りに思っています。頭脳明晰で、知性がある。彼がどれだけ新しい仕事に対してやる気にあふれているか、うずうずしているのではないかと思いますよ」

「私も時々は様子を見に来ますけどね」というキルスティの予告は十二月十二日の『ヘルシンギン・サノマット』紙に掲載された。

私たちの愛するキルスティ!

ミカ・イハムオティラは、二〇〇八年二月九日、ヘルシンキのスヴィラハティ(現在では文化イベントなどに使われることの多い旧発電所エリア）にて、盛大なキルスティのお別れ会を開いた。サイロ型の高い建物は天井までキルスティへの感謝と愛情であふれていた。

「まるで麻薬のようでした」当時会に参加した元社員は言う。

全部門がそれぞれの出し物を考えた。十六年間の感謝の気持ちは表現しきれず、想像を超えるものだった。どの贈り物やスピーチにもそれぞれの工夫が凝らされていた。

カリ・ミエッティネンはスピーチでヴィクトル・ユーゴーの言葉を引用した。『時宜を得た的確なアイディアには最強の力がある』少なくともビジネスにおいてこれは当たっている」

「ウォメナがなかったら、一九九一年、マリメッコの買収が可能だっただろうか？」とミエッティネンは尋ねた。

「できたかもしれない。でもウォメナでキルスティは原石からダイヤモンドに磨かれたんだ。荒削りだったところが成長して、断固とした、個性とリーダーシップの哲学、意思決定の速さ、センスの良さ、視野の広さ、リスクを恐れない能力といったところをとことん磨いた。ウォメナの成功が、キルスティを強く、賢く、我慢強く、尊敬される、マリメッコの救世主としてのビジネスウーマンを生み出したんだ」とミエッティネンは高らかに言った。

キルスティは社員の皆から寄せ書きの本を贈られた。多くの社員が韻を踏んだ詩を書いてくれた。

国内セールスのスタッフたちは、世界で一番美しいと思われるゴルフ用のグローブとキルスティの名前入りボールを用意した。

プリント製造部門は、キルスティがマリメッコにやってきた時、エントランスホールでファンダンゴ柄を見て、いつか黒とゴールドの色が欲しいと言っていた思い出を詩にした。

ミカ・ピーライネンとサム―ユッシ・コスキはキルスティに防水のイヤフォンをプレゼントした。それなら水泳中もフランス語の教材を聴くことができるからだ。

縫製のアトリエではキルスティのお気に入りのベルベット生地で何度でもジャケットを縫製するという有効期限なしのギフトカードと、キルスティの好きな生地で縫製されたキルティングのベッドカバーを贈った。

マリメッコではあまり社員のダンスパーティは開かれなかったが、バンドが演奏を始めると、参加者たちがフロアで思い思いに踊り始めた。このお別れ会は、楽しい思い出に残るものとなった。

キルスティのリーダーシップとは、スピーディで、時に声高(こわだか)に思っていることをぶつけられることもあった。他社へ転職していったマネジャーが、後になって理解したのは、組織の中では、ストレートであることは必ずしも悪ではないということだ。間違っている時には、たとえその場では互いに声が大きくなったとしても、速やかに解決した方がいいと。ピーア・ロッシは、どんなに言いにくいことでも口に出さなくてはならないという点をキルスティから学んだという。

「もし何か気になっていることがあるなら、腹を割ってすぐに話すべきなんです。マリメッコで、キルスティと二十年弱を一緒に過ごしました。一度も人事評価面談はしたことはありませんが、常に自分がどのレベルなのかはしっかり把握していました。フィードバックはできるならそれこそ毎日でもするべきです」

お別れ会では、すべての注意や説教は互いに水に流された。

「あなたたちは私の家族よ」とキルスティは言った。

マリメッコという会社の出産は簡単ではなかったけれど、その子どもはそろそろ反抗期を無事に脱しようとしているようだ。

「一番の功労者であったのは私の秘書をしてくれたパイヴィ・サンタラでした」とキルスティは二〇一九年の秋に話した。

サンタラは、マルヤ・クルキとともにマリメッコにやってきて、キルスティのそばで一九九一年から二〇〇八年まで働いた。

「目立たたないように、どれだけ多くの役割をこなしてくれたことか。パイヴィはまるで私の考えを読んでいるかのように常に先を見越していたわね。彼女のお陰ですべてがスケジュール通りに進められたわ。パイヴィにはどれだけ感謝してもし切れない」と、キルスティは今でも友人であるサンタラについて述べている。

パイヴィ・サンタラはキルスティが燃え尽きてしまわないよう様々な手助けをしてきた。キルスティと他の社員たちを繋ぐパイプ役としても欠くことのできない存在だ。サンタラはいまだにキルスティに対して忠実で、本書を書くにあたってもインタビューに応じなかったほどである。

マリメッコを去る時、キルスティは公平に社員へ私物を分け与えた。ミカ・ピーライネンにはカルテルの収納チェストを、サムーユッシ・コスキには在職中に贈られた絵画類が渡された。サムーユッシ・コスキは、キルスティ・パーッカネン財団より、自らのブランド「Samuji」を設立するコスキに対して助成金も出ることとなり、立ち上げの大きな助けとなった。キルスティが彼にマリメッコでのチャンスを与えなければ今の彼はなかったかもしれない。多くのデザイナーにとって、キルスティの励ましはマリメッコからステップアップするための大切な土台となっていた。キルスティは確固たるビジョンを持った指導者だった。中途半端なものは途中で人に渡すことはなく、彼女の手を離れる時はすべてが完璧に仕上がっていた。

会社に残されたキルスティ関連のものもある。マリメッコにはいまだにキルスティが数多く持っていた片方しかない靴が入った箱が記念に保管されている。

人が道を開けていく

ミカ・イハムオティラは、世界の景気が悪化しつつあるのは知っていたが、マリメッコに対する向かい風にもかかわらず拡大路線を取った。普通ならこういう時期にはリストラや店舗閉鎖を進めるコスト削減を図るだろう。二〇〇八年十二月、イハムオティラは、カリ・ミエッティネンに残りの株式十％を買うタイミングを延期したいと申し出た。

「株式市場で起こった変化のため、残る株式買い取りの機会行使は現在の状況では不可能です。これまで通り、マリメッコの最大株主として続けるつもりです」とイハムオティラは、通信社ＳＴＴの取材に答えている。

マリメッコの株価は二〇〇七年秋には半分に落ちていた。年末には単価は八・三五ユーロであった。二〇〇七年十月、キルスティの持ち株の市場株価は二千六百万ユーロに少し足りないくらいであった。二〇〇八年十二月、マリメッコは業績予想の下方修正、つまり成長が鈍化し、利益率が下がると発表した。

　七十九歳のキルスティは、あまりの失望にそれをそのまま口にした。まるで「とってもマイルド」シャンプーボトルが百万本分泡立ったような勢いであった。経済紙『カウッパレヘティ』の記者にまた私が指揮を取ってもいい、代替案を全部テーブルに並べてみようじゃないか、マリメッコを「もう一度」救ってみせようと言ったのである。

「ここからミカ・イハムオティラがどう動くかをまずはお手並み拝見といきましょう。もし若者の手に余るようならまた指揮棒を握ってもいいわ」と二〇〇九年一月二日の『カウッパレヘティ』に掲載された。

　キルスティはこの記事でイハムオティラを若者呼ばわりしたことで批判されたが、「彼（イハムオティラ）は同じように私にマンマ（おばあさんの意味）と呼びかけていました。この場合はそれ以上の含みはありません」と反論した。

　株式売却で合意していた価格は一株当たり十一ユーロであった。キルスティは、カリ・ミエッティネンに依頼し、残りの十％を単価九ユーロにて、さっさと年金運用会社のイルマリネン、ヴァルマなどに売却してしまった。

イハムオティラは、年末の間モルディヴへ家族旅行していたが、休暇を途中で切り上げてマリメッコ社内に状況を釈明することになった。

一月十日、「ただの一企業ではない会社」と題した社説を『ヘルシンギン・サノマット』紙は掲載した。

「一連の出来事は、マリメッコに関してもメロドラマが起こるということを示している。パーッカネンが残りの株式をすべて売却したことで、マリメッコにはこれまでのように顔の見える存在がいなくなった。これが果たして吉と出るか凶と出るか」と書かれていた。

タブロイド紙はこれらの出来事に関して面白おかしく書き立てた。鉄の女が見つけた後継者の王子様は、マダムが残りの株をさっさと良い値で売りさばいてしまい、臍(ほぞ)を嚙むことになった」。また、保守系の雑誌『スオメン・クヴァレヘティ』などは一月九日の号で、こうした話題の提供で売上を伸ばしたいのではないかという憶測まで述べる始末だった。

キルスティの肩を持つ向きは、イハムオティラがキルスティをだましたようなものだと言った。イハムオティラは、ちょっとした投資で最大株主、社長、役員会副会長のすべてを手に入れたというのだ。イハムオティラの擁護者は、リーマンショック（二〇〇八～二〇〇九年）に続く金融危機は本物だと反論した。

「私は残りの株も売ることができて本当によかったと思っています。もとからそうしようと思っていました」とキルスティは一月九日の『ヘルシンギン・サノマット』紙で述べた。「わざと（イハムオティラを）怖気づかせるようなことも言いましたけれどね」と締めくくった。

ヨルマ・オッリラは、マリメッコを去るにあたってキルスティの心の中は大嵐が吹き荒れていたはずだと言う。キルスティは友人に会社の大きな変化を前にして「ねぇ、あなたはどう思うかしら？」と何度か相談していた。日常的な仕事の悩みといったレベルではない。

「会社を誰に売るかというのは最後の数年間一番大きな問題だったので、何度か相談を受けていました。そのたびに、これは企業経営者なら誰もがいつかは直面する問題だ。ウォメナでもうまくやったのだから、マリメッコでも君が失敗するわけないよ、と伝えていました」

オッリラによると、キルスティはたとえそうは見えなくてもデリケートな人間だという。「ずっと面倒を見てきた会社を手放したあの冬は、彼女にもつらい時期でした。一緒に話しながら、もっと一緒に過ごす友達を増やした方がいいと言い合ったものです。まだ人生長いんだから、とね」

キルスティにとっては、去った後のマリメッコの数年が荒波に揉まれていた時期であったことも心穏やかでいられなかった原因の一つのようだ。

「首をつっ込まないように自分をおさえていたようですし、実際何もしなかったと理解していますが、気持ちが乱される日々だったようです。今では、新しいマリメッコについてキルスティは喜んで話題にしていますよ」

キルスティが自分の個人的な人生について語る時、そこには自慢話や愚痴が入ってくることはほとんどなく、前向きで、想像力が豊かで、客観的に自分を分析していることがほとんどだ。

ミカ・イハムオティラは二〇〇八年二月一日から正式な社長に就任した。時を同じくして、リーマン・ブラザーズが倒産し、金融危機が世界中に波及した。

イハムオティラは、状況を話し合うためキルスティを迎えにリムジンをさし向けた。続く十年の間、マリメッコは世界各地に百カ所もの店舗をオープンした。キルスティは少しずつ会社の経営がうまく回り始めるのを見ていた。マリメッコはフィンランドのクリエイティブな才能と成功のバロメーターだ。いち早くEコマース（電子商取引）も始め、新しい商品カテゴリとして陶器やガラス製品も展開し始めた。

金融危機や他の向かい風にもかかわらず、イハムオティラがキルスティに最初に伝えた、無謀とも言える夢をマリメッコは実現しつつあった。

「このビジョンは、キルスティがそれまで心血注いできた土台があったからこそ実現できた生まれ変わりでもあります」とイハムオティラは述べている。

時は流れ、キルスティは様々なイベントでイハムオティラと顔を合わせるようになった。マリメッコの発展と成長をキルスティは目を細めて眺め、特に二〇一五年、ティーナ・アラフフタ＝カスコが社長に任命されたニュースを殊のほか喜んだ。

ここ数年の間、イハムオティラとキルスティは互いに顔を合わせると、「あなたは大切な人」というシグナルを互いに言葉にするようになった。キルスティは、これはただの男女の間の愛情の話ではないと強調している。

今でもキルスティは、我が子を見守るようにマリメッコの成長から片時も目を離すことはない。

「ミカは素晴らしい仕事をしてくれました」とキルスティは感謝している。

「あなたは、あそこで小さなキルスティなのよ！」

現在のマリメッコの社長、ティーナ・アラフフタ＝カスコがキルスティに初めて会った時、彼女は十六歳だった。

「家族で南フランスに旅行していたんです。そしてキルスティのニースの別荘に招待されたのですが、私にとってキルスティはすでに生ける伝説で、本当に緊張しました。憧れの人が目の前にいるのですから。」

アラフフタは若い時からファッション、デザイン、美しいもの、そしてマリメッコに興味を持っていた。初対面の時から、アラフフタには、キルスティがいかにカリスマ性にあふれていて唯一絶対の存在であるかということが心に響いた。家の女主人は、アラフフタとその兄にテーブルセッティングを頼んだ。アラフフタたちは震える手でキッチンから高価な食器をテーブルに運んだ。

「両親は私たちが食器を割ってしまうのではとはらはらしていました。でもキルスティは若い私たちを信じ、役割を与えてくれたんです」

この時の経験はインスピレーションのもととなった。アラフフタはキルスティの別荘が、隅から隅まで、少しも妥協することなく彼女のスタイルを体現したものであることが強く印象に残った。キルスティへの憧れがさらに強まったことは言うまでもない。

アラフフタは、大学二年の時、初めて夏休みのアルバイトを求めマリメッコに応募した。二〇〇二年のことである。ちゃんとした大人として見られるために、パールのネックレスを身につけて面接に挑んだ。

忘れられない思い出となったのは、当時社長のキルスティ自身が、夏のアルバイト学生たちのグループにリーダーシップについての考えや、カスタマーサービスの哲学について社長自ら話をしてくれたことだった。

「象徴のような存在の女性が、私たちに個人的に時間を取ってくれ、皆にそれぞれ才能が隠れているというところからスタートしてくれたのです。私の担当は国内卸売でしたが、夏の間に様々な仕事を割り振ってもらいました」

「ティーナにも夏の公園通りのファッションショーの仕事を手伝ってもらったらいいわ」

とキルスティが言ったのだ。

そうして、アラフフタはウニッコ柄のテーブルの担当者として、そのスペースを訪れる人にファッションショーの間、商品について説明する役を任された。同時にアラフフタは毎年の人気ショーがどのように企画運営されているかをそばで見てつぶさに学ぶことができた。アラフフタは、開会の辞でキルスティがその場にいるすべての人を魅了してしまうのをまるで魔法だとため息をついて眺めていた。

マリメッコについて語る時、キルスティはよく人間模様のギャラリーだと言っていた。組織の中に実に様々な個性が存在するのだ。アラフフタは、より大規模なイベントや企画の手伝いもすることになり、社内にどれほどＴＡＬＫＯＯ精神（タルコーというフィンランド人がよく使う言葉で、互いの助け合い、ボランティアの仕事などで使う）が社内文化に根付いているか、身をもって体験することになった。皆が同僚のために袖まくりをすることを厭わない。例えばフィンランドヴァテヴァのファッションショーはそのいい見本であり、同時にアパレル業界のきらびやかな世界を見ることができる機会であった。

「ティーナが初めて自己紹介をしに来た時、私は後で将来の社長になるわね、と言ったのよ。そしたら企業および株主情報担当のマルヤ・コルケーラが、まさか、結婚して幸せな家庭を作るでしょうよ、と反論してね。私は、彼女はビジネスウーマンになるわよ、とそこにおっかぶせたの」とキルスティは当時を振り返る。

「ティーナは多才なところが個性ね。もしアルミが今のティーナの仕事ぶりを見たら、満足したと思うわ」

アラフフタは、アールト大学の国際ＣＥＭＳ ＭＩＭコースの単位のうち、三カ月の実習をマリメッコのドイツ子会社にて履修することになった。

「その夏中、ほぼ一人で事務所を切り盛りすることになったんです。自分はそこまで信頼されるのかと驚きました。同時に、マリメッコは相手への信頼をもとに成り立っているということも理解できました」

最初の数週間、ドイツ子会社の社長リーサ・タポラと少人数のチームがアラフフタに日々の業務を手取り足取り教えてくれた。責任重大だ。受注のほとんどはファックスと電話で受ける。アラフフタは様々なことを実地で覚えることになった。

「間違いを恐れていてはだめだと悟りました。輸出とはなんたるかということを実践で学ぶ機会となり、あの夏のお陰でかなり成長できたと思います」

アラフフタは一学期の間パリに交換留学し、その間ルイ・ヴィトンの上層部と知り合う機会も得た。しかし伝統的な高級ブランドの価値観やその表面的な点は彼女の根底にある価値観とは合わないものだった。世界的なブランドとそれにまつわるイメージはアラフフタが興味を持っている点だった。彼女は二〇〇五年、修士号の学生が企業向けに執筆する論文をマリメッコ対象に書き上げ、同年大学を卒業した。マリメッコへ就職を希望したのは自然な流れだった。

「あの論文が、私のマーケティングと広報への道を開いてくれたんです」

肩書はキルスティのマリメッコ時代にはそれほど重要視されていなかった。アラフフタは海外ＰＲ課長として働いていた。仕事内容にはファッションショーの企画運営も含まれており、夏には最初のファッションショーの準備のため、まずは地方のショッピングセンターのファッションショーを練習台に学ぶことになった。そして八月、本番の時がやってきた。ヘルシンキ中心地のエスプラナーディ公園通りで毎年開催されるショーである。アラフフタは緊張のあまり胃がひっくり返りそうになり吐き気すら覚えた。そこにキルスティが、キャンディの袋を抱えてショーを観にやってきた。

「新人なのにこれほど責任ある仕事を任されて、冷たい海に投げ込まれたような気持ちでした。ですが、助けを求めれば手は差し伸べてもらえることも肌で感じていました。不慣れな分野を担当すると成長できることも。私はかなり背伸びをしながら成長してきた実例です。そしてこの社内文化を大事に育てていきたいと思っています」

キルスティとの繋がりはどんどん深まっていった。アラフフタは語学に堪能で、ボスが彼女を様々な重要な打ち合わせの右腕としてそばに置いていたからだ。こうしてアラフフタはブランドや企業イメージをいかに創り上げるかについて伝説のボスから直々(じきじき)に学ぶことができたのである。

「キルスティからは数え切れないほど多くを学びました。ブランド、マーケティング、アパレルやデザイン業界のこと、そして何よりブームの仕掛け方でしょうか。彼女は本当に凄腕でした。記者が取材にやってくると、皆がキルスティに魅惑されてうっとりして出て行くんです。キルスティのすごいところは、自分の肩書や立場など無関係に、どんな相手とでも対等に向き合うところでしょう」

アラフフタにとって最も思い出に残っているのは、フランスのラ・ピシーヌ美術館でマリメッコの巡回展が始まる際、アラフフタに開会のスピーチをしてくるようにと指示されたことだった。数千人の招待客がいる中、まだ経験の浅い私にマリメッコを海外で代表するような大役を任せるなんて、と信じられない思いだった。アラフフタは他にも、国賓がマリメッコを訪問する時や、フィンランディア・ホールでのクリスマスファッションショーも任されるようになっていった。

二〇〇七年の秋、アラフフタ＝カスコは、キルスティの最後の日本出張に同行した。輸出担当部長のパイヴィ・ロンカとマーケティング部長のキルシ・ライッコネンも一緒である。彼らは新幹線でそれこそ熊本、神戸、大阪、名古屋、東京と日本をほぼ縦断した。数多くのマリメッコストアに立ち寄り、フィンランドから持参したマリアンネというミントキャンディをスタッフへのお土産として配った。出張後すぐに、キルスティがマリメッコを去ることが公表された。アラフフタはキルスティと二年半を過ごしたことになる。

二〇一五年、アラフフタ＝カスコがマリメッコの社長に就任した時、キルスティと彼女は二人でアルミ・ラティアについての映画『ファブリックの女王』の試写会を観に行った。ビジネスの伝説はこの若い女性を勇気づけてくれた。

「覚えておきなさい。あなたは今あそこで小さなキルスティなのよ。他の人は、若すぎるって言ったけれど、私はだからいいんじゃないの！　と言ってやったわ」

アラフフタ＝カスコとキルスティは今でも友人同士である。一緒に食事に行ったり、アラフフタ＝カスコがフランスを旅行する際は、夫婦でキルスティのニースにある別荘を訪れ、モナコをドライブしたりする。アラフフタ＝カスコは、キルスティは求めれば支えてくれるけれども、アドバイスはしないと言う。キルスティはマリメッコが順調なのを喜んでいるようだ。

「強烈な個性はキルスティの一部です。彼女の情熱と、大きな彼女自身の一部なんです。これまで、あんな強いカリスマ性を持っている人には会ったことはありません」

「キルスティのそばにいると、自分もその大きな一部分になった気がします。彼女の情動の部分はとても豊かで深く、ユーモアのセンスとその場の雰囲気を読み取ることにかけてませんし、抜群なのです。周囲の人間にエネルギーを注ぎ込むあの技は誰にでもできるものではありません」

アラフフタ＝カスコによると、キルスティにとってすべての人間は同じくらい尊い存在だという。キルスティのすごいところは、すべての個人の価値を底上げするところなのだ。剃刀のように鋭く、頭がよく、クリエイティブなビジョンを持っていながら、自分を笑うこともできる。

アラフフタ＝カスコは、キルスティの年齢を意識したことは一度もないという。

「衰えはまったく感じさせません。年齢を超越しているようです」

キルスティには新しいプロジェクトがいくつもあり、次は何をしようと常に頭が回転している。何事にも前向きに対応し、生活も規則的だ。ハードルがあってもそれらに打ち勝つ。

ティーナ・アラフフタ＝カスコはもうすぐマリメッコに入社して十五年経つ。キルスティの指導哲学とマリメッコの社内文化、企業のミッション、そして同僚たちが彼女を魅了してきた。彼女にとって、自分が信じる価値観を体現する企業で働くこと、意義ある仕事をしていると思えることが重要だ。マリメッコの強固な土台は、アラフフタ＝カスコから見てもキルスティの時代とまったく変わっていない。皆で一丸となってやることの楽しさ、間違いを恐れず取り組む姿勢、公平であること、これらは社内外に対して共通しているものだ。

世界はどんどん変わっていき、企業も国際化を進め成長してきた。しかし根源にある価値観はしっかりと受け継がれている。

「ティーナには名誉博士もシャッポを脱ぐわよ」とキルスティは言っている。

記念の年

キルスティのその後はどうなったのだろうか。引退後、キルスティの名前は新聞やタブロイド紙の誌面からぱったりと姿を消した。しかし国民やマリメッコの客は彼女を忘れてはいない。多くの人が、キルスティがマリメッコにいないということがどうにも信じられないのだった。すでに引退しているのに、何年もの間マリメッコの品を買った人から感想や時にはクレームまでも、マリメッコ時代と同じように聞かされることとなった。また、ヘルットニエミの本社社屋で働く者たちにも、キルスティが一風変わった守護天使のようにそばにいる気配が感じられた。ウニッコよりもパワーのある、マリメッコ独自の柄のように。

「何度も、もっといろいろなことができたのではという思いにさいなまれたし、同僚にちゃんと感謝しただろうか、あの人にも、またあの人にも十分言葉を尽くせなかったと後悔が押し寄せたものよ。同僚というより友人のような存在の人が何人もいたから。あと怒りすぎたなという悔いもあるわね。私、怒っている時はかなりひどい人間なのよ」とキルスティは二〇一九年春（本書のインタビュー時）になってもそういう気持ちを抱いていた。

「私は本当に怒っている時は完全に内側に閉じこもるの。そばにいる人には、私が存在しないも同然よ。だんまりを決め込むとか、声高に口論するというのではなくて、そこから自分の存在を消してしまうような、と言えばいいかしら」と自己分析をした。

ただずっと怒っているわけではないという。

「どこかでブレーキをかけるの。いやなことでずっと怒って私が何も言わずに黙り続けていたら、相手にとっても失礼じゃない。変わり者と言ってもらって結構よ」とそこで話を打ち切った。


プライベートに関しては、一つのハイライトとして、キルスティの姉、エッリの百歳を祝ったことを教えてくれた。二〇一五年九月二十二日である。キルスティはエッリに百本のバラを持参し、お祝いの言葉を述べた。エッリは誕生日に牧師を呼んでほしいと希望していた。そしてアコーディオン奏者を。牧師は最初用事があるからと言っていたが、その日のプログラムがあまりに楽しく——楽しい歌を山ほど歌ったのだ——なかなか暇乞いをしようとしなかった。

三年後、エッリの娘、レジーナが母の百三歳の誕生祝いを準備していた。しかしその日はやってこなかった。エッリは誕生日にサーリヤルヴィのコルッカ入り江そばへ埋葬されることとなった。もともと未熟児として生まれたエッリは幸せな人生を送り、天寿を全うしたと言っていいだろう。上の姉、ヒルヤ・パッカネンは六十九歳の時、一九八二年ハミナ市で亡くなっている。

トゥーマラの小屋で生まれた賑やかな三姉妹のうち、生きているのはキルスティだけとなったのだ。

一九九八年二月、キルスティはキルスティ・パーッカネン財団を設立することにした。これにより、マリメッコの発展を、経営状況に関わらず安全に保管でき社会の貢献に使用できるからだ。二〇〇一年、キルスティは自分が死亡した後に財団が相続者となるように指定した。財団設立の目的はフィンランドにおけるテキスタイル、そしてアパレル業界やインテリア・家具などのデザイン振興と支援である。その後、活動の目的はもう少し広げられることになった。

二〇一五年に作成した遺言では、キルスティはさらに財団を設立するとしたため。目的はフィンランドの工芸と経済学、そしてフィンランド・デザインの発展と海外展開の支援、これらの分野の教育振興である。

もう一つ、重要な百周年が二〇一七年は盛大に祝われることとなった。フィンランドの独立百周年である。キルスティは、大統領邸でのレセプションのため、フランス製のドレスを注文したところ、ユッカ・リンタラが怒った。「フィンランドの独立をフランスのドレスで祝うなんて君はどうかしているよ！」

そしてリンタラはキルスティのために彼女にしか着こなせないドレスをデザインした。テレビの前の百万人以上の視聴者は思わずどよめいた。キルスティが実に久し振りに歩行器を押しながら公の場に姿を見せたからである。

キルスティがフィンランドの独立百周年を祝うためにレセプションに参加するというのは実は簡単なことではなかった。なぜ彼女は歩行器を使っているのだろうか？　二〇一五年八月に時間を戻そう。キルスティはヘルシンキの中心部に出かけた。ちょうど道路工事の最中で、敷石とアスファルトの舗装をしようとしており、キルスティは道路に開いていた穴に転落し、そばで見ていて仰天した歩行者に助けられたのだ。

転倒した後、キルスティはまず腰に痛みを感じた。それがどんどん強くなり、九月の後半、エッリの誕生日の後に医者に見せたところ、レントゲン写真で腰椎に二カ所の圧迫骨折、そして椎間板ヘルニアが見つかった。痛みはその秋悪化し、整形外科医が十一月に手術を指示し、十二月の手術で神経圧迫は解消され痛みはなくなったが、翌日左半身に麻痺の症状が現れた。ＭＲＩで撮影したところ、脊髄に血腫が見つかったため、再手術をすることとなった。キルスティは術後十日で帰宅したが、介護用の歩行器で家の中を十メートル移動するのがやっとで半年間ほとんど寝たきりだった。人生でこれほど暗黒の時期はなかったという。

辛抱強いリハビリに加え、もともとの健康体が幸いして、二〇一六年四月にはキルスティは歩行器を使って歩くことができるようになった。六月にはフランスへ旅している。キルスティが再起できないような穴というものはこの世に存在しないのだ。

二〇一九年二月、キルスティの九十歳の誕生日がやってきた。キルスティには内緒で誕生日会が企画され、全部で十名のごく親しい者だけが招かれた。姪っ子のレジーナとその息子の妻エリナ、ヨルマ・オッリラ、大手建設会社の会長で大株主のイルポ・コッキラとその妻、元秘書のパイヴィ・サンタラ、カリ・ミエッティネンと彼の妻、そして画家ピプサ・ラグスの自宅でパーティが行なわれた。

ミエッティネンがこのお祝いを企画し、キルスティの自宅に夕方五時半に迎えに行った。食事はヘルシンキの伝統的なレストラン、レヘトヴァーラから一九八〇年代の典型的なパーティメニューを厳選した。オマール海老のスープ、このお店で有名なビーフフィレの最もやわらかい部分のステーキ、そしてホワイトチョコレートのパンナコッタであった。

ミエッティネンとコッキラがスピーチをする。オペラ歌手のワルッテリ・トリッカが到着し、キルスティの大好きな曲『マイ・ウェイ』や一九七〇年代から変わらず愛され続けている『ああ人生、お前を愛す』も含め美しい歌声を響かせた。夜十一時頃、ミエッティネンがキルスティを自宅に送り届けた。

その年の春、自宅では、施工会社が入り、キルスティの寝室を拡張していた。『ヘルシンギン・サノマット』紙に掲載されたキルスティの九十歳記念インタビューでは、寝室が三百平方メートルの広さだと書かれたが、真実は――多くの人をがっかりさせるかもしれないが――プールの天井の上に拡張した寝室部分はたった九十六平方メートルしかないことは付け加えておこう。

時は二〇一九年五月、キルスティはお気に入りのレストラン、サヴォイで食事をしていた。するとボーイ長が食事の最中、キルスティのところへやってきて、

「恐れ入りますが、エントランスに一人の紳士がお待ちで、お話があるそうです」と伝えた。

紳士とはミカ・イハムオティラのことだった。彼はキルスティをエスプラナーディ公園で開催中のファッションショーに招きたいとやってきたのだ。イハムオティラは、ショーの間、最初から最後までキルスティをエスコートした。キルスティを目にした観客はわっと盛り上がり、写真を撮り、キルスティと一緒にセルフィーを撮りたいと周囲に群がった。まるでキルスティがロックスターでもあるかのようだ。

イハムオティラは、これまでフィンランド人が誰かに対してこのように熱狂的な態度を示すのを見たことがなかった。キルスティへの人々の反応は、建国の父といわれるマンネルヘイム元帥やオリンピックの金メダリスト、パーヴォ・ヌルミ、またはアドルフ・エーンルース（マンネルヘイム元帥から勲章を受け非常に国民の尊敬を受けていた元軍人）と

いった偉人を思い起こさせる。ショーが終った後、イハムオティラは、キルスティをカンプ・ホテル前のタクシー乗り場へエスコートした。キルスティは歩行器と一緒に、イハムオティラは真夏でありながら、キルスティの毛皮が付いたマントを腕にかけ付いていった。周りの人々はキルスティが通るとさぁっと道を譲るのだった。

part 4

共感、自律

親しみやすく、ありのままでいること

キルスティはキルスティ

キルスティを知っている人——少なくとも知っていると思っている人——に彼女がどんな人柄か、と聞くと次のような言葉が返ってくる。

魔法使い、直情的、勇敢、ノリがいい、人をその気にさせる、気分屋、ユーモアがある、予測がつかない、情熱的、秘密主義、田舎の出身、女性らしい、大げさ、表情豊か、普通の人、言葉がきつい、情に厚い、散漫、細かい、スタイリッシュ、リラックスしている、美的センスがある、大ざっぱ、冒険を好む、根を張りたがる、運動好き、社交的、自律的、感情的、殻に閉じこもる、意志が強い、散財する、けち、勢いがある、要求が多い、謙虚、現実的、上品ぶる、日常的、妥協しない、少女っぽい、シャープ、ナイーヴ、チャーミング、などだ。

彼女は会社を立ち上げてからの人生に自分の人間性すべてを投げ出してきた。

「私は人の感情についていつも考えてきました。だから常に、その時対峙している人が私にとっても非常に親しい人となり、自分の心の内を明かせるようにと心を砕いてきたつもりです」

二十年ほど前に、当時営業していた高級レストラン「金色の玉ねぎ」で開催された研修では、キルスティは、人事研修でのコーチを務めたヘイモ・ランギンヴァイニオの指示でエニアグラム性格診断を十段階でつける羽目になった。

キルスティは、次の部分で自分に満点をつけた。革命する人、人を助ける人／人にものを与える人／調べる人、達成する人、個性的な人、義務感の強い人、理想主義な人。指導者としては九点を、調べる人としては八点をつけた。

カリ・ミエッティネンは、キルスティが他のフィンランド人企業経営者と違うのは、競争の激しいビジネス社会で自分の理想を失わなかった点だと言う。情熱、創造性そして真実、配慮、自律、皆で一丸となることを重んじた。やる気や、尊厳、褒めること、責任、そして海外では自分のルーツとフィンランド人であることを誇りにした。会社経営で、四半期ごとの目まぐるしいリズムが求められるようになってからも、キルスティは他者の目を恐れず自分の人生哲学などを公言し、会社経営者としての評判に振り回されることはなかった。

キルスティのリーダーシップを語る時、ほとんどすべての人がカリスマという言葉を口にする。辞書によると、カリスマとは特定の人に属する、他の多くの人を惹きつけ影響力や支配力を持つ強力な個人の資質であると書かれている。カリスマ性を持つ指導者に共通するのは、その人物とその能力を人々が信頼することだ。カリスマ経営者の企業であれば、社員は彼らに与えられた仕事に情熱を持って取り組む。こうした指導者は企業のビジョンを外部へ発信するのもうまく、自らもそのビジョンを心から信じ、疲れを知らずにそこに突き進む。また次々と創造的なアイディアを打ち出し、周囲にインスピレーションを与え、部下の能力を信じ部下もそれに応える。

金融誌『アルヴォ・パペリ』と広告代理店ポホヨイスランタが二〇〇四年実施した調査では、フィンランドで最もカリスマ性がある企業経営者は上から順に次の通りだった。キルスティ・パーッカネン（マリメッコ）、ヨルマ・オッリラ（ノキア）、ビョルン・ワールルース（サンポ銀行）、アンッティ・ヘルリン（コネ）、エイナリ・ヴィドグレン（ポンッセ）であった。

企業の評判という観点では、カリスマ性には二つの意義がある。カリスマ性のあるリーダーは企業の認知度と評判を高める。ただ、リーダーの個人的な役割のみが前面に出てしまうのならば、それは企業にとってリスクにもなり得る。

マリメッコは常に評判がよかったわけではない。キルスティが会社を買い取った時点で、マリメッコは雰囲気にも、経済的にも危機に陥っていた。キルスティはまず内側から立て直したのだ。キルスティに言わせると、上に立つ者はまず自ら行動で示さなくてはならない。

最も大切なことは、社員が指導者を信じ、一緒に作り上げていく将来を信じるようになることだという。気持ちの部分を立て直すことができれば、しめたものだ。アメア社の転がり落ちる石とも言われた倒産寸前のマリメッコが、素晴らしい業績を叩き出す、輝く星となったのだ。キルスティの友人たちは、間近からこれを見守り続けた。

「タフさはあり余っているのよ」

コネ社の前社長、工学博士マッティ・アラフフタがキルスティに初めて会ったのは、エサ・サーリネン宅での家族のパーティであった。そして初回からして、印象的な出会いとなった。その後、キルスティはアラフフタ家を南フランスの別荘へ招き、以後も何度も行き来が続いた。南欧だけではなく、年に数回、由緒あるレストラン、サヴォイのマンネルヘイム元帥が座っていたテーブル（このレストランの常連、かつ常に同じ奥のテーブルを好んだ）での食事で大いに語り合い、意見交換をした。食事には、キルスティ、マッティ・アラフフタ、妻のレーナ、娘のティーナ・アラフフタ＝カスコと夫のアンッティが顔をそろえた。

「キルスティのユーモアのセンスは本当に素晴らしい。その場で面白い話を考えつく天才でもある。その時々の時事問題を議論する相手としても申し分ないし、また相手の話を実によく聞いている。一緒にいて楽しい人だし、お世辞や作り笑いなどは一切ないのが目や表情からよく伝わる。心から相手を楽しませようと思っているからだ。生きるということを楽しんでいる人なのだろう」


アラフフタは、一九九〇年代初め頃のマリメッコの状況で、まさにキルスティの強い個性と社員をどんどん巻き込んでいくやり方が、功を奏したのだろうという。

「社員全員を巻き込むことの重要性は、決して軽視されてはならない点だ。本人にモチベーションがあり、会社がはっきりとしたビジョンを持っていればいるほど、正しい方向へ進みやすい。そして企業が少しでも前進し、そのことを事細かに社内に伝えればますます社員は自分が果たした役割に意味を見出すことができる」と自著『リーダーシップ』の中で分析している。

「キルスティはクリエイティブで、アイデア豊富な人だ。彼女のビジネスにおける核となる考え方は、リーダーは多くを要求する代わりに面倒見もよくなくてはいけないというものだ。そうすれば部下たちは、信頼されていると感じ、難しい仕事でも喜びを感じながらこなすようになる。キルスティの人を見る目は確かで、若手の才能を見出し、彼らをコーチングしていくところが素晴らしい」

新しいリーダーは、新しい観点とアイディアをもたらし、社員はこの人と一緒に力を合わせていけば会社を盛り立てていけると信じることができる。苦境に苦しんでいたマリメッコにもまさにこの通りのことが起こった。アラフフタは、キルスティがマリメッコを買収した当時は、一定の年齢に達したら仕事から完全に離れた悠々自適の生活を送るのが普通だったが、今ではそんなことはないと言う。

「アクティブな生活をしていれば元気で長生きができるということが皆も分かってきた。キルスティがその生きた証拠だ。マリメッコにやってきた時、彼女は六十代だった。そこからさらに三十年経って、自宅を手広にしようとリノベーションの最中だ。今、この瞬間を生き、将来を見ているのがよく分かる」

マッティ・アラフフタによると、キルスティは先駆者として若い女性たちに道を示し、女性でも重責がある企業の経営者を十分務めることができると証明して見せたのだ。彼女の年代では、田舎から首都へ出ていき運試しをするということは稀だった。キルスティはフィンランド独立後の時代の息吹を感じながらこれまで生きてきた。戦時中、復興、経済成長、そして不況である。

「彼女の出自が、世間に思い知らせてやる、何か面白いことをやり遂げるという不屈の精神に繋がっているのだろう。こうしたリーダーは最も強い」


人は、人生で多くを成し遂げ、肯定的な体験をすると、つい浮かれてしまいがちになる。そんな中でもしっかりと地に足のついた生き方をし、自分を見失わないことが大事だろう。

「そうすれば、話をしていても、相手が対等であり、見下したり、見上げたりしていないことは伝わる。キルスティはよく、サーリヤルヴィでの体験を話してくれたものだが、それこそが、彼女が自分のルーツを他の多くの人よりも重んじているという証拠だ」

「紳士淑女の手口を身につけなくては」

建設業の大手、SRV社の創業者で産業界における功績で叙勲もされているイルポ・コッキラは、キルスティと同じくサーリヤルヴィ出身である。彼はカルマリ村のそこそこ大きな農家出身だ。コッキラの子ども時代には、十四〜十五ヘクタールの耕作地を持つ農家は中規模程度とみなされていた。コッキラ家では、数頭の乳牛、豚、鶏と馬を飼っていた。

コッキラはサーリヤルヴィは子ども時代を過ごすのに素晴らしい土地だと誇りにしている。

「あの辺りは活気があって、様々な趣味を持てたし、農家の仲間も数多くいた。文化の香りがする趣味も意外とあったものだ。だからサーリヤルヴィは多くの芸術家を排出している。タッペリ兄弟、タルモ・マンニ、ハンネス・アウテレ、きっと多様な環境があの地にはあるんだろう」

コッキラは、国民的詩人ルーネベリの詠んだ「サーリヤルヴィのパーヴォ」についても言及している。その詩の中では、フィンランド人の国民性と農民の特性が表現されている。隣近所が困っていれば、いつも助け合うものなのだ。

「キルスティの家の周りには大きな農家がいくつもあった。こうした農家では、威張って小作の農家を見下していることもあった。このような子ども時代の体験は、キルスティの心に焼きついたことだろうし、その後の人生の生き方にも大きな影響を及ぼしただろう。自分の体験から、すべての人を平等に扱うべきだと身に染みているのではないか」とコッキラは推測する。

子ども時代と青春をランネヴェシで過ごしたことはキルスティに大きな影響を及ぼしているはずだとコッキラは言う。

「生まれた時から小さな村のはずれで育った少女にとって、頼れるものは何一つない。周囲の裕福な家の者たちは自分をはなから見下しているのだから。何をやるにしても自分の立場を思い知らされることばかりでそれを受け入れなくてはならない」

ランネヴェシの、貧しい育ちではフォークとナイフを使うような食事はできなかっただろう。

「いわゆる紳士淑女の立ち居ふるまいとやり方を身につけ、自ら戦って階段を一段ずつ上っていかなくてはならない。ビジネスでも様々な場面を切り抜ける必要がある。まったく偉業だと言うほかはない」

イルポ・コッキラは、現代では生活レベルも平均化されてきて、昔のような一介の田舎者がのし上がるような気運は生まれないという。衣食が足りていればなにくそ、という猛烈な戦意は生まれないものだ。戦時中や戦後の食べ物を得るために命懸けだった頃とは違う。福祉が行き届き、安易な生活に流れてしまう。

「社会がハングリー精神を殺してしまう。サーリヤルヴィでは、持つ者が持たざる者の面倒を見るようにできていた。あそこで貧しかった者たちは、自ら教育を受け、手に職をつけ、自分の場所をそれぞれの世界で勝ち取って家族を養った。環境が、努力させたとも言える」

コッキラによると、それでもキルスティのような人物は他にいないという。

「ヘルシンキで、高等教育を受けた学者や企業経営者の後継ぎ娘として生まれるのと天と地ほどの差があったことだろう。出発点からして何歩も恵まれたところにいるのだから。遅れたスタートを取り戻すのに、どれだけの努力が必要なことか」

「掘っ立て小屋に生まれた娘は、人の関心すら引かない。だからこそ周りをいつか見返してやるというシス（フィンランド人の不屈の精神を表す言葉）が育つのだろう。『私はここで終わらない、もっと上に行ってやる』とね。ご存じのように、不屈の精神も、能力も、強い意志も彼女には十分すぎるほどあったわけだ」

出自は、仕事人生にも反映された。キルスティは他者を敬い、彼らにもキルスティのやる気が伝染した。クリエイティブな仕事で、マリメッコにおいて彼女は様々なことを試す機会に恵まれた。それもインスピレーションの源であっただろう。

コッキラは、キルスティが誰かの悪口を言っているのを聞いたことがなかった。

「しかし誰かが威張り散らしていれば、キルスティはその人物には価値を見出さなかったね」

イルポ・コッキラは、キルスティが激昂（げっこう）する場面を見たことはなかったが、「彼女は意志を押し通す人間だし、爆発することもあるというのは知っているよ。だけど、その方が自然じゃないか。時にガス抜きをする人の方が安全だ。逆にいつも静かで、怒りを表面に見せない人だったら、周囲はひょっとして内面は恨みつらみで煮えたぎっているんじゃないかとびくびくすることになるだろう」

キルスティの周囲には、彼女に対して悪いことを言う人物はいないとコッキラは言う。

「思い通りにいかない時は、キルスティはそれをはっきり口にする。もしトップに上り詰めたかったら、そこに上っていく強い意志と強烈な個性が必要だ。しかしリーダーシップの発揮の仕方は人それぞれだ。対話をしながら、周りの者を動かしながら、ソフトに物事を進めるリーダーもいれば、外向的で強いメッセージを発し、部下に命令をして進んでいくリーダーもいる。現代は、トップダウンのやり方では部下にモチベーションは与えられないだろう。皆があちこちから情報を得るし、自分がどうしたいかという頭脳を持ち教育も受けている社員が多いからね。だから、自分が誰よりも一番物知りだという態度でいれば、遠からずトラブルを起こすことになるだろう」

キルスティにとっては、ルーツと友人が何より大事だ。

「キルスティは今でも親しみやすい。もし相手が正直で裏表がなければ、キルスティとはコミュニケーションもスムーズだろう。キルスティに近づくのに、スウェーデンの王族や企業経営者である必要はなく、ありのままの自分で構わない」

コッキラはマリメッコを内部から見たことはない。したがって、なぜマリメッコが成功したのか、という点は推測に頼るしかない。

「おそらく最も大きな点は、キルスティの出自と不屈の意志だろう。周りの人間にきちんと価値を見出し、自分がどう思うかを伝える。伝えられた方はそれを実現しようと仕事に対してもやる気になる。組織に新たな風を吹き込んだということだろうね」

コッキラからすると、キルスティはいわゆる典型的な企業経営者ではない。どちらかというと、部下を育て上げる監督、策士、メンターといったところだろう、という。クリエイティブな組織ではそれがまさに功を奏したのだろう。マリメッコの時に比べてそれより前のウォメナの時代は、さらにキルスティの強い意志が大きな原動力となっていたことだろう。

「年齢は人を丸くする。若い頃に比べて、やり返したい、周りに証明したいという気持ちが影を潜めてくるからかもしれない。徐々に落ち着きが出て、孤独にもなるものだ。真の友人でない者とは、あえて時間を過ごしたいとも思わなくなってくる。現代の仕事人には、実に数多くの『知人』がいる。それら知人の力を借りて持ちつ持たれつ、仕事を進めていくわけだ。しかしその職を降りてしまえば、大多数の知人はさーっと水が引くように去っていく。その結果、少しばかり殻に閉じこもることになる。遅くとも、それまでには、自分の性格と折り合いをつけて、生きていく術は身につけていないと人生はなかなかつらいものだ」

「どちらにしても、キルスティはフィンランドの社会に大きな功績を残した。私たちは皆、そのことを誇りに思うべきだ」


「共感力と、徹底した自律とスタイルが詰まった人」


キルスティは、二〇〇〇年の夏、ヨルマ・オッリラの家族のうち女性陣をフランスの別荘に招待した。オッリラ家はスペインで別荘を探していたのだが、結局キルスティの別荘の近くに物件を見つけたのだ。

「フランスにいる時が一番定期的に会っているように思いますね。イースター休暇には毎回、キルスティとリーサ（オッリラ氏の妻）が料理してくれ、食卓を囲むのが習慣になっています。彼女たちは二人ともインテリアが大好きで、気も合うんでしょう。南フランスのアンティークショップはどこがいい、などお互い教え合ったりしていると聞いています」とオッリラは女性陣の付き合いを評している。

キルスティはフェミニストでもあるし、リーサ・オッリラとは女性の社会進出や平等について本当にいい話し相手であった。この二人の会話があまりに盛り上がるとヨルマ・オッリラは自分への飛び火を恐れて、そっと席を外し、散歩に出かけるのが常だった。リーサとキルスティの話題は尽きることがない。フィンランド企業について、それらの成功について、リーダーシップの新しい方向性について、といった具合だ。キルスティはデザイン業界の新しい動きについてもリーサに話していた。

キルスティはフィンランドの政治情勢にも興味を持っており、時事が話題に上ることも多い。ヨルマ・オッリラから見ると、キルスティの意思決定がスマートで洗練されていることに何度も驚かされたようだ。この友人のセンスについては、オッリラは他に類を見ないと言う。

「キルスティは、もしこれがビジネスだったらどうか、ということを常に念頭に置いている。何が美しいか、どんな車のデザインが素晴らしいか、女性の服ならどこがどのようにスタイリッシュかを知っている。しかしスタイルに固執するわけではない。時期によってうまく使い分けている。タイムレスなものと、その時取り入れるトレンドの分量も絶妙で、それらの売り込みもうまい」

オッリラの記憶にはアメール社時代にも素晴らしいデザイナーはいたけれど、企業経営がうまくなかった。創造性と企業活動がうまくマッチしていなかったのだ。キルスティは、決して諦めず仕事に没頭する人間だった。

「全員がキルスティのやり方に賛成していたわけではないだろう。だから意にそぐわなかった部下には難しかったのではないか。しかしそれはよくあることだ。社長に選ばれるのは八方美人の誰にでも合わせられる人間ではない。共感力と、徹底した自律とスタイルをどうビジネスに結びつけるか、これらが一人の人間に詰まっているのがキルスティなんだ」とオッリラは断言する。

「キルスティは、私が気難しい人間だということもよく知っているし、私たちはどちらがその面で相手より秀でているかなどと競争する必要はない。人の個性の一部だけを評しても仕方がない、全体が重要だ。そしてキルスティの場合はまさに彼女全体の良さを見るべきだ」

オッリラは、キルスティの厳しい自律と、周りにいる人間に伝染するその興奮を、アイスホッケーの監督であるユッカ・ヤロネン（世界選手権でフィンランドを優勝に導いた名監督）にたとえる。

「ヤロネンにはキルスティとまったく同じ傾向がある。ホッケーチームでは、どの選手も大切だ。それぞれの選手にモチベーションを与え、試合で求められる動きができるようにしなくてはならない。スター選手一人ではない、チーム全体なんだ。厳しさが規律を生む。しかし厳しいだけでは意味がない。規律とモチベーションの間でバランスを取らなくては。

キルスティとヤロネンはその感覚が実に研ぎ澄まされていて素晴らしい」

一歩ごとに奏でられる調べ

マスコミは、年々キルスティから様々なスクープや記事のネタを得てきた。紙面を踊った見出しも枚挙にいとまがない。「ミンクの毛皮を質に入れて会社の元手に」「もっといい人になりたいというパーッカネン」「クレイジーでもいい、間抜けでなければ」「まとめ髪はどこへ?」「成功しなくてはならない女」「パーッカネンはグランドピアノのために貯金」「キルスティ・パーッカネン、環境活動家に激怒」「いつもマザーテレサのようにはできないのよ」「世界が男のものなら、人生は女のものよ」「私はいつも男性を尊敬してきた。ビジネスだろうが、文化だろうが、フィンランドには仕事をする男性が必要」「パーッカネンは自分でも年齢を忘れる」「引退後の日々が怖い」「震えて待つがいいわ、私は戻ってくる」「マリメッコで激動のドラマ」「パーッカネンのカムバック」「パーッカネンが美味しいところをさらっていき、男たちはすすり泣く」

信じられないような見出しが踊っていたが、これらすべて実際の報道である。また、多くの著名な経営者が経験するように、キルスティも自宅であろうが、キャリアを積んだ町であろうが、ゆったりくつろぐということができなかったのも事実であった。

どこに視線を向けても、仕事とキャリアが目に入る。だからこそキルスティは自分が自分でいられる場所へ行かなくてはならなかった。フランスとサーリヤルヴィである。それぞれに自分のルーツもあった。

キルスティのルーツは、母方の先祖をたどると二人の聖職者に行きつく。シモン・ストルッコヴィウスとイスラエル・アルギッランデルの一族である。アルギッランデルからさらにエーリック・(ロシエール)ヴァレンティンへと繋がる。

ロシエール一族はフランスの出である。一六〇一年にスウェーデンにたどり着き、当時はデ・ロジと発音されていたものが、ロシエールと変化した。フランスを出た代から数えて三代目、ヴァレンティン・ロシエールが一六七二年に生まれている。彼の階級は少尉、妻はドイツ人の中尉ペーテル・フィッシャーの娘、クリスティーナ・フィッシャーであった。

スウェーデン王カール十二世の頃、大北方戦争が起こった。この時の戦いでヴァレンティン・ロシエールは南スコーネ地方の騎馬連隊の下士官として従軍し、一七〇九年から十三年の間、ロシア軍の捕虜となった。捕虜となった時は三十七歳、終戦時は五十歳である。ヴァレンティンの義父は捕虜になって同じ強制収容所で死亡し、その妻は今のフィンランド南部のマンツァラにてサーリという名のマナーハウスを取り仕切っていた。解放されてから、彼は義母と二十六歳の妻の元へ身を寄せた。正式に結婚したのはその時である。彼らは五人の子どもをもうけた。

没する二年前、ヴァレンティンは生まれた土地、南スコーネとストックホルムへ旅した。退役軍人に与えられる年金二十二ターラー銀貨を受け取るためだ。送金のサインには、自らの名前と、燃えさかる心臓の上に五芒星（ごぼうせい）の王冠が輝く印章が用いられていた。

キルスティと姉たちはヴァレンティン・ロシエールの直系で七代目にあたる。ヴァレンティンとクリスティーナの子の一人はウィルヘルム・ヴァレンティンジュニア・ロシエールであった。彼は一七三一年に生まれ、中南部の町、ヤムサで下士官として勤務していた。一七九六年、六十五歳で独身のまま亡くなった。その後、子どもは残った。

子どもの母親は、ウィルヘルムがニエメラの兵舎に暮らしていた時、使用人だったエステル・マティンテュタル・パーナネンである（真ん中の名前はマッティの娘という意味）。エステルを妊娠させた時、ウィルヘルムは五十歳の壮年であった。生まれた子の認知はしたが、ロシエールの名を使うことは許さなかった。そして一八二六年にエーリック・ヴァレンティンが生まれた。子孫はヴァレンティンの名を苗字として使うことにした。

エーリック・ヴァレンティンはラウカーからサーリヤルヴィへ移り住み、彼と妻マリア・ラウティアイネンには五人の子が生まれた。そのうちの一人がキルスティの祖母、一八六二年に生まれたヒルマ・エーリキンテュタル（エーリックの娘という意味）である。ヒルマは一八八六年にターヴェッティ・ヒプシと結婚した。

彼らの四人目の子、一八九四年六月七日に生まれたのがヘルミ・ヨハンナ・ヒプシ、キルスティの母である。ヘルミは父ターヴェッティと物乞いをして日々の糧（かて）を得なくてはならない幼年期を過ごした。そしてヘルミは、一八八八年二月四日に生まれたオンニ・ヴィクトル・ポイコネンと一九一三年三月二日に結婚した。

キルスティの叔父にあたるエーメリ・ヒプシには十人もの子どもが生まれ、ヘルミたち夫婦は三人の娘を授かった。ヒルヤ・ヨハンナ・パッカネンが一九一三年十二月一日に、エッリ・マリア・ヒューティアイネンが一九一五年九月二十二日に、そしてキルスティ・カーリナ・パーッカネンが一九二九年二月十二日にそれぞれ誕生している。

ストルコヴィウスの一族は全国各地に広がっており、数万人のフィンランド人が子孫であると言われ、数多くの芸術家、科学者、スポーツ選手も輩出している。キルスティの親戚ではリトヴァ・オクサネンやラリー・ドライバーでもあったユハ・カンックネンがいる。

興味深いのは、一七九八年にカルト宗教を打ち立てた中南部のヤーッコ・ワッレンベリも遠い親戚であるかもしれない点だ。彼は仲間たちと自給自足の閉鎖的な村を作り上げ、すべてを共有財産とした。金がなくなってくると、錬金術ができると吹聴し、それに失敗すると、この世の終わりを予言し、金は必要ないとした。ワッレンベリが創立した宗派も神秘的で分離主義者的な面が見られた。信者は自らの集団内で気分の高揚を図るために、自分たちで醸造したアルコールや歌、踊りを利用していたようだ。

　多くの人が物語を読む時、スキャンダルを好むのはご承知の通りだ。キルスティの先祖をたどるとそれに適した人物が見つかる。一六〇〇年代の古都トゥルクで牧師になるべく学問に励んでいたシモン・ストルッコヴィウスである。関係者は、ロッタラ・クレメンツィンヴァイモ（クレメンツの妻という意味）・ブリタとその娘たち、そしてサラ・ステニンテュタル（ステンの娘という意味）である。記録によると、シモンが夜な夜な、門扉を叩き、歌声を張り上げ、彼女たちの眠りを妨げるというのだ。特に先週の土曜夜九時から十時の間に、前述の召使い女たちを悪しざまに言い、三人目を売女と罵り次のように叫んだという。「もしお前たちが生娘であれば外に来るのだ。売女であれば、中に残るがいい。お前たちの王冠（女性器の隠語）を拝ませてもらおうではないか」

　シモンの弁解は、女性たちが彼をそこに呼び寄せたというものだった。実際行ってみたらば、どこかへ行けと言われたので、去り際に人の名などは述べず出鱈目の歌を歌ったという。女性たちは、なぜシモンが夜な夜なうるさく門の辺りで騒音を立てるのかを確かめるため呼んだにすぎないと弁解した。シモンは、ブリタやサラの人となりについては正直で善人であることしか知らず、心からの謝罪をすると証言し両者和解した。

古くはこのような逸話がキルスティの遠い先祖であるラウカーのストルコヴィウス家と、プララのロシエール家の家系からは残されている。

彫刻さながらの邸宅

「身体の中に遠くフランスの血が流れているからフランスに惹かれるのかもしれないわね。それとも自分の妄想かしら？」とキルスティは茶目っ気たっぷりに言う。

フランスと聞くとキルスティの血がたぎる。彼女は収入の一部をリヴィエラの別荘に注ぎ込んでいた。一九八〇年代の終わりに最初のコンドミニアムを買った頃は、広さは百六十八平方メートルであった。プールはコンドミニアムの住民共用だ。そこに住んだのは合計で一年ほど、そしてマリメッコの救世主としてフィンランドに戻った。その次の別荘をフランスに買ったのは一九九七年、今度は広さ三百五十平方メートルである。この邸宅には下の階には三つの寝室とリビング、キッチン、中庭にはプールがあり、その下にサウナをさらに作った。そのためにフィンランドから六百キログラムのアバチェ材を輸送することになった。

キルスティは本腰を入れてフランス語を学び、すべてのゲストにフランス語でのみ会話しようと決めた。そして別荘に招待客が到着する前に、ランチ（フィンランド語で lounas）が何かを辞書で調べておいた。

ゲストが到着してから、キルスティは「皆さん、我が家での小さな『南西』へようこそ！」と出迎えたのだった。フィンランド語で「昼食（lounas）」と方向の「南西（lounas）」は同音異義語である。

マリメッコを売却してからは、キルスティは売却益を投資に使いたい考えだった。フランスの別荘には泥棒も入り、キルスティの結婚指輪を含むゴールドのアクセサリーすべてを持ち去っていったこともあり、かなり治安が悪いと感じ始めていた。

そこで知り合いのアン＝マリー・レヘティネンと一緒に、新しい場所を探し始めたが、なかなか気に入る場所が見つからない。そして、最初の二軒の別荘を仲介した不動産業者がキルスティに電話をかけてきた。

「素晴らしい物件がありますよ！　イギリス人建築士ノーマン・フォスターの設計した邸宅ですが、誰にでも見せるわけではないとごねているんです」

審査のために、キルスティはこれまでの数々の経歴を書き込んだ履歴書を作成してフォスターに送った。その後、不動産エージェントとアン＝マリーとともに見学ができることになった。一歩足を踏み入れ、キルスティはここを自分のものにしたいと思った。

ノーマン・フォスターは、家族のために、南フランスのサン＝ジャン＝カップ＝フェラに「航海（Ｌｅ Ｖｏｉｌｅ）」という名の邸宅を建てた。施工はフランス政府がその地域を非常に厳しく規制・保護していたために難航した。リヴィエラに外国資本の無茶な投資案件が入らないよう、首都パリから横やりが入るのである。リヴィエラの市長たちは以前地元の案件に関する出来事を国から隠匿（いんとく）したことすらある。

フォスターはしたがって、何も壊してはならず、新しい建物も建築することはできなかった。唯一、すでにあるものを改築することのみが許された。改築に関しても規則でがんじがらめと言ってもいい。最終的に、一九五〇年代に建てられた五階建ての建物が見つかった。

「もともとの建物の写真を見た人で、まともな頭の持ち主は、『これを改築するなんてあなたはおかしい！』と言ってきたよ」とフォスターはマイケル・ウェッブの著作で語っている。フォスターは階層と箱のような部屋をいかに明るいベランダや眼前に広がる地中海の眺めを楽しめる設計にするか、といくつも代案を考えた。

地階には四室のゲストルームがある。ゲストルームの屋根部分が、四階にまたがるリビングルーム——邸宅の中心となる部分だ——テラスとなっていた。

この建物の解体とリノベーションは外科医の内視鏡手術のように細心の注意を払って実施された。建物が傾斜し、背後の岸壁に寄り添う形であったので、大型クレーンから建物の内側に小型パワーショベルを吊り下ろすという芸当をやらなくてはならなかった。そして地階にゲストルーム用のスペースを確保したのだ。

新しい邸宅は七階建てとなった。もともとの建物からは一ミリほどしかずれていない。フォスターによると、リノベーションは文字通りいばらの道であった。近所のホテルオーナーが役所の担当者や調査員を呼び寄せたのだ。しかしフォスターも施工業者も、事前に取り決められた規則に違反している点は一つもなかった。フォスターはリビングが海に開けたテラスと一続きの空間となるようにしたいと考えた。外に面しているファサードは十八トンものガラスが二枚使われ、観音(かんのん)開きで海に面したテラスに出られるようになっていた。このガラス戸が邸宅全体への風通しをよくするのだ。しかし暑い時を考慮して、日よけシェードは取り付けられた。

ノーマン・フォスターは、好きな形としてボーイング747の機体だと答えたことがあるが、今回の邸宅のインスピレーションは、飛行機ではなく、地中海に浮かぶヨットであった。プールの上にかかる日よけを支える柱は鉄製で優雅な弧を描いている。ぶどうの蔓が延び、ケーブルなどをうまく隠して夏は木陰を作ってくれる。冬はぶどうの葉が落ち、屋内を日光で満たしてくれるのだった。

この家はあたかも劇場だ。美しい自然を愛でるための、特等席のような場所がそこかしこにあった。リビングの背後の壁を活かすため、フォスターはお気に入りの彫刻家、リチャード・ロングを呼び寄せた。庭の土を塗料として、ロングは壁に印象的な作品を描いた。南側は、三階建てとなっており、厨房、シャワールーム、ガレージ、使用人用のバックルーム、そして七階あるフロアのどこにでも行けるエレベーターが取り付けられた。

キルスティはこの素晴らしい建築家の設計した作品を二〇〇七年一月に買い取った。南米で旅行中だったカリ・ミエッティネンに電話をかけ、別荘を買うと伝えたところ、回線が悪いと言って電話を切った。

ヨルマ・オッリラは、「キルスティが別荘を買うことは不思議でもなんでもない。いかにも彼女らしいよ。あんなユニークな邸宅は彼女くらいしか使いこなせないだろう。もし他のフィンランド人の会社社長が買うなんて話になったら、かなりの変わり者だと噂になったことだろう」

「キルスティがその場にいないと、あの別荘は雰囲気がガラッと変わるんだ。キルスティはあの建物の一部なんだよ」

マッティ・アラフフタは、フランスの別荘は一言で言うと信じられないような場所だという。「別荘全体が美しさであふれていて、スタイリッシュでありながら、これ見よがしなところがまったくない。キルスティそのものなんだ。継ぎ目のないガラス戸が海へ開け、景色と一体化し自然が屋内に続いているような雰囲気を醸し出している。あんな美しい家は他に見たことがない」

マリメッコのファッション・ディレクターであったマッティ・セッパネンは、仕事柄世界中を巡り、美しいものも見慣れているが、このラ・ヴォワラ荘ほど多面性を持ち、どこから見ても美しいものはそうそう見られないという。

「岩盤と海に囲まれ、フラットなパティオから家の中に入ると、プールの真っ黒な水面が鏡のように反射して見えるんです。周りに置かれているすべての家具、アート、花瓶がゲストのためではなく、女主人が自分のために置いているのが分かります」

セッパネンは、そのような家に住めば誰だって力がみなぎることだろうと言う。

「普通の家のように、カーテンで模様替えをするなんてことは不要なんです。完璧なのだからそもそも何かを変える必要がない。ラ・ヴォワラ荘はそんなこの世におけるタイムレスな空間です」

一度マッティ・セッパネンが別荘を訪れた後、キルスティが電話をしてきた。

「大事な話があるの。正直に言ってちょうだい」とキルスティが尋ねる。

「リーサ（マッティの妻）にとっていい夫であってちょうだい。優しくしてあげて！」

「約束するよ」とセッパネンは伝えた。

キルスティは、おとなしいリーサが饒舌な夫の陰に隠れがちだった様子を心配していたのだった。

キルスティは、友人夫婦の仲が続くようにと心を砕くような人間なのだ。

地中海の陽光に緑色の瞳

シンプルなグレーの門をくぐってプールにやってくると、七月の猛暑の中、セミが鳴いている。視界にはプールとその横に茂る木々、帆布で覆われた美しいカーブを描く日よけ、そしてホテルのレセプションを思わせる小さな踊り場、ずっと下方に海がきらめく。三十段ほどあるガラスの階段がゲストルームへ続く。左側にはイタリアカサマツが青々と茂る。

英国人アーティスト、リチャード・ロングの高さ三階分に及ぶ絵は、さながら編まれたリースのようにリビングから天井へ向かって立ち上る、立体的な奥行きを持つ作品だ。差し込む光によって、形を変える。制作時に何を意図したかはさておき、そこには信頼と希望と愛がある。

キルスティが三階にしつらえたコーヒーテーブルは上から見下ろすとまるで小さなおままごとセットのようだ。テーブルには高い燭台、アンティークの銀器、ヴェルサーチのカップ類、ユッカ・リンタラがデザインしたナフキンが用意されている。テーブルの横には鮮やかなドルチェ&ガッバーナのハイヒールが無造作に外されたピアスのように置かれている。インソールには百合が描かれており、すべてが美しい。どこにも手抜きは認められないが、ドラマチックな偶然がふと入り込む余地はある。

アットホームな雰囲気を醸し出しているのは、フィンランドから運んできたデニッシュが入った紙箱だ。キルスティはこれと近所のベーカリーのイチゴケーキを毎日食べている。このような偏った食生活にもかかわらず、コレステロール値は理想的である。

一緒に座っているのは長い付き合いでもある管理人のO氏である。もう何度目かになる、彼の妻が昨年冬に亡くなった話をキルスティたちはしていた。近しい人の身内が亡くなったことをキルスティは気にかけているのだ。

キルスティは食器を洗い、O氏はクロックスのサンダルを履いて勝手知ったる邸宅内を歩き回る。電気系統がある小さな管理室、黒いジャガーが鎮座するガレージ、ワインセラーと葉巻ケースは空っぽだ。キッチンの横にあるパティオには、ピザ窯とバーベキュー用のグリルが並んで置かれている。コンクリートの階段を下りていくとビーチへ続く道があり、ゲートを出てひと泳ぎし、さっと帰ってくることができる。ビーチから見上げると、邸宅は木々に囲まれ、陽光の中、森を堂々と小舟を押しのけて進む帆船のように見える。別荘の中からビーチを見下ろすと、数少ない人々はカラフルな蟻のようだ。

屋内はモノトーンで統一されている。革張りのアームチェアやソファ、ベッドや枕、シャワールームなどは白だ。半分戸が開いたクローゼットからはキルスティの黒い服たちが見える。スパンコールのついたスーツ、ファーのついたショール、帽子類、ペンダント、黒い天使が黒いキャンドルの燭台を抱えている。

キルスティの香りがそこかしこに満ちている。家の中では音がよく響くので、寝室以外では内緒話はできない構造だ。

「グランドピアノを買おうと思ったけれど、この音響だからやめたのよ」とキルスティは言う。

キルスティの夜は早い。自炊することもある。フィンランドのスーパーで売っているピルッカのジャガイモをビニール袋から出して、フライしてある冷凍サーモン（これもフィンランドから持ってきたものだ）の上にディジョンマスタードをかける。

「ジャガイモにはたっぷりとバターを乗せるのよ」とキルスティは付け加える。

この家は、彼女にとって成人した子どものようなものだ。記念碑、非公開のアートでもあり、女主人の洋服にとどまらない、個性そのもののスタイリングとも言える。

リビングのガラス戸を開けると前述のように海への眺めが開ける。まるで借景のように青と白が流れ込み、その空間はフィンランド国旗のような趣を見せる。キルスティがアイスホッケーでフィンランドを応援する時いつも振る国旗だ。

キルスティはシャワールームそばの白い革張りのソファに腰かけている。なぜならそういうソファをそこに置きたかったからだ。床全体に敷き詰められたじゅうたんも真っ白で、埋め込まれた湯舟も白い。シャワールームのガラス戸の後ろには寝室があり、ベッドの上にクリスタルのシャンデリアが低めに――キルスティの好みのスタイルだ――ぶら下がっている。そばを通る時に触れればクリスマスの時の天使の鐘のような音をたてることだろう。

「もし愛がなければ、私は、やかましい鐘や騒がしい鐃鈸（にょうはち）と同じである」（新約聖書　コリント人への第一の手紙）

「お化粧してくるわね」とキルスティが言う。

ニースでのキルスティのお気に入りレストランはアフリカン・クィーンである。そこではトリュフのパスタを食べることが多いが、量が多いので一週間くらい何も食べなくてもよさそうなくらいだ。それでもキルスティはデザートワゴンを見せてほしいと頼む。森のイチゴとクリームを挟んだメレンゲケーキは夢のように軽い。私には目標はないけれど、夢がある。

赤いフェラーリがビーチ沿いの道路を疾走する。ロシア人たちはオイスターと冷やしたロゼワインを頼んでいる。

今日はモナコには行けそうにない。キルスティがよく行くブティックはプリティ・ユーという店だ。オーナーはいつもキルスティのためだけに彼女に似合う特別な品を取っておいてくれる。キルスティは今でも完璧なドレスを探し続けている。春にはもう少しでそのような服が見つかりそうだった。ほっそりしたロングドレスで胸は大きく開いており、身体の線に沿ったものだった。生地は伸縮性があり、カッティングは古代ローマのトーガを思わせる。買い物の後は、キルスティはカフェ・ド・パリでお茶をするのが常だった。

「これまでやってきたことはすべて全力で自分ができることを証明してこなくてはならなかった。他にできることがなければハイヒールを履いて木に登るくらいの心構えでね。成功したければ、好きなことをやっていなくては難しいわね」

「男性たち。まだそんなことが起こり得るのかしら。また一から始めようとは思わないけれど。これまでお付き合いした人の頭蓋骨(ずがいこつ)を飾るなんて趣味もないしね」

もしもっと若かったら。素敵だなとずっと眺めている人はいるけれど、その人は結婚している。だからキルスティが若くないのは結局いいことなのだ。

地中海の明かりの中で、キルスティの瞳はこれまでにないほど緑色に燃えているのだった。

「ここは本当に心休まる場所じゃない?」

大雨が降っている。夏から秋に移ろう季節だ。カリ・ミエッティネンは朝七時からキルスティのフィンランドの自宅前に車を停めた。キルスティはすでに門扉のそばで待っていた。今日は夜明け、二時頃に目が覚めている。彼らはキルスティの生家があるサーリヤルヴィへ向かおうとしていた。

キルスティは彼女らしいとしか言いようがないいで立ちだ。ディオールの細身に作られたファーのマント、黒いレースのミニスカート、黒いメッシュのストッキング、スパンコール付きのベレー帽を斜めにかぶり、黒革の長手袋をはめている。髪の毛をまとめるのは五個の黒水晶で飾られたコームである。キルスティはシャネルのハンドバッグを二つと、もう一つ大きなバッグを用意しており、その中には道中のスーパーマーケットで買った白身魚が入っていた。サーリヤルヴィに到着して空腹だったらすぐ調理できるようにという準備だ。

雨の中、カリ・ミエッティネンはキルスティの黒い歩行器を折りたたんで車に積み込もうと格闘していた。話し続けていた二人の会話は、道中ずっと降り続けた雨によって途切れてしまったが、どうでもいい話をしていたようにも思えた。

「たまには言うことを聞いてくれよ！」ミエッティネンはシートベルトをゆるめようとするキルスティに懇願した。

「あら、あなたが運転してるんだから、私の命はあなたの手中にあるのよ」とキルスティは澄まして答える。

車がユヴァスキュラの後にウーラィネンへ続く道へと曲がり、景色が森と畑ばかりになってきた。畑の麦は雨でべったりと倒れている。ミエッティネンはキルスティの方を向き、真顔になって聞いた。

「今、ここに引っ越すなんて想像できるかい？」

「あり得ないわね。多分悪夢を見ると思うわ」とキルスティは笑った。

まず、姪っ子のレジーナの家を訪ねる。レジーナに会うのはいつも大きな喜びだ。彼女は母、つまりキルスティの姉エッリから料理の腕をしっかりと受け継いでいた。テーブルにはハムを仕込んだサンドイッチと、カレリア地方のパイ（ライ麦粉の生地を伸ばし米のミルク粥を載せてひだを寄せてオーブンで焼いたもの）などが用意されていた。パイの上には塩をふったサーモンが載っている。クリームたっぷりのショートケーキにはラップランドで摘んだクラウドベリーがたっぷり飾られている。

レジーナに会うとキルスティの声は一オクターブほど高くなる。九十代のキルスティと七十代のレジーナはまるで二人の少女のように互いをからかいながら話が尽きない。

「私たち双子みたいじゃない？」とレジーナは本気で言う。

「レジーナは本当に性格がよくて、私は実は彼女の親戚じゃないかもしれないって疑っちゃうわね」とキルスティは言う。

レジーナは、自分の結婚式で、キルスティがかつてまとったフランス製のウェディングドレスを身につけた。レジーナの妹も同じようにしている。キルスティは一九五〇年代にすでに品質を重視していたので、昔のドレスが姪っ子たちの使用にも十分堪えたのだ。

毎年、キルスティは夏至祭の前後一週間をサーリヤルヴィで過ごした。スモークサウナを薪（まき）で温め、レジーナと何時間もかけてゆっくりサウナを楽しんだ。

キルスティはタイに旅行した時、サウナハットを土産として買ってきた。黒いフェルト製のとんがり帽だ。刺繍がほどこされ、小さな鈴やラメもついて、まるでクリスマスシーズンのスーパーに飾られるツリーさながらだ。サウナから出ると、ビルベリーのスープ（ブルーベリーの原種を加熱してとろみをつけたジュース）を飲む。スモークサウナの煤（すす）にまみれて、二人とも真っ黒だ。

彼女たちは一緒に魚釣りにも出かける。この前は、パーチ（白身の淡水魚）と大きなカマスが釣り竿（ざお）にかかった。キルスティは魚をさばくと約束したが、小刀すら持っていなかった。隣の奥さんが魚をさばいてくれ、キルスティはカマスでバター焼きを作ったのだった。

その魚釣りの時、二人は危うく溺れそうになった。ボートの反対側から水が流れ込み、キルスティは両手で水を掬って外に出そうとした。レジーナはボートの底にひっくり返った。二人は怖がるどころか大笑いし、岸では、あんなに大声で騒ぐなんてボートに乗っているのは子どもたちか、何かあったのかと不思議がっていたのだった。

一度キルスティはレジーナのモーターボートで湖に乗り出したことがある。エンジンをかけることはできたのだが、戻ってくる時、着岸の仕方を知らないことに気づいた。なんとかなるだろうと岸に乗り上げ、船底が傷ついたが、エンジンは壊れずに済んだ。

またある時、キルスティは湖に浮かぶ島まで泳いでいこうと決めた。レジーナは後ろからボートを漕いで、疲れたら引き上げようと待ち構えていた。島までは五百メートルほどはあっただろうか。レジーナは湖には巨大なカマスがいてキルスティの足に噛みつくのではとキルスティを脅かそうとした。

カマスは噛みついてこなかったし、キルスティは途中でへこたれることなく島までの距離を泳ぎ切った。二人でこうした思い出話をしてはけらけらと笑い合う。何十年も前に、嵐の夜、小屋の屋根裏で古布をかき集めて二人で身を寄せ合って吹き荒れる風の音に耳をすませつつ眠ったこともあった。木製の屋根がバタバタとハーモニカのように鳴ったものだ。母ヘルミが近所のコッキラ家からミルクを分けてもらい、孫たちのうちレジーナとベンジャミンがその後をついていったものだ。ヘルミはレジーナを抱えてくれたので、レジーナはおばあちゃんが年を取ったら抱えてあげると約束した。残念ながら実現することはなかった。

キルスティは家の前の坂道を自転車で下った時、レジーナを前のかごに乗せていた。自転車が転倒し、レジーナの足が自転車の下敷きとなり、長い間レジーナは片足を引いて歩くことになった。キルスティは無傷だった。

家がある小高い丘の上は、その辺りでも最も荒々しい自然で知られる。風も、雷も太陽も遮るものがない。ランネヴェシの湖では、父はよくその地方の裕福な家のためにザリガニを釣っていた。岸はリヴィエラの砂浜のように開口している。父ヴィフトリはその土地の一部を売り払い、この岸は今では葦が生い茂ってしまっている。

小さな頃、母屋から庭を横切り、真っ暗な外にあるトイレに行くのはどうだったろうか。暗い庭と、スモークサウナのどちらが安全に感じたのだったか。湖で溺れた者の亡霊が夢に出てくることはなかった。

胸に抱く憧れはポピーの種のような小さなものだった。それらは花壇にも、壁の隙間といった場所にも、あちこちに落ちていた。

トゥーマラの小屋の前にはまっすぐな道が続く。父ヴィフトリは、いつもキルスティがダンスパーティから帰宅するのを待っていた。キルスティが道の真ん中辺りまで来ると、キルスティはいても立ってもいられない気持ちになる。ああ、我が家は何もかもから一番遠いところにぽつんとある。森のど真ん中で生まれたみたいだわ、と思うのだった。

家も小さかった。大人が三人並んで立つことも難しかっただろう。キルスティの学校の教師が家を訪問した時、床に開いていた落とし戸の部分から地下に転げ落ちてしまったことがある。運よく、その教師に怪我はなかった。キルスティが五歳の時、父が庭に建ててくれたおままごと用の小屋もごく小さかった。

母屋には来客が来た時に暖を取るため、その前で寝たストーブも今はなく、塗り壁も取り壊され、キルスティの小部屋にあった鉄製のだるまストーブもない。夫のヨルマと到着した日に、キルスティたちは冷えた手を絡めてそのストーブでお互い温め合ったものだった。

キルスティは、自宅を大改造したが、それでも母が折れたテーブルの脚をコーヒー缶で継いだ時のような、昔の雰囲気が残っていた。父はいつもベッドの端に腰かけ、咳き込んでいたものだった。キルスティは着ているワンピースのふちに刺繍されている花柄を小指でいつもなぞっていた。

リノベーションしたとはいえ、テラス以外は拡張していない。吹き抜けの屋根裏には、おがくずの代わりにベッドが置かれている。天井が低い部分はまっすぐ立てないのでかがんで移動する。サウナでは何十年もしみついてきたロウリュ（サウナストーブに水をかけると上がる蒸気）の香りが染みついている。

「あとは家の土台に白い石をはめ込まないとね」とキルスティは言う。

牛小屋ではキルスティの犬たちがシャンデリアの下で寝ていたこともあった。床にはオイヴァ・トイッカの大きなガラスプレートが置かれ、スナックが満たされていた。そこでキルスティと二匹は並んで座るのだ。そして順番に一個ずつスナックを取る。キルスティは、犬たちが誰もが同じ数を食べたかを見張っているのに感心していた。

犬たちがまだ生きていた頃、庭は高い柵とゲートで囲まれていた。大事なアフガンハウンドたちが逃げないようにするためだ。

牛小屋の屋根裏は広々としたゲストルームになっていた。そこにはビョルン・ヴェックストロムの絵画が置かれ、ル・コルビジェの黒いラウンジチェアと、黒いムートンラグが床に敷かれ、四人は並んで寝そべることができる薄い色彩の革張りのソファベッドが置かれていた。センスのあるインテリアだったが、キルスティは「もし私が本当にインテリア業界で仕事をしていたら食い詰めていたでしょうね」と謙虚なものだ。

牛小屋の屋根裏の通路を渡る時は、キルスティの腕を取る。足にはシャネルのゴールドのバレリーナシューズを履いている。

「今回のために新しい靴を買ったのよ。足元が悪いからハイヒールじゃ動けないでしょ」

母屋では、フィッシュサンドイッチと、ショートケーキを食べる。キルスティはコーヒーも自宅から持ってきていた。ピクニックのようだ。何かを話しかけてそれが何だったか思い出せない。大したことではなかったかもしれない。突然、誰かが首筋や心臓をなでたような気がした。ふと涙がこみ上げ、喉が詰まる。レジーナが目じりを拭う。キルスティも感極まっていた。

不思議な体験だった。空気がぴりぴりと震え、今にも何かがはじけそうだ。指一本でも動かしたらすべてが終わってしまいそうな気がした。

間違いない。テーブルのそば、真ん中に四人目が座っているのが感じられる。ヘルミ・ポイコネンの手が両側に座っている者の肩に置かれる。ゆったりと肩をなで、抱き寄せる。息をしただけでも天使の手のひらがなくなってしまいそうな気がする。

ブランコが風に揺れているようだ。ヘルミの澄んだ声が聞こえる。

「私たちをお守りくださり
すでに生まれた瞬間から
これほど安らぎ

すばらしきこと
人生すべてにおいて」

声が小さくなり風とともに去っていった。キルスティが最初に身じろぎする。

「ここは本当に心休まる場所じゃない？」とキルスティが尋ねた。「母のお陰だったんだわ。朝晩、毎日お祈りをしてくれていたもの」

優しい雰囲気に満ちた空気は、帰路も続いた。キルスティは、カリ・ミエッティネンとともに働いてきた同僚たちの思い出を語った。

「あの人は変わってたわねぇ」キルスティは誰かのことを持ち出す。

「変わり者は山ほどいたさ」とミエッティネンは返す。

「マリメッコで働きたいっていう人はたくさんいたのよ。手紙もたくさんもらったわ。『私はウォメナ時代にあなたのお気に入りだった○○です』という書き出しで始まる手紙が多くてびっくりしたわ」とキルスティは記憶をたどる。

「君はウォメナでは気まぐれな若手だったからね」とミエッティネンは振り返る。

「あなたこそ気まぐれだったじゃないの。あの頃ビジネスなんてほとんど興味がなかったくせに、フリだけはうまかったわねぇ」

　この二人の関係は四十五年に及ぶ。これほどまでに長く協力関係が続けられた秘訣は何なのだろう？

「頭のいい人と一緒にいると、自分も頭がよくなったような気がするものよ。このヘイノラの橋は素晴らしいじゃない？　その点に関しては、カリと私は意見が一致するのよね」とキルスティは答える。

　これまでにどれくらい喧嘩したことがあるのだろう？

「年老いた夫婦みたいなことを言うが、別れようとは思わないけれど、殺してやろうと思ったことは何度もあったね！」とミエッティネンは茶目っ気たっぷりに答えた。

「私はカリとの関係は維持した方がいいと最初から分かってたわよ」とキルスティも返す。

　彼らは姉と弟のようだ。お互いの主張は曲げなくても相手を認めている。我慢ができない時もあるけれど、それ以外の時は互いに支え、補い合う。戦い、互いに折れ、しかし自分は曲げない。

　誰もが心の中にキルスティ・パーッカネンを住まわせるとよいのではないか。シャンプーボトルから虹を描いてみせる。空一面に素敵な布を広げてそこに星を縫い付け、周囲を魅了する。ひらひらと舞う雪を手でつかまえてお城にしてみせる。

また、カリ・ミエッティネンが心の中にいてもよいだろう。虹の中から一、二色を取り出してみせる。縫い付けられた星の位置をより良い場所に変える。溶ける雪を見て、ただの雪じゃないかと本当のことを言う。

キルスティは将来を見つめている。やりたいことは山ほどあるのだ。フランスの別荘をリノベーションしなくてはならない。エスポーの自宅は、上の階の模様替えが必要だ。新しいソファがいる。エンジニアと話し合って、新しいサステナブル（持続可能）な素材を開発してみたい。今一番心配しているのは、フィンランド最大のデパート、ストックマンの行く末だ。彼女が一九四〇年代後半に、意見箱に落としたアイディアは実現されないままだった。クビを恐れて広告業界へ転職したからだ。

自分のルーツへの旅は丸一日かけて終わった。

「たっぷり充電できたから、また来週末もサーリヤルヴィに行こうと思うわ」とキルスティ、九十歳は言う。

「私の最大の弱点は、弱々しくしていられないということなのよね」

エピローグ

時刻は夜の七時だ。夕日がエスポーの自宅にある仕事部屋のシャンデリアを照らし、きらきらと背後のガラスに反射する。キルスティは一日の中で夕べが一番だと思っている。仕事部屋には戸棚があり、キルスティはその戸棚を表彰棚と呼んでいる。中にはこれまでの数十年に授与された名誉博士号の帽子、勲章や功労賞の数々が収められている。すべて自分の手で勝ち取ってきたものだ。フィンランド大統領から送られた九十歳の祝電も収められている。

キルスティがその戸棚を開けることはあまりない。そろそろ整理整頓をしなくてはと考えているほどだ。テーブルにはインテリアに関する雑誌が山と積まれている。大事なページの間にはキッチンペーパーが栞（しおり）代わりに挟まれている。

寝る前に、キルスティは数枚の写真を手に取る。拡大鏡で見たい部分を大きくする。「マイノス・クンナス」と最初の広告代理店の名前が記されている。一枚の写真では、まるでキルスティは若いころのエリザベス・テイラーのようだ。また別の写真では、キルスティの首は白鳥のようにかしげられている。一枚はプロフィール写真だが、自分では気に入らず、そもそもなぜその写真が飾られているのかを考え込む。古い写真では、ブロンドの少女が大切な人形を抱きしめ、カメラマンに疑いの視線を向けている。「この変な言葉を話す男の人は何をしようとしているの？」とでも言いたげだ。

これらすべての女性は本当に存在したのだろうか？　それとも、昔言われていたように写真を撮ると魂が抜き取られて持っていかれたのではないか？　彼女は自分が窓ガラスに映る姿を見比べようとする。

「鏡を傾けちゃだめじゃないの」と昔、姪っ子のレジーナに言ったように自分をいさめる。キルスティは、結婚式の時の写真をまだ手にしている。髪の毛はふさふさとカールし、柔らかな頰に笑顔が刻まれている。少し恥ずかしそうだ。あの時、まだ何も知らなかった。人生で最も幸せな瞬間を生きていたということを。

キルスティはベッドに横たわる。二メートル四方の大きなベッドだ。もしそうしたければ、キルスティは寝そべったまま時計回りにぐるりと針が進んだり戻ったりするように回ることもできるほどのサイズである。しかしキルスティの辞書には、時間を戻すという言葉は存在しない。

ブラインドの隙間からは、海から寄せては返す絶え間ない波が見える。布を巻いてあるロールを一気に転がしたようだ。時になめらかに、時に美しいドレープを作り、時に無造作に広がる。すべての布には物語がなくては、とキルスティは考える。

布が転がり、道となる。道の両側には松林が広がっている。どこからか白い花の香りが漂う。

浅黒いハンサムな青年がダンスパーティからキルスティを家に送り届けるところだ。

「君を摘んだ時には、まだ知らなかった」（「百合の花」の歌詞から）

青年は口ずさんでキルスティを固く抱きしめる。

歩きながら砂利が下で音を立てる。夜のとばりが下りている。道の先に男性の姿が浮かび上がる。青年は体を固くする。驚いたのだ。

「あそこに立っているのは誰だい？」と彼は聞く。

キルスティには分かっていた。

「私の父よ、迎えに来たんだわ」

彼女は青年の腕を振りほどき、靴を脱ぐ。そして裸足で父のもとへ駆け出した。

謝辞

私が本書を執筆するにあたり、キルスティ・パーッカネンは自身について包み隠さず話してくれました。また膨大な時間と信頼、彼女からの励ましの言葉なくして、ここまでたどり着くことはできなかったでしょう。心から感謝します。キルスティは私たちが顔を合わせるたび、その瞬間をかけがえのない時間に変えてくれました。二人で食べた十個以上ものデニッシュは、私がインタビューする間のエネルギーを与えてくれました。

キルスティの身近な人々、友人、過去から今までの同僚の方々についてもお礼申し上げます。彼らとのインタビューのおかげで様々な部分を書き上げることができました。特にカリ・ミエッティネンの様々な手助けとレジーナ・パーナラの身近な親戚ならではの物語には何度お礼を言っても足りないほどの助けとなりました。

エリアス・コスキミエス、シニッカ・ヴィルックネン、そしてマリメッコのティーナ・

アラフフタ＝カスコとアスタ・ハルメがいなかったら、多くの点で評伝が穴だらけになったことでしょう。

オタヴァ社書籍財団と出版社であるオタヴァ社のエヴァ・レーンパーとマリ・ミッコラには力強い支援を改めて感謝します。編集者エイラ・リッキネンの驚くほど精緻な仕事のおかげで全体の質を向上させることができました。

そして家族と友人に対して。二〇一九年のほとんど、私はキルスティの世界に行ったきりになっていたのに、あなたたちは辛抱強く私を支えてくれました。本書の執筆はまるでキルスティとダンスを踊っているような夢のような時間でした。

「残ったのは美しい思い出と追憶」

二〇二〇年二月二十九日
ヘルシンキにて

キルスティ・パーッカネン　略歴

一九二九年二月十二日生まれ
一九四五年頃　ヘルシンキへ引っ越す
一九六一年〜六九年まで、大手デパートのテキスタイル買い付け部門、その後広告代理店で勤務
一九六九年　女性だけの広告代理店ウォメナを設立、数々のヒット商品を出し、受賞も多い
一九八九年　ウォメナを米国のインターパブリック社に売却、少しの間雇われ社長、会長として留任
一九九一年　マリメッコを買収しオーナー社長となる
一九九九年　マリメッコが上場
二〇〇五年　社長就任時から売り上げが四倍へ
二〇〇七年　株式の大部分を次期社長、ミカ・イハムオティラへ売却
二〇二一年　九十二歳

This work has been published with the financial assistance of
FILI – Finnish Literature Exchange.

本書の出版にあたり、FILI（フィンランド文学振興センター）の助成を受けています。

マリメッコの救世主（きゅうせいしゅ）

キルスティ・パーッカネンの物語（ものがたり）

令和3年11月10日　初版第1刷発行

著　者　ウッラーマイヤ・パーヴィライネン
訳　者　セルボ貴子（たかこ）
発行者　辻（つじ） 浩明（ひろあき）
発行所　祥伝社（しょうでんしゃ）
〒101-8701 東京都千代田区神田神保町3-3
03(3265)2081（販売部）
03(3265)1084（編集部）
03(3265)3622（業務部）
印　刷　萩原印刷
製　本　ナショナル製本

ISBN978-4-396-61768-4 C0098

祥伝社のホームページ　www.shodensha.co.jp